人種戦争
——レイス・ウォー

太平洋戦争
もう一つの真実

RACE WAR!

ジェラルド・ホーン【著】
藤田裕行【訳】
加瀬英明【監修】

祥伝社

人種戦争——レイス・ウォー

監修者によるまえがき

本書は、ノース・カロライナ大学を経て、ヒューストン大学で教鞭を執るジェラルド・ホーン教授が、先の大戦中と戦前、アメリカの黒人や、東南アジア、インドの民衆、オーストラリア、ニュージーランドの先住民が、いかに日本を光として仰ぎ、日本の勝利を強く願ったのか、克明に述べている。これまで、日本で知られることがなかった事実を、当時の大量の記録を駆使してまとめた、まさに貴重な研究である。

私たちは、本書によって、先の大戦のきわめて重要な一面を、知ることができる。

アメリカからアジアまで、有色人の民は日本が第二次大戦に参入するまで、白人優位の絶対的な秩序のもとで、人としての尊厳を奪われて生きていたが、日本軍の目覚ましい進撃によって、重い鎖からはじめて解き放たれた。

本書を読むと、肌の色が違うために、数世紀にわたって辱《はずかし》められてきた人々が、日本の働きによって救われ、前途に明るい光を見て、どれほど歓喜したか、伝わってくる。

そして、抑圧された人々が覚醒するなかで、アメリカ、大英帝国、オーストラリア当局などが狼狽《うろた》えて、有色人の活動家たちの取り締まりを強化することに狂奔《きょうほん》するかたわら、人種差別政策を緩和してゆくことを強いられた経緯を、述べている。

白人たちにとって、日本軍の進攻によって、数世紀にわたった白人の優位が、打破されたことは、驚天動地の出来事だった。

また、本書は、日本の将兵が白人とまったく違って、占領地域において、同じアジア人に対して、思い遣《や》りをもって、やさしく対等に接したことを、証している。

そのかたわら、著者はアメリカの黒人や、アジア人が、中国について、中国人が打算的で、白人に媚《こ》びていたのに対して、日本が決然として白人と対決してきたことを、高く評価していたことを、指摘している。

監修者として、本書の時代的背景を述べたい。

日本は前大戦をアメリカによって追い詰められて、自存自衛のために戦ったのであって、アジアを西洋の植民地支配から解放することを、目的としたのではなかった。「アジア解放」は、開戦後に戦争目的として、つけ加えられた。

日本は幕末から、二つの国民的な大きな悲願を、いだいた。

一つが、不平等条約の改正だった。アメリカをはじめとする列強によって、一連の屈辱的な不平等条約を強いられたが、最後に改正されたのは、日露戦争に勝って、一等国として認められた後のことだった。

もう一つの願いが、人種平等の世界を、招き寄せることだった。

多くの武士が幕末に、アメリカや、ヨーロッパへ旅したが、途中、アジア・アフリカの民が西洋人によって、奴隷《どれい》のように酷使されているのを見て、憤《いきどお》った。

日本では先の大戦に敗れるまで、アジア・アフリカに君臨していた西洋人は、「白魔《はくま》」と呼ばれた。若者たちにとって、アジアを白人から解放しようと夢見ることが、時代精神となっていた。

戦争中に、日本が占領した、どの地においても、このような思い入れが、現地の人々の独立への願いと共振し、アジア全域にわたって独立への勢いが、燃えさかった。

日本の多くの青年たちが、アジア解放の大義を信じて、戦野に果てていった。日本が大きな犠牲を払うことによって、アジア・アフリカ諸民族が解放された。

大戦後、この高波がアフリカ大陸を洗って、アフリカ諸民族がつぎつぎと、独立を獲得していった。

今日、人種平等が世界の常識となっているが、もし、日本が日露戦争に勝つことなく、先の大戦を戦うことがなかったら、いまだにアジアとアフリカが、西洋の植民地支配のもとで、喘《あえ》いでいたことだろう。

アメリカにおける日本人蔑視《べっし》と、差別は、酷《ひど》いものだった。

大正十三（一九二四）年に、アメリカ上下院が排日移民法を立法したが、日本にとってあまりにも屈辱的なものだったために、日本国民を悲憤慷慨《ひふんこうがい》させた。

有名な『武士道』の著者である、新渡戸稲造《にとべいなぞう》は青年期にアメリカに留学し、国際連盟事務次長を務めたが、アメリカにおける排日運動によって強い衝撃を受けて、「私は二度とアメリカの地を、踏まない」と、宣言した。

昭和天皇は、敗戦の翌年に側近者に対して先の大戦の原因について、つぎのように述べられている。

「この原因を尋《たず》ねれば、遠く第一次世界大戦后《ご》の平和条約の内容に伏在してゐる。（大正八〈一九一九〉年のパリ講和会議において）日本の主張した人種平等案は列国の容認する処《ところ》とならず、黄白の差別感は依然残存し加（カリフォルニア）州移民拒否の如きは日本国民を憤慨させるに充分なものである。

かゝる国民的憤慨を背景として一度、軍が立ち上つた時に、之《これ》を抑へることは容易な業《もの》ではない」（『昭和天皇独白録』）

平成十二年に、拓殖大学が創立百周年を祝った。

今上天皇が、記念式典に臨席された。その時のお言葉のなかで、「校歌には青年の海外雄飛の志《こころざし》とともに、『人種の色と地の境　我が立つ前に差別なし』と、うたわれています。当時多くの学生が、この思いを胸に、未知の世界へと大学を後にしたことと、思われます」と、述べられた。

父・昭和天皇の想いを、語られたにちがいない。

チャールズ・リンドバーグは、一九二七年に単機を駆《か》って、はじめて大西洋を横断したことによって、アメリカの国民的英雄となったが、前大戦に当たって志願して、太平洋戦線で、戦闘機のパイロットとして戦った。

リンドバーグは克明な日記をのこしているが、一九四四年六月二十一日に、こう記している（『リンドバーグ第二次大戦参戦記』、新庄哲夫訳、学研文庫）。

「軍曹は撃つべき日本兵を見つけられなかったが、偵察隊は一人の日本兵を捕虜にした。今こそ日本兵を殺すチャンスだと、その捕虜は軍曹の前に引き立てられた。

『しかし、俺はこいつを殺せないよ！　やつは捕虜なんだ。無抵抗だ』

『ちぇっ、戦争だぜ。野郎の殺し方を教えてやらあ』

偵察隊の一人が日本兵に煙草と火を与えた。煙草を吸い始めた途端に、日本兵の頭部に腕が巻きつき、喉元が『一方の耳元から片方の耳元まで切り裂かれた』のだった。

このやり方全体は、話をしてくれた将軍の全面的な是認を受けていた。私がそのやり方に反対し、どうしても捕虜を殺さねばならないのなら疚《やま》しくない、蛮行に非《あら》ざる方法に訴えるべきだと主張すると、私は悠然たる侮蔑と哀れみの態度に接した。『やつらを扱うたった一つの方法さ』

談たまたま捕虜のこと、日本軍将兵の捕虜が少ないという点に及ぶ。『捕虜にしたければいくらでも捕虜にすることが出来る』と、将校の一人が答えた。『ところが、わが方の連中は捕虜をとりたがらないのだ』

『二千人ぐらい捕虜にした。しかし、本部に引き立てられたのはたった百か二百だった。残りの連中にはちょっとした出来事があった。もし戦友が飛行場に連れて行かれ、機関銃の乱射を受けたと聞いたら、投降を奨励することにはならんだろう』

『あるいは両手を挙げて出て来たのに撃ち殺されたのではね』と、別の将校が調子を合わせる」（六月二十六日）

「わが将兵の態度に深い衝撃を覚えた。敵兵の死や勇気に対しても、また一般的な人間生活の品位に対しても、敬意を払うという心を持ち合せておらぬ。日本兵の死体から略奪したり、略奪の最中に死者を〝野郎《サノヴアビッチ》〟呼ばわりしたりすることも意に介さぬ。ある議論の最中に私は意見を述べた。『日本兵が何をしでかそうと、われわれがもし拷問をもって彼らを死に至らしめれば、われわれは得るところが何一つ無いし、また文明の代表者と主張することさえ出来ない』と。

『ま、なかにはやつらの歯をもぎとる兵もいますよ。しかし、大抵はまずやつらを殺してからそれをやっていますね』と、将校の一人が言い訳がましく言った」（六月二十八日）

「わが軍の将兵は、日本軍の捕虜や投降者を射殺することしか、念頭にない。日本人を動物以下に取り扱い、それらの行為が大方から大目に見られているのである。われわれは文明のために戦っているのだと主張されている。ところが、南太平洋における戦争をこの眼で見れば見るほど、われわれには文明人を主張せねばならぬ理由がいよいよ無くなるように思う」（七月十

五日）

「心底で望んだとしても敢えて投降しようとはしない、なぜならば両手を挙げて洞窟から出ても、アメリカ兵が見つけ次第、射殺するであろうことは火を見るよりも明らかなのだから」

（七月二十一日）

イギリスの歴史作家のマックス・ヘイスティングスも、対日戦争の戦場における、アメリカ兵による身の毛がよだつような残虐行為を、つぎのように描いている。

「一般住民がさまよう戦場では、身の毛がよだつようなことが起った。とくに、沖縄戦がそうだった。

（アメリカ軍兵士の）クリス・ドナーは、こう記録している。

『地面に十五歳か、十六歳と思われる、少女の美しい死体が横たわっていた。全裸でうつ伏せになって、両腕を大きく拡げていたが、やはり両脚を開いて、膝から曲げてあがっていた。仰向けると、少女の左乳房を銃弾が貫いていたが、何回にもわたって強姦されていた。日本兵の仕業《しわざ》であるはずがなかった』

しばらく後に、ドナーの分隊の何人かが、丘の上から、敵によって狙撃されて倒れた。その直後だった。赤児を抱きしめている日本女性に、遭遇した。兵たちが口々に、『あのビッチ（女）を撃て！　ジャップ・ウーマンを殺せ！』と、叫んだ。兵がいっせいに射撃した。女は倒れたが、渾身の力を振り絞って立ち上がると、手離した赤児のほうへ、わが子の名を叫びつつ、よろめきながら進んだ。

兵たちは、さらに銃弾を浴びせた。女が動かなくなった」(『ネメシス　日本との戦い　一九四四・四五年』、ハーパース・プレス社、ロンドン)

「ネメシス」はギリシャ神話のなかに登場する、復讐、あるいは天罰を降す女神である。

日本は歴史を通じて、人種差別を行なったことも、都市ごと大量虐殺を行なったこともなく、奴隷制度も、存在しなかった。本書を読むと、西洋文明が寛容を欠いていることを、痛感させられる。

なお、本書は日本軍将校が香港で永年にわたって、散髪師など身分を偽って、潜伏していたといった伝聞なども、事実として記しているが、著者が現地人の回想をそのまま書いたものとして、そのままにした。

また、著者はルーズベルト大統領とチャーチル首相が、一九四一年八月に発表した『大西洋憲章』が、インドの解放を謳《うた》っていたと述べているが、あきらかな誤りであるので、その部分を削除した。『大西洋憲章』は民族自決を求めたものの、白人だけを対象としている。

本書がひろく読まれることを、願いたい。

平成二十七年七月

加瀬《かせ》　英明《ひであき》

目次

第二章　アジアの黒人……73

第五章　アメリカの黒人から見た日本人……155

第八章　「白人の優越《ホワイト・スプリーマシー》」と戦うアジア諸民族……261

第九章　戦争で変わる人種の構図……305

第十章　アジアがつくる新しい人種の世界……347

装幀　中原達治

イギリス
アメリカ合衆国
大　西　洋
N

本書の舞台となる地域
（1931年ごろの世界）

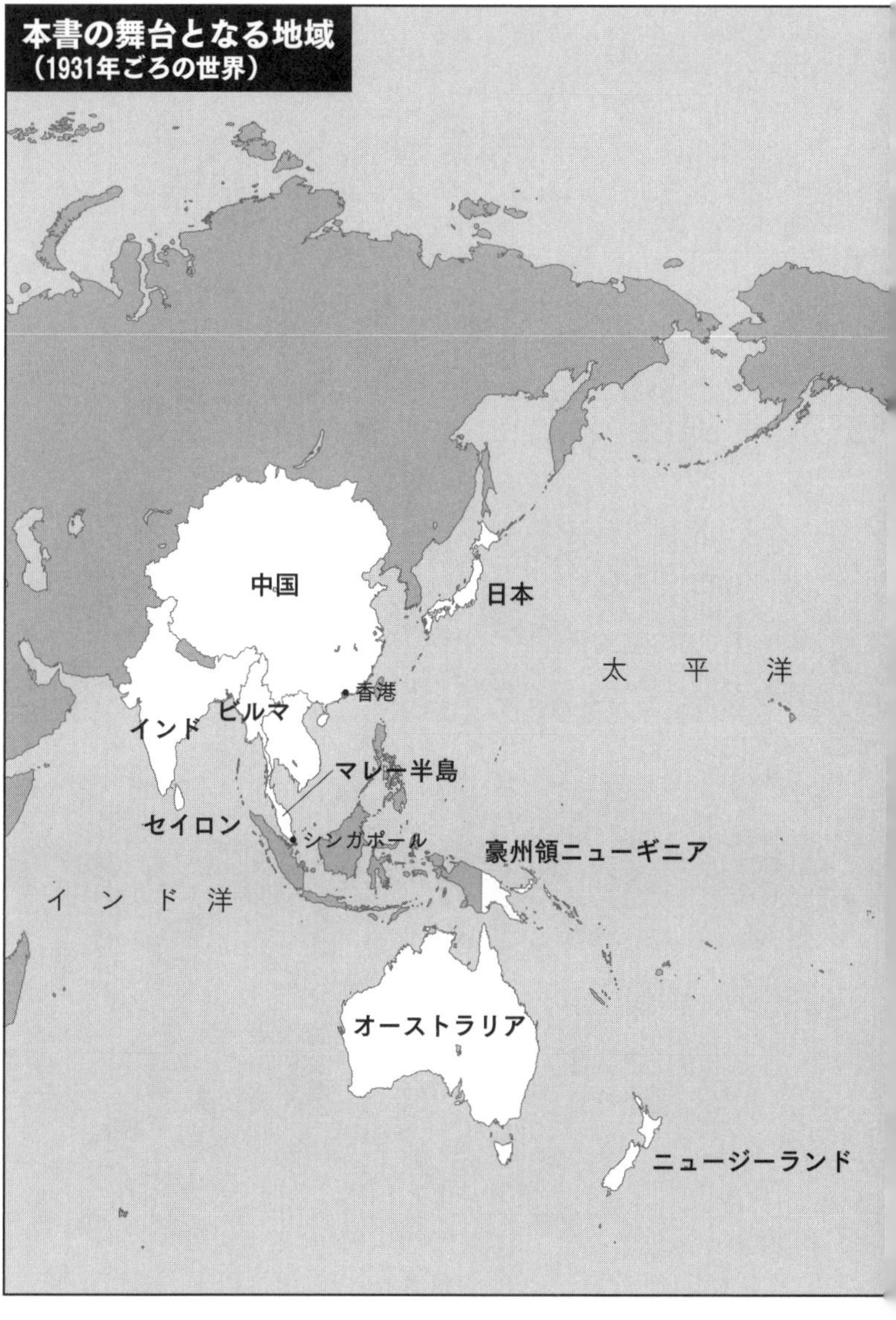

凡例

・本書には、必要に応じて〔〕内にて、訳者、監修者と編集部による注記を補った。
・本文中の（）内の注記は、原著にある著者によるものである。
・章タイトルは、原書をもとに適宜、編集部で付けた。本文中の小見出し、段落の設定は、編集部による。
・原著の中で、Preface と Epilogue については、本文と内容が重複する部分が目立つため割愛した。

序章

香港で破られた「白人の優越《ホワイト・スプリーマシー》」

香港は、東洋の真珠として知られていた。広さは四二三平方キロ。商業の中心地である香港島と、九龍《カオルーン》、新界《ニュー・テリトリー》、周辺の島々からなり、香港島にある大英帝国支配の象徴であるビクトリア・ピークは標高約四〇〇メートル、頂上から、湾や、周囲の島々を一望することができる。

イギリスが香港に触手を伸ばしたのは、アヘン戦争の後の一八四二年だった。一八九八年に、新界を獲得し、守りを固めた。日本軍進攻前の香港の人口は一七〇万人で、一万四〇〇〇人の白人と、七五〇〇人のインド人が住んでいた。裕福だったのは白人で、中国人はアメリカ南部の黒人《ニグロ》同様に、人種差別のもとで、絶望的な窮状を強いられていた。

ところが、日本軍が一九四一年十二月に進攻すると、「英領支那《ブリティッシュ・チャイナ》」の白人支配層を組み伏せてしまった。

香港から数百マイル南にあるシンガポールは、大英帝国の最も戦略的に重要な前哨地《アウト・ポスト》とされていたが、香港はそれ以上の存在価値を、中国市場への入口《ゲート・ウエイ》としての価値を持っているとみられた。イギリスは何十億というマッチや、靴下を売り込めると、夢を描いていた。

香港は同時に、全世界の諜報員が暗躍する、スパイ天国だった。民主主義などにまったく構わなかったのも、魅力だった。中国人はイギリスの支配に、まったく抵抗しなかった。

香港は、貿易の要《かなめ》だった。今日でも人口わずか七〇〇万人の香港が、一〇〇〇億ドルもの外貨を保有している。ブラジル、トルコ、ロシア、南アフリカ、ギリシャの人口を合わせると、香港の五〇倍にもなるが、外貨保有額では香港に及ばない〔本書の執筆時点・二〇〇三年〕。『ファー・イースタン・エコノミック・レビュー』誌によれば、香港は今では「地上で最も裕福な地の一つ」だが、戦前は、「世界で貧富の格差が最もひらいた」ところだった。また、経済的にも、社会的にも、安定していなかった。

イギリスが香港を領有してからおよそ一世紀が経過した一九四一年十二月に、日本軍が香港を占領し、まるで聖書の「黙示録の予言」と、「最後の審判」が同時に起こったかのように、大多数の住民によって熱狂的に迎えられた背景には、人種差別があった。

ある評論家は、「イギリスにとって、軍事的な敗北より、心理的な打撃のほうが大きかった」と、語った。特にシンガポールの陥落は、ジンギスカンの騎馬隊が七世紀以上も前に、ウィーンの城門まで迫った時以来、「アジア人が、大英帝国に与えた最大の衝撃」だった。「白人の優越《ホワイト・スプリーマシー》」という城塞が、あっけなく破られたのだった。

それは、戦いに敗れたというだけではなかった。白人が有色人種との戦闘で敗北したという事実は、白人に天から付与されたと信じられてきた統治権や、精神の優越までがずたずたにされ、失われたことを意味した。その喪失感は、言いようのないものだった。

イアン・モリソンは、戦争が激しくなると、「極東で白人が持っていた特権は、もはや過去のものとなり、元に還ることはない。白人は自らの行く途《みち》を、人種とか、肌の色とか、海軍力への信仰に拠《よ》らずに、各人の能力と資質によって選択せねばならない」と、説いた。

白人は自分たちが有色人種に対して犯してきた罪によって、罰せられる時が到来したことに震え上がっただけでなく、新しい人種秩序の中で、最下層に落とされるのではないか、と怯《おび》えた。

日本人の白人に対する残虐行為

日本軍は「白人の優越」によって虐《しいた》げられた人々の感情を、巧みに利用した。日本軍の収容所では、日本人の管理下で働いていた者の「過半数」が、朝鮮人と台湾人だった。彼らの地位が最高で、白人は最低というのが、新たな秩序だった。アジア人が、白人を「劣等で、従属すべき人間」と見做《みな》すようになった。

アメリカにとって日本人が犯した最大の罪は、アジア主義の旗を掲げて、有色民族に誇りをいだかせることによって、白人の誇りを貶《おとし》めたことだった。

極東国際軍事裁判は、なによりも日本が白人上位の秩序によって安定していた、世界の現状を壊した「驕慢《きょうまん》な民族主義」を大罪として、裁いた。

事実、日本は白人の既得権益を壊して、白人から見ておぞましい成功を収めた。

パトリック・ハーディーは、一九二八年にボルネオで生まれたユーラシア人（白人とアジア人の混血児）だった。兄弟と、ビーチ・ロードにあった日本軍の登録所に行くと、「父はイギリス人か」と尋《たず》ねられた。テーブルが二つ置かれ、そうであったら一方のテーブルに、父がユーラシア人なら、もう一つのテーブルにつかされた。

白人を父に持つ者は、収容された。ハーディーは収容されることなく、日本軍の運転手となった。

イギリス統治下で特権を与えられていた白人は、日本軍の進攻によって立場が逆転し、戦後になっても有色人が胸を張って闊歩《かつぽ》する状況が続いた。

ジョン・ダワーは「今日のアメリカ人に第二次世界大戦中に、どのように人種差別から残虐行為が行なわれたかと尋ねれば、ナチスドイツによるユダヤ人虐殺を挙げよう。しかし、戦時中に、アメリカ人に対して最もひどい『仕打ち』を働いたのは、ドイツではなく、日本だった。『人種問題』は、アジアで起こった。日本の侵略は、『白人の優越』を転覆して、白人にとってこの世の終わりのような惨状を世界にもたらした（『Japan in War and Peace』１９９５）」と、書いている。太平洋戦争はイギリス人はもとより、白人に大きな衝撃を与えた。

イギリス軍とニュージーランドの先住民《ネイティブ》の熾烈《しれつ》な戦いを研究した、学者のジェームズ・ベリチは、「日本軍の『白人への攻撃』が、あまりにもすさまじかったので、イギリス人はまるで悪夢から目覚めた子どもと同じように、何も起こらなかったのだと、自分に言いきかせて、全てを忘れようとした」と、記した。

アメリカの高名なジャーナリストのセオドア・ホワイトは一九七五年になって、戦時中の体験について語った。「アジアで何年も取材したが、アジア人の白人に対する憎悪については、まったく書くことができなかった。アジア人は誰もが、我々白人全員を嫌悪していた。それは歴史をみれば、当然のことだろう」と、アジア人が耐えてきた植民地主義のもとで行なわれた、人種差別の歴史に言及した。

ホワイトはアメリカの友だった蔣介石《しょうかいせき》でさえ、「本心では、白人を嫌っていた。アメリカのなかでは黒人だけが、白人によってアジア人がどれほど苦しめられていたか、理解できるだろう」と、話している。イギリスは、戦前から戦中にかけ、日本はアジア人の白人への敵愾心《てきがいしん》を利用した。

イギリスは、日本軍による白人に対する「残虐行為」が明らかになると、「ほとんどの中国人が、そのことに関心を示さない」「中国人は日本軍がそのような行為に及んだのは、白人を辱《はずかし》めて、アジアから追放するためだと思って、むしろ密《ひそ》かに喜んでいる」という、報告を受けていた。

白人側が使った人種差別の宣伝《プロパガンダ》とは

ところが、事実を捻《ね》じ曲げて、「日本軍がアジア人に対して、ありとあらゆる『残虐行為』に及んでいる」という、宣伝《プロパガンダ》が行なわれた。日本軍が白人に対して「残虐行為」を行なっているいると報告すると、かえって「アジア人のために戦う日本」のイメージを広めかねなかったからだった。

白人と有色人種が平等だという戦後になってからの人種政策や、「白人の優越」が否定されることは、日本軍の進攻によってすでに戦時中から明らかになっていた。

アメリカはイギリスよりも、人種問題に敏感だった。先住民を虐殺し、黒人を奴隷《どれい》にすることによって建国したからだった。

一九四二年半ばに、アメリカの心理戦争《サイコロジカル・ウオーフエアー》合同委員会は、イギリスに「太平洋戦争を、『大東亜戦争《パン・アジア・ウオー》』にすり替える日本の宣伝を阻止《そし》することが、重要だ」との極秘の提案書を送った。

「アメリカの白人社会に対して、有色人種に対する激しい人種差別を和《やわ》らげる宣伝を行なうべきである。そうした宣伝は、人種偏見に直接、言及してはならないが、有色人種のよい面を伝えることで、間接的に可能だ」と提言し、「『こびと』『黄色い』『細目《ほそめ》の』『原住民』といった表現を避ける」ことや、「アメリカの黒人活動家が、白人を非難する日本の宣伝を受け売りしていること」にも言及した。

戦争が終結に近づくにつれて、後に「ポリティカリー・コレクト」という表現が用いられるようになった戦後の人種への対応が、形成されようとしていた。過去に人種差別を蒙《こうむ》った人々について、むしろ国際的な場で「黒人のリーダー」を前面に出すことで、黒人蔑視《ジム・クロウ》に対する批判を避けようとした。

オーストラリアでは「人種の優越《レイシャル・スペリオリティー》」に言及することをやめるように、極秘の指令《ディレクティヴス》が出された。唯《ただ》一つ許されたのは、日独間に楔《くさび》を打ち込むために、ドイツの人種政策を利用することだった。ドイツはかつて「ドイツ民族は全ての民族の中で最も優れ、日本人は奴隷に適している」と、主張していた。また、「インドシナでは黄色人（日本人）がのさばって、白人より優《スーペリアー》れていることを誇示していた。このために、戦後もベトナムがフランスの植民地に復帰することは困難だ」とする報告もあった。白豪《はくごう》政策を取っていたオーストラリアは、かつての人種差別政策を、表面上、撤廃した。

アメリカもイギリスも、日本の「人種戦争《レイス・ウオー》」に、どのように対応すべきか戸惑った。日本の人種政策と一線を画さなければならなかったが、同時に自ら実行してきた人種差別を緩和しなければならなかった。

イギリスは大西洋憲章によって民主主義を高揚したかたわら、アジアやアフリカの植民地では、民主主義を否定していた。特にイギリスは戦時中に起こった人種の地位の大転換に、当惑した。ひとつの対応法は、沈黙を守ることだった。中東でもパレスチナ問題に直面したが、肌の色や人種のような問題に、できるだけ触れないようにした。

結局、大英帝国に対する人種戦争の衝撃が白日の下に晒《さら》され、沈黙を続けることができなくなった。さらに事態を複雑にしたのは、第二次世界大戦前に人種差別主義がもたらした罪が、ほとんど問題とされなかったことだった。帝国主義を非難していた評論家さえ、人種差別には批判の眼を向けなかった。

当時は、どのようなイギリス人も、植民地の人々の状況にほとんど関心を抱かなかった。教科書も植民地の状況については、言及していなかった。イギリスの下院でも、戦後しばらく論じられなかった。日本が香港で白人収容者に「残酷な人種差別」を行なったのに、その悲惨な体験は思い出すことが忌《いまわ》しいのか、あまりにも苦痛を伴うのか、ほとんど伝わってこなかった。

日本は自衛のために戦った

一八五三年に、マシュー・C・ペリー提督が浦賀《うらが》にやってきた。日本の二世紀以上に及ぶ鎖国が、破られた。これは、衝撃的な出来事だった。ペリーは上陸すると、背が高い屈強な黒人奴隷を二人伴って行進した。歴史的な舞台に、黒人に一役を担わせた。日本人は蒸気船にも驚いたが、久しぶりに見た黒人に、興味津々だった。

なぜ、ペリーが黒人を連れていたのか。理由はわからない。日本人を黒人のように奴隷にし得ることを、示したかったのかもしれない。理由が何であれ、この黒船襲来が、人類史上に輝く偉業である「明治維新」をもたらし、「白人の優越」を断固拒否する、アジア人の先進国家が建設される道筋をひらいた。

歴史家のピーター・デュースは、「日本人は西洋の脅威から自分を守るために、近代国家の道を歩んだ。白人の奴隷になり、植民地支配を受けることへの恐怖だった。この脅威から多くの日本国民は、『白人の優越』を覆《くつがえ》さねばならないと、心底から思った。そのスケールは、『平民』を解放したフランス革命や、『労働者』を解放したロシア革命よりも、はるかに壮大なものだった。それは、有色の民の解放という、『人類史の大革命』だったと呼んでも過言ではない」と、指摘する。

日本の「切実な願い《スインスイアー・デイザイヤー》」は、自衛だった。大英帝国がアジアやアフリカを植民地化し、アフリカ人部隊やアジア人部隊を拡大していたなかで、「白人の優越」を崩壊させ、搾取《さくしゅ》された民を窮状から救うことが、日本への脅威を取り除くことにつながった。

一八四二年に、イギリス軍が香港を攻略した時には、ほとんどインド兵によって編成されていた。インド兵は十九世紀を通して、大英帝国の権益を守るために、中国や、エジプトなどの戦場に派遣された。イギリスのインド市場への輸出は、一八八〇年までに二〇パーセントを占め、島国を潤《うるお》わせた。イギリスがドイツ、フランス、ロシアといった大陸の強国の軍隊と戦えたのは、インド軍とその大量の予備兵力があったからだった。

イギリスのカーゾン外相は、インド総督を務めたこともあったが、「我々がインドを統治する限り、イギリスは世界で最強だ。インドを失えば、即座に三等国となってしまう」と言ったのは、正鵠《せいこく》を得ている。

日本が、植民地にされることを恐れ、近代化をしなければとの思いが頂点に達したのは、イギリスがインド兵をアフリカでの戦闘だけでなく、アジアにおける戦闘にも投入した時だった。アメリカはアジアにおける戦闘に、黒人兵を用いた。アジア人同士を戦わせるというより「類人猿」――黒人もそのように見做された――同士で戦わせるという発想は、「白人の優越」の所産だった。

黒人ミュージシャンのバック・クレイトンは、一九三〇年代に上海《シャンハイ》を訪れた時に、白人のアメリカ海兵隊員を乗せた四台の「人力車《リックショウズ》」が、走って来るのを目にした。すると、白人が「黒ん坊《ニガーズ》だ、黒ん坊」と嘲《あざけ》った。そして人力車に積んであったレンガを、投げつけた。

中国人と黒人は「白人の優越」の犠牲者として、相身互《あいみたが》いだった。クレイトンはアメリカの白人との喧嘩《けんか》になると、中国人に加勢した。

「あちらこちらで殴り合いとなり、私は白人を摑《つか》んでヘッドロックをかけ、その頭をブロック塀に打ちつけた。逃げ出す白人のケツを、蹴ってやった。喧嘩が終わると、中国人の野次馬が、我々を取り囲んで、長年の鬱憤《うっぷん》を晴らしてくれたと喜び、まるでフットボールの選手を讃《たた》えるファンのように、家までついてきた」

中国人は日本に協力した

「黄禍《イエロー・ペリル》」という表現を、最初に公《おおやけ》の場で使ったのは、ドイツのウィルヘルム皇帝だった。オーストラリアの評論家チャールズ・ピアソンに、感化されてのことだった。ウィルヘルムは、「イギリスやアメリカで、オーストラリア人の本が、これほどの衝撃を与えたことはない」と、述べた。

白人の中に潜在的にある「黄禍」という恐怖心は、中国に対してだけでなく、日本が力を増していたことで高まった。白人が人種差別を土台にして築いた、植民地支配の構造が逆転し、白人が支配されてしまうのではないかと、恐れた。

日本のエリートたちは二十世紀初頭に、白人の集合意識に、黄色人種に支配されることへの恐怖があることに、気づいていた。

セオドア・ルーズベルト大統領は、「日本は本音では、ロシア人、イギリス人、アメリカ人、ドイツ人など白人が全員『白魔《ホワイト・デヴィル》』で、日本人より劣っていると思っている。日本人は侵略の歴史を持つ白人種を、全て嫌悪している」と、感じていた。

新しい世紀が幕を開けると、人種の対立はさらに緊張を高めた。日本はその渦中の真只中《まっただなか》にあった。

学者のブルース・カミングスは、「日本は二十世紀の最初の一〇年、白人の植民地主義に反対する多くの進歩的アジア人を魅了していた。第二次世界大戦後、日本が侮《あなど》られるようになってから、中国はそれを認めたがらないが、中国人も日本に惹かれていた。中国共産党も、国民党も崇《あが》める、中国建国の父である孫文《そんぶん》も、日本の超国粋主義団体の黒竜会《こくりゅうかい》〔原著にある「ザ・ブラック・ドラゴン・ソサエティ」は、誤訳。満州を流れる黒竜江《アムールがわ》からとった名称だが、アメリカは悪意をもって「黒い竜」と訳していた。本来は「アムール・リバー・ソサエティ」である〕と深くつながっていた」と回想する。

黒竜会はヨーロッパとアメリカの白人を、中国から駆逐しようとしていたが、孫文もそれを目指した。孫文に対してはソ連と日本の影響力が高まり、孫文の演説は反西洋の色合いを強めた。その国家主義は人種闘争でもあり、不平等条約、租界の撤廃、外資による経済支配を終わらせることを目指していた。

蔣介石は日本で四年を過ごし、軍学校で学んだ。帝国陸軍第十三野戦砲兵部隊で、訓練を受けた。蔣介石は、日本語や、軍事学を身につけた。一九四〇年から翌年にかけた冬に、蔣介石の代理人が、日本の諜報機関と話し合ったという噂《うわさ》が広まった。皮肉にもイギリスは、最大の反日勢力である中国共産党を、厳しく取り締まることによって、日本を支援していた。

一九四一年に日本軍が香港に進攻すると、多くの中国人が歓喜し、積極的に日本に協力した。衝撃的な事実は、植民地の白人全員を虐殺しようとする計画まであったことだ。一九四一年十二月十三日が、決行日とされた。中国の秘密結社「三合会《さんごうかい》」や、犯罪組織が、この計画を練っていた。「セシール・ホテルに、地下組織の頭目たちと警察が一堂に会し、一時間の話し合いの後、恐らく巨額の資金が提供され——警察当局が地下組織と手を結んだ」とまで、いわれた。

孫文も長年「三合会」の幹部を、務めてきた。「三合会」の海外支部は、共和主義の宣伝発信の拠点となっていた。「三合会」は戦争が進行する中で、親蔣介石派、中間派、親日派に分裂した。親日派は占領によって、大きな恩恵を受けることとなった。

日本を支援したのは、「三合会」だけではない。中国にあった日本の傀儡《かいらい》政権の要職に中国人協力者や、反逆者が数多くいて、困らなかった。日本軍は旧清朝《しんちょう》の部隊の支援も受けた。南京《なんきん》政権は、六〇万人の兵力を擁《よう》していた。

中国共産党が蔣介石国民党を攻撃し、蔣介石が日本軍や南京の傀儡政権と組んだのは、驚きだった。だが、日本の利敵協力者だった汪兆銘《おうちょうめい》は、売国者として汚名を着せられた。

人種差別に基づく植民地支配は、多くの中国人を大英帝国に対して反逆させた。

同じことが、日系アメリカ人にも当てはまった。

日系アメリカ人は祖国アメリカによって、収容所へ放り込まれた。だが、そんな祖国のために戦った日系アメリカ兵は、賞賛を浴びた。その一方で、祖国を捨てて、太平洋を渡って、日本と協力して、占領地で働いた日系アメリカ人は非難された。彼らは「白人の優越」に、義憤を感じて行動したのだった。

真珠湾攻撃の前にも、ハワイへの日本人移民の一世が、日本に巨額の寄付を行なっていた。

ハナマ・ハロルド・田崎《たざき》は、一九一三年にマウイ島で生まれた。オベリン大学で学び、カリフォルニアで就職した。一九三六年に日本に渡って、軍に入隊した。ハワイの日系移民に対する差別が、動機となった。彼の父母はＰＴＡ会合で、ハウリー（白人）から蔑《さげす》まれた。アジア系の多くのアメリカ国籍離脱者《イクス・パトリエイツ》が、仲間となった。アメリカで受けた人種差別に復讐しようと、集まったのだった。香港の収容所を体験した白人たちは、そうしたアメリカ国籍離脱者が、自分たちを手荒く扱ったと、証言した。

黄禍、再び――アジア人が力をつけはじめた

『人種戦争《レイス・ウオー》』は、大英帝国でも、アメリカでも、珍しいものではなかった。インドで一八五七年に起こった大規模なセポイの反乱も、そうだった。南アフリカでは、ジャン・スマッツが「私は先住民たちが、『なんで日本と戦うのか？ 我々は白人に抑圧されてきた。日本の統治下のほうがよほどましだ』と言っているのを、耳にした」と、書いた。

一九四三年に、正真正銘の『人種戦争』がアジアで戦われている時に、ユタ州選出のエルバート・トーマス上院議員は、ルーズベルト政権が中国を援助することを躊躇《ためら》っていた。「ジンギスカンが、ヨーロッパを侵略した。アジアの勢力を甘く見たら、世界が侵略されてしまう」と、恐れた。日本に対抗するために中国を支援すると、アメリカは結果的に、より巨大な敵をつくることになるというわけだ。

チャールズ・イートン下院議員も、「もしアジア人が力を持ったら、いずれアメリカが地図から消されることになろう」と懸念し、「白人と黄色人種の人種戦争が勃発すれば、我々が一掃されるかもしれない」と、述べた。

有名なローゼンウェイルド・ファンドのエドウィン・エンブリー会長は、一九四四年に似た

ような見解を表明した。「日本人の半世紀にわたる台頭と、世界中の有色人種の動向を合わせると、均衡が急激に傾いている。白人は国際社会で、有色人種と対等の地位を確保する最後の機会を与えられている。もし、白人が『白人の優越』という体制を世界で維持することに汲々《きゅうきゅう》とすれば、非白人勢力が反抗し、白人を絶滅させるかもしれない」と、警告した。

こうした恐怖は、人種対決がアメリカ沿岸に到達し、黒人が「最後の決着」をつけるために、日本と結ぶ可能性が現実味をおびるのにともなって、高まった。

かつて太平洋の東岸で『人種戦争』を起こそうとした、ウィリアム・エドワード・バーグ・デュ＝ボイス〈黒人のための米国市民権運動指導者、ＮＡＡＣＰを創設〉は、一九四四年を再びこの旗を掲げる時だと、信じた。

デュ＝ボイスは「ドイツ皇帝ウィリアム二世が予見した『黄禍』の恐れは、いまだに白人の潜在意識にあり、払拭《ふっしょく》されていない」と、警告した。

第一章

「純血の白人」以外は人にあらず

——一九四一年十二月、香港

香港での人種隔離政策《アパルトヘイト》

アメリカ南部出身の旅行者が、日本軍が進攻する以前の一九四一年十一月の香港を訪れたら、そこで目にする人種差別のありかたに、まるで故郷に帰ったような思いに浸ったことだろう。

ルシアン・ブルネットはモントリオール生まれのフランス系カナダ人だったので、人種差別にはなじみがあったものの、日本による進攻前夜の香港に降り立って、現実を目にすると、良心の呵責《かしやく》に苛《さいな》まれた。その光景は、「ひどく気の滅入るもの」だった。「わが目を疑うほどの貧困で、多くの人が靴もはかず、黒く汚れたズボンに帽子を被っていた。女性は男性とまったく同じ労働を課せられていた。中国人は、人間として扱われていなかった」と訴えた。

香港で生まれた宣教師ロバート・ハモンドも同じ思いだった。一九三九年に家族とともに生まれ故郷の中国に戻ったが、その光景に愕然《がくぜん》とした。とりわけ労夫《クーリー》の姿は目を覆《おお》うばかりだった。

「黄色い人たち」は、ぼろ布の衣をまとった極貧生活を送っていた。上半身は裸で、ズボンをまくっていた。古い布切れを頭に巻いて、流れ落ちる汗を止めていた。

内科医のセルウィン・クラークは、「飢餓《きが》と病気が蔓延《まんえん》」する一方、「三〇年代後半には、病棟は脚気《かつけ》患者で溢《あふ》れて」いることに気づいた。コレラや天然痘、結核患者も溢れていた。

アメリカ南部の黒人たちと同じように、香港の中国人や他のアジア人たちは、ヨーロッパ人が尊ぶ権利をまったく認められていなかった。劇場のチケットはヨーロッパ人しか手にできなかった。中国人はヨーロッパ系のホテルやクラブに、入れなかった。博物館で中国人は、入場を一定の時間帯に制限されていた。

十九世紀には、中国人は夜間通行証を所持することを義務づけられていた。人種隔離政策《アパルトヘイト》のもとの南アフリカと同じことが行なわれた。中国人は一九二六年まで植民地統治に当たる行政委員になることができなかった。九龍《カオルーン》スクール、ヴィクトリア・スクールといった有名校はヨーロッパ人子弟しか入学できなかった。セントラル・ブリティッシュ・スクールは、その名が示す通り、イギリスの子弟のみの学校で、ユーラシア人と中国人は、キリスト教の男子校か女子校に通った。中国人用にはクイーンズ・アンド・キングズ・カレッジという専門学校があった。

幸運にも「純血の白人」は教育の恩恵に浴せたが、植民地支配者たちが執心だったのは競馬、ゴルフ、クラブでの社交だった。社会的地位の高い法廷弁護士のパースィー・チェンは、「香港の統治は警察国家と同じだった」と語る。香港は「国王直轄植民地《クラウン・コロニー》」だったが、「総督は全能の神に次ぐ存在だった」と、元香港総督だったアレキサンダー・グラントハムが語っている。

居住区も区別された。中国人は細く曲がりくねって、薄灯りしかない迷路に囲まれた兎《うさぎ》小屋のような家に住んでいた。九龍に一八九九年に「ヨーロッパ人特区」が設置された。当時の南アフリカでよく使われたような表現だが、「ロビンソン通りとカーナヴォン通りの間の低層地帯は、ヨーロッパ人居住者には適さず、先住民《ネイティブ》の居住に適す」などと指定された。一九一九年には「クレネアリィ東側の中層地帯が、ヨーロッパ人居住区として提案」された。このような人種隔離政策は、多くのヨーロッパ人の圧倒的支持を受けた。

頂上《ピーク》を頂点とした身分の序列

多くの中国人に「英国領の中国」は、地獄のようだった。だが、英語圏からのヨーロッパ難民にとって、そこは楽園のようだった。人種、国籍、地位、訛《なま》り、教育によって階層が明確に区別された。

戦前の香港では、地域区分も序列に従っていた。頂点は香港島の山頂「頂上《ピーク》」だった。そこでは大富豪のホー・タン一族だけが、人種差別の呪縛《じゅばく》の唯一の例外だった。ピークでは、夏の酷暑と、ビャクダン、シナモン、黄麻や小便やタールが混じった悪臭を避けることができた。裕福な日本人は、ピークを脅かすことがない距離を保ったマクドネル通りあたりまで、住むことができた。その外のマクドネル通りからメイ通りまでが中間地帯で、その上のほうにポルトガル人、ユダヤ人、アメリカ人、パルシー教徒が住み、下のほうにニッポンニーズ〈日本人〉が住んでいた。中国人は、ピークの麓《ふもと》にある、暗く汚いネズミの住処《すみか》でもある安アパートに住んでいた。

E・H・パーカーは一九〇三年に香港に来て、故郷よりはるかに贅沢《ぜいたく》な生活ができたので、驚いた。召使いも食糧も安価で、一ドルはまるで一ポンドの価値があった。贅沢な生活は一九四一年まで享受できた。一兵卒が一ポンド払えば、中国人の床屋に月一回の散髪と、毎日髭《ひげ》を剃《そ》ってもらえた。

この快適な生活の背景に、強烈な搾取《さくしゅ》があった。本国ではあり得ない生活だったが、現実だった。オーストラリア北東に連なるメラネシア諸島では、オーストラリア人が同様の特権に浴していた。カナダも、中国人を差別することに関しては、同じことだった。

このような獰猛《どうもう》な闘いで頭角を現わしたのが、アフリカ人の奴隷貿易の先駆者として悪名高い白人のアメリカ人だった。フランクリン・D・ルーズベルト大統領の一家は、十九世紀に濡れ手に粟のように儲《もう》かる中国貿易に深く関わっていた。ルーズベルトの母の父だったワーレン・デラノは、一八二四年に設立されたラッセル社のパートナーだった。この会社は茶と阿片《あへん》を扱って、あの悪名高い東インド会社と同じくらい影響力を持っていた。ルーズベルトの母のサラ・デラノは幼時を香港のローズ・ヒルで過ごした。サラの二人の姉はそこで生まれ、ローズウェル社のパートナーと結婚している。ルーズベルト自身もニューヨーク州のハイド・パークで、高価な中国の骨董《こっとう》に囲まれて育った。

「ヤンキーもイギリス人同様に中国人を差別する」と語るのは、戦時中に中国の昆明《こんめい》で、CIAの前身だった戦略計画局《オフィス・オブ・ストラテジック・サービス》に勤務した、リアン・イェンだ。人種間の結婚が「社会的に受け入れられず、その子どものユーラシアン〔ヨーロッパとアジア人の混血〕は、中国人と西洋人の両方から賤民《アウトカースト》と見做される」ことを、知った。そして、中国人は太平洋を渡っても、「洗濯屋やチャプスイ〔八宝菜に似たアメリカ式中華料理の一種〕売りと見做されて、アメリカが誇る『誰でも出世できるチャンス』は、中国人には閉ざされ、劣等人間として扱われていた」と語っている。

香港では、ホームレスの中国人が多かった。アルバート・フード少佐は戦前の香港で勤務したが、「多くの中国人が住む場所もなく、香港でさえもイグサのマットを抱えて歩き、小道にマットを拡げて横たわり、マットを身に巻きつけて一夜を過ごしていた。まるでソーセージを並べたようだった」と語った。

格式ある香港ジョッキー・クラブは、上流階級の中国人にも長いこと扉を閉ざしていた。中国人は競馬で賭けたり損することは許されたが、騎手や馬主にはなることができなかった。イギリス当局は一九一五年に大規模な抗議行動があってから多少緩和したが、このような酷い差別が撤廃されたのは、日本が進攻して、中国人のホー・コムトンが最高行政官に任命されてからだった。今日、香港の著名なコメンテーターのフランク・チンは、「日本は多くの中国人を香港政府のあらゆる地位の役職に就けた。こうしたことは、イギリス統治下でありえなかった」と述べている。

一九二〇年代後半までに、旅行についての差別が徹底された。それまで、旅行者は人種によって分けられ、上陸の方法も区別されていた。切符も違った会社が販売した。ヨーロッパ人は特別扱いされ、洋食が供された。中国人向けの客室では、丸テーブルに中国料理だった。中国人旅客が食事をしたり、寝たり、用を足す極悪な状況に対しては、まったく関心が払われなかった。

上海へ旅する乗客を乗せる船が着くと、外国人旅行客を上陸させるためにモーターボートが出迎えるかたわら、中国人は平底の小船《サンパン》に乗るために、労夫に法外な渡銭を渡さねばならなかった。九龍から香港島へ渡るスター・フェリーも、最初の五〇年、中国人は一等客室に乗れなかったし、外国人も二等客室に乗ることを、許されなかった。

香港の交通機関でも、同じような差別が行なわれていた。イギリス兵のジョン・サットクリフ・ホワイトヘッドは、一九三八年に香港を訪れ、二階建て市電での差別に驚いた。案内されたトップ・デッキは、外国人のためで、労夫は下階《ボトムデツキ》に乗せられた。故郷では炭鉱夫の家の出身だったが、香港では中国人の富豪と同格だった。

アリス・Y・ランとベティー・M・フーは、「太平洋戦争勃発以前は、イギリス人の役人からサインをもらうために三〇分以上も待たされた。スタッフは忙しい時もあったが、私たちが中国人だと知って、面白がってわざと待たせた。私たちの憤りはおさまらなかった」と、振り返った。

キップリングは「中国人は存在価値がない」と語った

非白人は下層の存在で、まるで塵芥《ごみ》のように扱われていた。

ケネス・アンドリューは一九一二年から三八年まで、香港で警察官を務めた。「白人は中国人をまるで最下級の動物のように見做した。私は白人が人力車の車夫に触れることを恐れ、車上から料金を地面に放り投げるのを目にした」と振り返った。中国全土を食い散らかした植民地勢力が支配した香港や条約港では、「中国恐怖症《シナフォビア》」が蔓延していた。

中国人男性はアメリカ南部の黒人同様に、年齢におかまいなく「ボーイ」と呼ばれ、ささいな過ちでも叩かれた。戦前香港に駐在したジャーナリストのエミリー・ハーンは、サンフランシスコを訪れたイギリス人が、道を歩いていた中国人の「ボーイ」が道を譲らないことに、「文明国で、なぜ、この畜生を怒鳴りつけなきゃならないんだ」と、激怒していたと語る。

中国人に対する苛立ちや、暴力行為は茶飯事で、外交記録に詳細が残されている。白人による暴力によって中国人の死者が出ても、ほとんど処罰されなかった。イギリスの上海領事は、「イギリス人が中国人に対して殺人を犯した場合、有罪判決が出ることは決してない」と、発言したほどだ。

一九二一年に、上海のイギリス人警察官が口走った「中国人は動物だから、そのように扱うべき」という発言に、本音が反映されていた。後にこの警官は、中国人を「黄色いブタ《イエローピッグ》」で「無価値で、黄色い皮の卑しいヤツ」と表現している。上海のアナリストだったバーナード・

ワッサースタインは「こうしたことは、単に不満分子のたわごとではなく、地域全体の総意と公の場での見解を反映していた」と、述べている。

イギリス植民地支配時代の桂冠詩人〔英国で王室が最高の詩人に与える称号〕ラドヤード・キップリングの「私はもともと中国人が嫌いだったが、奴らが溢れている通りでは、窒息しそうになって、嫌悪感が倍増した」との発言は象徴的だ。精神錯乱したか、狂乱したか「私は文明人であるアイルランド出身のヨーロッパ人たちが、なぜアメリカで中国人を殺すのか、やっとわかった。中国人を殺すのは当然で、地上から広東省《カントン》を抹消し、砲撃から逃げる奴らを全員抹殺するのが正しい。中国人は存在価値がない」と、語っている。

これは、単なる暴言ではない。香港で軍に勤務したジョン・サットクリフ・ホワイトヘッドは「軍人が常に武装していたのは、奴らが盗みか何かをしていたら、『待て』と連呼して空に一発撃つ。奴らが止まらなければ、相手を撃って、警官がその死体をかたづける。そこに躊躇《ちゅうちょ》はない」。イギリスの軍人、警察官、裁判官、陪審員の別を問わず、「当時の正義はそうしたものだった」と、振り返る。

中国人が市場で盗みを働く理由は、多くの仕事から締め出されていたことにある。「海事税関の幹部職は、全て白人だった。登山鉄道《ピークトラム》の運行も全てヨーロッパ人、列車もヨーロッパ人乗務員に任されていた。官報に載るような上級の警察官にはアジア人もインド人も、女性もまったくいなかった。裁判官は全てヨーロッパ人、法律関係者もほとんどそうだった。消防士はほとんどが中国人だったが、ヨーロッパ人が消防車を運転した。消防署では中国人消防士は一階で、ヨーロッパ人は二階に住んだ」「政庁では、いかに有能な中国人でも、それ以上は昇進できない一線があった」。

香港大学は植民地主義者によって経営され、中国人の入学は制限されていたし、大学を卒業しても、厳しい差別を受けた。一九四〇年に学生だったマン・ワア・レン・ベントレーは「講義や、個別指導を担当する大学の教員は、ほとんどがイギリス人で、生徒の学力や知性の向上にはまったく関心を払わず、まるで無関係の人間を扱う様子だった。教授は批判や反論を奨励しなかった。香港大学は政治を論じたり、政治クラブの結成をしたりすることを認めなかった。それでも、香港大学は知的に非の打ちどころのない卒業生を輩出したが、人種だけの理由で、文盲のカナダ人のほうが、社会経済的に上の階層に上ることができた」と、述べた。

サー・ショウソン・チョウは一八六一年生まれで、香港を統治した政庁のメンバーとなった最初の中国人だった。天上の集いに連なることを許されたのは、一九二五年に上海で起こった騒動が背景にあった。軍によって九人が殺され、香港に飛び火した。彼は一九〇七年に日本政府より「勲四等旭日宝章」を授与され、すぐ後に「英国王室により香港で初めてナイトの称号を授けられ、約八〇年にわたる植民地支配の歴史で、ナイトの称号を授与された三人目の中国人となった」。しかし、青年時代に留学のため帆船でアメリカへ渡り、辮髪《べんぱつ》を引っ張られるなど虐待を受けた。留学したのは、香港で、「イギリス兵が特に理由もなく、街で中国人を暴行していた」頃のことだ。彼は一九一九年の香港では、「一部地域に中国人が住むことを規制する」法律が成立し、「外国人将校は恥じらいのない人種差別主義者で、当時の官吏も同じだった」と述懐している。日本軍が進攻すると、彼は日本の協力者の頭目のひとりと見做《みな》された。

白人なのに差別を受けた例外人種

開戦前夜、香港は徹底した圧制のもとにあった。警察が中国人社会を厳しい監視下に置き、いやがらせ、投獄、政治活動家の抹殺、郵便や文書の検閲を行なった。労働組合の結成は許されず、抗議の声をあげると、南アフリカと並ぶ人種、経済的なアパルトヘイトの過激さをさらに増すだけだった。

「西洋人」は社会の頂点に君臨したが、「白人」が全て平等に扱われたわけではない。サスーン家は香港で最も富裕な一族で、エドワード七世がまだウェールズのプレイボーイ皇太子として名を馳《は》せていた頃の友人でもあった。それにもかかわらず、一族は香港倶楽部に入れなかった。ボンベイのユダヤ人としての出自のためだった。実際、二十世紀初頭には「ユダヤ人墓地」が、「白人墓地」の外に存在した。

しかし「白人」の定義がどうあろうと、香港を支配していた不条理な人種差別に挑戦しようという勇気を持っている者は、ほとんどいなかった。だが、例外もあった。ニュージーランド出身のジェームズ・バートラムは、こう回想する。香港で高名な医師の妻で、小さな左翼政党のメンバーだったヒルダー・セルウィン・クラークは、「中国人」の闘争の代理人として全てを捧げた唯一のイギリス人だった。セルウィン・クラークは「ソ連との文化交流会」や、どこに行こうと、常に監視下に置かれていたインド国民会議の「ムッシュー・カマラデヴィ」との過去の繋《つな》がりから、変わった異端の人物で、先鋭的な反人種差別活動に身を挺した。

トニー・カロールは十九世紀末に香港に生まれたが、一九八六年にイギリス人の尊大な態度について「彼らは高慢で、ひどいものだった。中国人は彼らの前で謙《へりくだ》らなければならず、実に悔しかった」と回想した。彼はアイルランドとキューバの混血だとの評判のために、特権階層に入れなかった。彼のように香港で生まれても、中国人、インド人、ポルトガル人などは人種偏見から証券取引所で働くことはできなかった。カロールはアイルランド人だったから戦時中に抑留されず、詐欺によったか、幸運によったか定かではないが、億万長者となった。

彼らは香港社会の周辺に追いやられたため、日本人と関係を持ちやすかった。カロールは、日本人と「家族的付合いを長く」持つことになり、一族は造船所を横浜で始めた。戦後、カロールは対敵協力者として起訴された。イギリスの仕返しの根深さを物語っている。

香港で苦しめられたのは、アイルランドやキューバで生まれた人々だけではなかった。スコットランド出身者も、当時は嘲笑《ちようしよう》的に「スコティッシュ・クーリー」と呼ばれていた。スコットランド生まれの愛国者、香港大学のウォルター・ブラウン教授は、そうした不当な慣習に反対していた。教授は「ブリティッシュ」という表現を使うべき時に、「イングリッシュ」というアングロ中心主義の表現を使うことに、反対だった。教授は図書館に行って何時間も、本に使われているそうした表現に斜線を引いて「ブリティッシュ」と、訂正した。

故郷で開業する機会や、資金がないスコットランドの医者は、しばしば香港へ移住した。だが、スコットランド人のイギリス人エリートに対する不満は癒《いや》されなかった。「白系《はっけい》ロシア人」と呼ばれるボルシェヴィキ革命からの亡命者たちは、大多数が貧しかったことから、そのライフスタイルが、イギリス人や他の人々の「白人特権」を危うくすると思われた。そのため「ロシア人との交際のタブーは、アジア人との交際に対するタブーよりも、厳しかった」。

「ポルトガル人は、純血の白人とは言えないが、傲慢にも、自分たちの社会的地位がイギリス系ユーラシアンより、はるかに上位にあると考えている」と、エミリー・ハーンは言う。こうした自負を他のユーラシアンは共有しないし、イギリス人が共有するはずもない。

裕福なイギリス人を頂点とする人種階層

英国領中国では、階級に関する偏見と不安は、人種偏見を強調するために使われた。中国人はイギリス人と階級的な区別をするために、残酷に扱われた。当時の評論家は「イギリス人は自分たちを大物に見せるために、中国人を踏み台にした」と言っている。自分たちを小物と思っていたかもしれない。ロンドンの外交官は「イギリスから香港へ渡った多くの者が『三流の輩《やから》』だったからだ」と語った。

戦時中に香港で抑留された学者のチャールズ・ボクサーは、「香港は役立たずの掃《は》き溜《だ》めだった。どこでも使いものにならないバカ者が、香港に捨て置かれたのだ」と述べている。クィーニー・クーパーは「私の階級の女子なら、本国では召使いだったでしょうが、香港に住んだ五年間は、まるで女王のようだった」と述懐している。彼らは「三流」階級であることがバレるのを恐れ、不安を中国人にぶつけたのだった。彼らは上げ底の地位にしがみついていた。裕福なイギリス人を頂点とするピラミッド社会の人種階層が、存在した。

大英帝国から来た全ての人々が、この魅惑の園に辿《たど》り着けたわけではない。貧しい白人が増えると、香港でのイギリス人の名声が失墜するとの恐れが、指摘された。多くの場合、彼らは無造作に退去させられた。例えば白人の売春婦は「厳しく取り締まられた。東洋でのイギリス人の名声を貶《おとし》めると思われた」からだ。

香港では、そうしたイギリスの「下級階層」を、中国人を扱うように扱った。そうした「下層階級」は中国に到着すると、その怒りをエリートのイギリス人にではなく、中国人にぶつけた。「英領中国」は、階級闘争の温床となったが、それはカール・マルクスが想像したのとは違ったものだった。香港への「訪問者」は「白人がステータスについて異常な関心を示すこと」に驚かされた。ゴシップやスキャンダル、俗物的言動で盛り上がるのが、香港の植民地支配者の日課だった。大きな力を持つ貿易会社ジャーディン・マティソンのお雇い歴史家は、「香港での社会生活は、上海よりもさらに上流階級気取り、とまで言わないまでも、堅苦しいものだった」と感じた。

　勝利を手にした日本軍は、このことを重大視した。占領後に日本が発行した『香港ニュース』創刊号の社説は、「アジア人に平等が確立されるべきだ。イギリス本国から来たばかりの若い無知な成上がり者の命令に、長年政庁で働いていた中国人やインド人が従わなければならなかった。彼らは中国人や、インド人の何倍もの給料を取っていた。中国人、インド人、他の地元の役人への給与遅配が発生しているというのに、彼らは簡単な書類ひとつ作ろうとしなかった」と、糾弾《きゅうだん》した。

　数日後の社説では「ユーラシアンが採用を求める場合、『先住民《ネイティブ》』にクラス分けされ、『先住民』の賃金を支払われた。ユーラシアンは宗主国と植民地の人々の間で橋渡しをするなど、役立つのに、ほとんどのイギリス領では優遇されず、不満を抱いていた」と論じていた。

　他の社説は「自分の重要さに過大な感覚を持った三流人たちが無能な役人として、能力を無視され、昇進する機会を与えられないアジア人たちを、支配していた。学校を出たての未熟なイギリスの若者や間抜けなイギリス人が、アジア人の上司として各部署に採用された。そうしたアジア人の権利の侵害を一掃するのが、日本の目的のひとつである。日本は『アジア人のためのアジア』を目的としている」と、説いた。

　大英帝国を防衛することを誓わされた軍人も、軽蔑して見られるのが常だった。そこでなおさら貧しい中国人に怒りをぶつけた。戦前に香港で軍務に服したアルバート・フード陸軍少佐は、軍が「民間の白人」に見下されていると感じた。彼らは軍を、「必要悪」と見做していた。

軍務で一九二三年に香港に来た、チャールズ・ドレイジも同感だった。彼は「住む場所が別世界だった『民間人』は、もともと母国では召使いを持つことなど、夢にも望めない人々だった。ところが、香港では三人、四人の召使いを雇っていた。彼らの階級意識は異常に強かった」と語っている。ハロルド・ベイツは戦前、戦中に香港に駐留したイギリス兵だった。「あの頃は、香港にいた白人の目には、兵士はクーリー同然の存在として映った」と語る。だがこの地位の低さを補う手当が、存在した。ベイツはそこらじゅうにいる売春婦を、堪能した。「クリケット、サッカー、水泳を楽しんだのは当然で、楽しさに満ちた人生が、このまま続いて欲しかった」と述べた。

色遊びが混血問題を生む

この幻想は、日本軍の進攻によって中断された。しかし、幻想が続いていた間は、植民地に喘ぎ声が絶えることはなかった。一八六七年の感染病法により認可を受けた売春宿は、中国人と白人を区別した。色遊びの代は格段に安く、中国人女郎の悲惨な状況を反映していた。たった一ドルで女を買えたし、あと四ドル出せば一夜を過ごせた。多くのイギリス人がこの恩恵に浴したことは、香港に一九三七年に駐屯したハリー・シドニー・ジョージ・ヘイルの話からも窺《うかが》える。彼は「大隊の八割、九割が性病を患っていた」と、回想する。

「罪の宮殿」と形容された香港の売春宿を細かく調査してみると、イギリス兵が魅惑された理由がよくわかる。女性たちは中国の沿岸部で集められ、「十代初めから愛の技術を教え込まれる。客は弦楽器、優美でエロチックな歌、美女の踊りでもてなされる」。最も知られていたのは「紫の大邸宅《パープルマンション》」だ。客が邸内に入ると、「青い綿のローブを着た男の召使いが、笑顔で深くお辞儀をして出迎え、緑と白のカーテンで壁を覆った、広大な部屋へと案内する。そして青や赤のシルクのドレスを着た女性が姿を現わす」。

帝国主義は、資本だけでなく性衝動も輸出した。英領インドのイギリス人将校エドワード・セロンは、その放蕩《ほうとう》の様子を描いている。彼は下品な口調で、香港に着任すると「お決まり通り、先住民の女をファックすることから始めた」。

肉欲の問題にも、人種差別による歯止めが試みられた。白人とアジア人の結合の結果であるユーラシアンは、差別された。戦前の香港で高名な社会学者だったヘンリー・レスブリッジは、「ユーラシアンは、白人の社交的な集まりで、気まずい空気を醸《かも》しだした。教養のある白人でさえ、混血結婚に強く反対した」。こうしたことは、ユーラシアンが、中国人よりも信頼でき、忠誠心がある、と見做されていても起こった。

イギリスで医師あるいは建築士といった専門の資格を持つユーラシアンが、香港では同じ資格を有するイギリス人の同僚と違って、現地人として採用された。ユーラシアンはこの差別に深く憤り、日本が進攻すると、大多数の者が日本に寝返った。

香港の警察官のケネス・アンドリューは巡回中に、見過ごせない行為に遭遇した。戦前は「香港には厳しい人種による規制があり、中国人と白人が性関係を持つことはタブーだった」。アンドリューは植民地に一九二二年に着任して、「中国人女性との交際も、結婚も禁止する書面にサインを義務づけられている」ことを知った。ジョージ・ライトヌースも戦前の植民地に勤務したが、「しばしば『寝る字引』によって中国語を学ぶと形容された、中国人ガールフレンドを持つことの危険を告げられた」。

混血――ユーラシアンへの嫌悪

白人と有色人種の雑婚を防ぐために、なぜ、そこまで厳しい政策が取られたのか。「人種」間の厳格な線引きが無視されたら、「白人」が建設したコミュニティーが、「非白人」によって品位を貶《おとし》められてしまうからだった。

イギリス軍の経験は、人種間の結合を全て禁じるのは難しい、ということだった。この矛《む》盾《じゅん》から生まれたのは、雑婚に対する聖人ぶった非難のかたわらで、多くの白人男性が中国人女性と結婚した、という露骨な欺瞞《ぎまん》だった。

人種間の性関係を禁じるためにつくられた強力な〝避妊具〟は、ユーラシアンへの敵対行為だった。エミリー・ハーンは、彼女と同類の多くの「外人」が、「ユーラシアンに対して、我々アメリカ南部の人々が、白人と黒人の混血児に対して感じるのと同じ感情」を抱いていることに、愕然とした。香港に一九二〇年代に駐留したイギリス兵のチャールズ・ドレイジの行動も、ハーンの見解を吹き飛ばすことにはならなかった。彼は中国人と白人の結婚に、反対した。「子どもが混血児として生まれることは、思慮を欠いた行為だ。混血児は恐ろしく魅惑的で、邪悪だ」と、語った。

一九二〇年代のアジアにある大英帝国領で、マーティン・シャープは「フィアンセの父を訪ね、『ユーラシアンの血が混じっていますか』と、唐突に質問した。私は数秒で、彼らがユーラシアンであると察知した。私はポーリンに向かって『私の勘違いかな。君は純血の白人かね？』ときいた」。

学者のロバート・ビッカーズは、英領中国でも同じで「ユーラシアンは、広く嫌悪されていた。彼らについては、タブーが根深かった」と、語っている。この「タブー」は歪《ゆが》んだもので、大体、アジア人男性と白人女性の結婚を標的にしていた。ビッカーズは「中国人男性の『白人』女性に対する性欲は、脅威だった」と書いている。イギリス海軍将校はアメリカから来た宣教師の女性と、中国人地主の親しさに心穏やかならざるものを感じた。「いつも気が変になりそうな気分だった」と、訝《いぶか》しげに「有色の男が白人少女を彼女の洗礼名《ファーストネーム》で呼ぶなんて」と語った。そして、「これには明らかに性的な含みがある」と語っている。こうした結婚はきわめて憂慮すべきものとなり、一九二五年には国際連盟が特別委員会を立ち上げ、現状調査をしたほどだった。委員会は不満げに「人種の自然な壁を破ることは、アジアにおける西洋諸国の威信を深く傷つける」と、結論づけた。

一九三〇年代末にエスター・ホーランドは、中国人男性と結婚を計画していた。彼女は彼がイギリスを訪れた時に出会った。彼女は「エスター、あなたは若く美しいのに、なぜ素敵なイギリス男性を見つけられないの。たくさんいるじゃない」と、非難された。ある白人が心配して彼女の兄弟に「もし、あなたの親族にそのような女性がいたら、全力で思いとどまらせなさい。第一、その女性はイギリス国籍を失います。イギリス人全員が彼女を蔑《さげす》み、イギリスでの社会的立場をまったく失うでしょう」と手紙を書いた。しかしエスターは心を動かされることなく、彼と結婚をした。ほどなく彼女はイギリス女性と話をしていて、なにげなく彼女の結婚について触れた。すると「相手はたちまち嫌悪の表情を浮かべた。眉間《みけん》に眉を寄せ、口をへの字にした」のだった。

このアジア人男性と白人女性の関係に対する恐怖症は、何よりも強固に守るべきものが女性であるという、父権社会に由来する。他方、アジア人女性と白人男性の結婚は眉を顰《ひそ》めるものではあるが、強烈に非難されるものではない。人種間のロマンスに対するタブーは、映画にも及ぶようになった。一九三〇年に、イギリスの映画検閲理事会はイギリス男優のジョン・ロングデンが映画の中で、ヒロインである中国人女優のアンナ・メイ・ウォングにキスをすることを、禁じた。

中国を侵略することに成功した後、多くのイギリス人の苦い思い出は「多数のイギリス士官学校生徒が、三年間の正規の広東語研修中に、まるで慣習のように中国人女性との恋に落ちる」ことだった。もちろん、多くの中国人女性が日本軍人から同じように何年にもわたって、金を貰っていた。

香港は人種差別が地理的に、存在したところだった。白人は香港島で最も高い山頂《ピーク》に住み、中国人は不規則に広がる平地に住んでいた。裕福な一族の長のロバート・ホー・トンは「排他的居住区」に住むために「特別許可」を取得しなくてはならなかった。近所の人たちの卑しく根深い偏見から、ホー・トンは一族を富によって守ることが、できなかった。「近所の子どもたちと接することは、ほとんどなかった」。著名な中国人一家のジーン・ギティンズは「近所の子の家に招待された記憶もないわ。時々、彼らは突然私たちと遊ぶのをやめたの、私たちが中国人だから。私たちにピークに住むべきでないと告げていたのかもしれないわ」と回想した。こうした屈辱的な事実の裏に、ピーク・スクールに中国人子弟を入れなかったことがある。

この偏見の結果、アジアでの白人にとっての最も頑強な敵である日本の進攻の協力者には、ユーラシアンがなった。一八八二年に香港で生まれたローレンス・クリンディト・ケントウェルは、船長と中国人の母の間にできた私生児だった。孫文の生徒だった彼はハワイで育ち、ニューヨーク市のコロンビア大学からイギリスのオックスフォード大学へ進み、法廷弁護士となった。その経歴にもかかわらず、人種差別の鎖が自分の存在自体を縛《しば》っていると痛感した。オックスフォードでは、将校養成課程に入ることを「純血の白人でない」という理由で、拒まれた。

ケントウェルは一九二六年に上海で、反英刊行物である『チャイナ・クーリア』を、ユーラシアンであるG・R・グラヴィスとともに発行した。彼は一九三九年までに、日本の資金援助を獲得していた。彼は「この国でイギリス人が中国人に与えた苦しみ」を激しく非難し、自分が「白人と有色人種の蔑《さげす》まれた混血児」であるために、「あらゆる種類の屈辱」に苦しむことを余儀なくされたことに「疑いを持たなかった」。

彼にとって「イングランドの徹底的な破壊」が目標となり、その悪意に満ちた目標を実現する機会を得るために、九龍でのイギリス捕虜の「監督《ガバナー》」となった。

高まる日本の脅威

帝国とイギリス本土の防衛は、不運にも、より人口の多いアメリカ頼りだった。日本の脅威は皮肉にも、かつて日本をこの地域の番犬と見做したイギリスの方針によって増大した。アメリカ頼みの戦略は、アメリカ自体が手に負えない人種問題を抱えており、そのことが日本の力を増していた。この不幸な現実は、一八五三年にアメリカの「黒船」が日本の海を侵した時に明らかになっていた。

アメリカが日本を開国させた後、多くの日本人はアジアとアフリカを襲った運命が、今や自分たちに訪れようとしていると恐怖に駆られた。カルメン・ブラッカーは明治維新による日本の近代化が「インドや中国を貶めた恥辱に満ちた運命を避けようという欲求によって起こった」という、説得力ある議論を展開している。「阿片戦争はもちろん、西洋の侵略が日本人の恐怖を高めた。白人至上主義との遭遇が、日本のエリートに『日本は自国の安全保障のために、近隣諸国を防衛して軍事力を行使すべきである』と信じさせた。日本の韓国への介入も、韓国の文明化を推進し、西洋に対してアジア全体の力を増すためだと正当化した」。

この戦略にとって、朝鮮のような隣国を併合することが、重要だった。ウォーレン・コーヘンは「欧米の帝国主義からアジアを解放するという考えは、明治時代から第二次大戦まで日本人の心のなかで強い潮流となっていた。このビジョンは、日本人にとって利他的なものだった」と説いた。

一九〇五年の日本のロシアに対する劇的な勝利は、多くのアメリカの白人や西洋人を恐怖に陥れた。同様に、黒人や、アジア人を歓喜させた出来事だった。カリフォルニアでは同時に、どこの学校でも「白人の優越《ホワイト・スプリーマシー》」を叩き込む努力がされていた。どうしたらかつてなく強くなった日本を「怒らせず」に、「白人の優越」を維持できるのか、セオドア・ルーズベルト大統領をして「他の何よりも、日本について最も憂慮している」と告白させている。もっともだ。ルーズベルトには「白人の優越」と、かつてないほど強くなった「有色人」国家である日本を共存させる責務があった。

世界を巡航する「アメリカ『偉大な白人艦隊《ホワイトフリート》』（一九〇七年〜八年）」とふさわしく名づけられた艦隊を送り出したのは、日本の脅威が高まるのに対する答だった。ルーズベルトは一九〇八年二月にぶっきらぼうに、人種と移民の問題を「艦隊の運動」と絡《から》めて、こう語った。「我々は白人文明を意地でも確立しなければならない」「我々は誰が我々の国に来るべきか、来るべきでないかを言う力を、持たなければならない」と、宣言した。

第一次世界大戦が勃発して、世界規模の人種紛争の勃発が差し迫った、という日本人の読みは正しかった。ある日本人の著名なオピニオン・リーダーは、日本が「世界規模の人種戦争」に巻き込まれるのが明らかだと確信して、「白人と有色人種の対立は激しくなり、全ての白人種が束《たば》になって、有色人種と戦う時がくるだろう」と予見した。この発想は太平洋の両岸にこだました。

同時代に、一人のカリフォルニア州議会議員が、黒人《ニグロ》がほかでどう見られているかを例に挙げて、日本移民について学校を区別するように、通達を出した。「大人になったジャップどもが、下心と淫《みだ》らな思いをもって、純真なカリフォルニアの白人乙女の隣席に座ってきた。私はいてもたってもいられなかった。親ならみな感じるのと同じ思いだ」と述べた。黒人の存在が、つまらない喧嘩《けんか》をする「白人」を、「黒人」じゃないという一点で一体とさせたように、カリフォルニアで「日本いじめは、アンチ・イタリアンやアンチ・アイリッシュの抗議の的となってきた人々を束ねた」。

戦前の日本の官僚の一人は、太平洋をまたぐ人種差別について「世界史は黄色人種と白色人種の争いの歴史だ。白人は黄禍《こうか》を叫び、我々は白禍《はっか》に怒る。ヨーロッパ人とアメリカ人は黄色人種を見下す。人種偏見をなくすことは難しいと思う」と、発言していた。

AELことアジア人排斥同盟《アジアティック・エクスクルージョン・リーグ》は、西海岸で勢いを増した。日本が重要な標的だった。AELは「これほどに人種の特徴と文明が異なる連中が、我々の政治体制に吸収されると期待するのが間違いだ。彼らは良きアメリカ市民となり得ない」と噛《か》みつき、「奴らにそうなって欲しいと思うのは、無意味だ」「カリフォルニアは、いつでも望むならば、地元の学校の責任者が中国人と日本人の子弟について、分離したクラスを設置できることを布告する」と宣言した。サンフランシスコでも「白人男性、そして女性諸君！　自らの人種の支援者となりたまえ」「日本人移民たちは『スパイ集団』だ。奴らはスパイとして教育されている。日本にはスパイ学校がある」と声をあげた。これはまさに生き死にの問題だった。「この西海岸で、どの人種が支配をし、生存することができるかの問題だ」と、訴えた。

カリフォルニアの民主党も、同調した。二十世紀初頭の党綱領は「中国人排斥法の継続と厳しい運用、そして全アジア人への適用」を要求していた。アメリカ最大の州で、最も傑出したと目された政治家であるハイラム・ジョンソンが、日本人排斥運動の最前線に立った。「黄金の西部生まれ《ゴールデン・ウエスト》の代表者」という団体の中心のメンバーだった。

日本の人種平等提案

第二次世界大戦の前から、日米間の緊張が高まっていた。カワムラ・ノリコは「太平洋戦争前夜、多くの人が白色人種と黄色人種の間での人種抗争——と言うより人種戦争——が勃発するのではないかと、予感していた」と、語る。ウィルソン大統領は「『白人文明』とその世界支配の未来は、我々のこの国を守る能力にかかっている」との考えに同意し、率直に「黄色人種——例えば日本——に対抗できる強い白人国家、あるいは守り抜けられるなら、なにもしないのも、ひとつの賢明な選択だ。だが、何もせずに、弱虫だとの非難には屈しない」と語った。

一九一七年の共産党革命が、日本についての計算を、きわめて複雑なものとした。一九一八年初頭に、ウィルソン大統領の右腕が「日本軍をシベリアに送るのは、大きな政治的誤りだという考えを、変えなかった。そんなことをすれば、人種問題でヨーロッパ全土にわたって、スラブ人を激昂《げっこう》させよう」と助言した。

この強力な右腕のハウス大佐は、A・J・バルフォアに「一九一八年に日本のシベリア介入が明らかになったことは、同盟国に生じた最大の不運だった」と伝えた。特に人種問題が厳しく問われ、白人種を破壊するために黄色人種を利用している、と思わせる試みがなされていた。アメリカ政府の上層部の幾人かは、日本を失敗させるために、ロシア共産主義を生き残らせるという異常な危険を冒そうとしていた。

日本がパリ講和会議で人種差別を撤廃することを国際連盟規約に盛り込むことを提案した時に、アメリカだけでなく、大英帝国、特にオーストラリアが強く反発して、反対した。日本では、「多くの団体が、パリ会議を人種差別の撤廃のために活用するべきだと訴えて、人種平等の運動を展開した。それは日本が中国と大義を共有できるという利点を有していた」からだった。日本では人種差別反対運動は全国民の願いであり、上からの世論操作によるものではなかった。

ウィルソンは議長として、パリ会議としても知られるベルサイユ会議で、この日本提案を葬ったが、ウィルソンの側近は、「人種平等の原則など構わなかったことは明らかだ。ウィルソンは自分の国で人種平等原則に強硬な反対があることを熟知していた。我々の肩の荷を降ろすことを、イギリスに負わせるには策略を要したが、首尾よくいった」と語っている。

日本政府と国民は人種平等の理想が拒絶されると、侮辱だとして激昂した。昭和天皇は後にこう語っている。「大東亜戦争の原因は、第一次大戦後の講和会議にあった。日本によって提起された人種平等提案は、連合国によって拒まれた」。

アメリカ政府はベルサイユ会議の後、真実を曲げて日本をなだめようとした。ウィルソン大統領のプレッツェル国務長官は大統領に、日本移民排斥の議論の中で、「問題は人種ではなく、経済的なものだと説得を試みる」と語った。日本人移民の数が多すぎて、働く場がないとした。一方、おびただしい数のヨーロッパ人の移民については問題にしなかった。ベルサイユ会議は太平洋戦争への道となった。多くの日本人はなぜ差別されるか、理解できなかった。アメリカで教育を受けた知米派は、ベルサイユでの出来事をアメリカの裏切りだとして激怒した。

一九一九年に、東京のアメリカ大使館で「人種差別について話し合う会合が持たれた。大隈《おおくま》重信《しげのぶ》侯爵は、人種問題の解決こそが、将来の国家間の紛争を避けるために、不可欠だ」と伝えた。同じ年に、アメリカ国務省に情報がもたらされた。日本は「人種と色に関する現存する基準の撤廃、そして公正な代替基準を求めている。幾人かのジャーナリストは、もし人種平等が実現できないのなら、講和会議や国際連盟からの脱退を提言するほどだった」。この会合で、アメリカ政府は「一〇億人の有色人種の頂点に立つ日本は、白人に対抗することで、いっそう力を増そう」との警告を受けた。

アメリカ政府はこのジレンマからもがき出ようとした。東京のアメリカ大使館は「公式声明」を発表した。「日本の人種平等提案が認められなかったのは、残念である。これはイギリスとアメリカの代表団が抱いた恐れに起因した。提案は移民のみならず、当該国における対象人種となるインド人や、黒人の扱いに関わる問題だからである」と述べている。

あるイギリスの将校は「極秘」文書の中で「日本の人種平等提案は、『非現実的』だ。全ての人が平等に創造されたというのは、特定の国のあいだでは、あるところまで真実だが、アフリカの人間が、ヨーロッパ人と平等につくられたとは言えない」と述べている。

日本人はこのことを仕方なく、受け入れようとしなかった。ベルサイユ会議でのことから、不穏な空気が醸《かも》された。日本で六年間英語を教えたフランシス・ヒューイットは、「当時、カリフォルニアでは排斥法が成立して、白人に対する怒りの空気が満ちていた。白人がリンチにあったりし、アメリカ人や、アメリカ人と間違われた他の白人も暴行をされたりした。私も被害を受けたし、私の友人も何度か襲われた」と、語った。彼女は「日本は、日本人が白人と平等であることを世界に認識させるために、国際連盟の力を最大限に試すことだろう。それが達成された瞬間に、白人世界の終焉《しゅうえん》が見えてくる」と、語った。

中国に駐在した米軍のジョゼフ・スティルウェル大将も同じ意見だった。ハーバード大学に在校した一九〇二年に、一人の日本人学生が日本の向こう一〇〇年の拡張計画について話した。その骨子は全黄色人種を取り込むことだった。スティルウェルは一九二〇年代に日本を訪れ、日本の意図について薄気味悪い確証を得た。「それまで東洋を歩き回った外国人に対して、日本の役人は官僚的な手続きを使っていらだたせた。船の食事でも、ジャップがもう食べているのに長く待たせた。切符売り場などでも、ジャップが先、外国人には書類を精査し長時間尋問して、嘲笑《あざわら》った」。スティルウェルは日本語と中国語を流暢《りゅうちょう》に話せたが、人種差別的な中傷をよく口にした。

日本では日本人を差別するアメリカの移民条件が、不当だという憤りをかった。親日の『香港ニュース』は日本が香港を占領した後に、この問題を取り上げ「アメリカ政府はこの戦争で完膚《かんぷ》無きまでに叩きのめされ、人種差別がもたらした結果を償《つぐな》わねばならない」と、論じた。

そして、「一八八二年、一九一七年、一九二四年のアメリカのアジア人排斥法、オーストラリアの『白豪《はくごう》』政策、一九一九年、一九二三年、一九三三年のカナダの反インド人、反中国人、南アフリカの反黒人法」に、言及した。日本は一九四一年に、「アメリカ本土と南西太平洋の日本の移民は、他の国民との平等の原則に従って、友好的な配慮を受けるべきである」「アメリカ政府はフィリピン諸島にいる日本国民に対して、差別扱いをしない」ことを、要求した。

暗躍する黒竜会《こくりゅうかい》

もう少し早く大英帝国が、日本をアジアの現場監督にしようとするのを控えたら、日本の真意を察知していたことだろう。戦前、ポール・ヒッバート・クライドは東京で「反英プロパガンダ」に驚かされた。英字新聞に「アジア反英同盟」が「アジア防衛、大英帝国排除」を訴える記事に加えて、「反英のポスター」があった。

アメリカの対日政策は、大英帝国の政策を補強するものだった。一九三〇年代に西海岸の港から、アジアへ向かって航海していた日本人を含むアジアの人々は、「ジム・クロウ制度」に直面させられていた。黒人《ニグロ》ならすぐにわかる制度だ。「ファースト・クラスから白人三等客室まで」と「アジア人客室——日本人および他のアジア人は、このクラスしか予約できない——という差別」があった。日本人乗客は上海で下船する時に、有色民族を排斥する白人の秘密結社クー・クラックス・クラン〔KKK団。米南北戦争後、南部の旧奴隷主が組織。白衣に白いフードを被って儀式を行ない、黒人をリンチ、殺害した〕のメンバーに、遭遇したかもしれない。KKK団はアメリカの冒険家、武器密輸商人で、中国革命のプロパガンダも行なったL・D・アーニーの資金援助によって、中国で活動していた。

そうした人種差別主義者のいるなかで、黒竜会が誕生した。超愛国的、極右の日本人で構成される会であって、白人至上主義を打倒するのが信条だった。一九三〇年代に日本で起こった、一連の暗殺事件をもたらした。

日本の新聞王の正力松太郎《しょうりきまつたろう》は、一九三〇年代に野球のスター選手ベーブ・ルースを、日本へ招待したために、黒竜会によって暗殺されそうになった。彼らはチャールズ・チャップリンの暗殺も、企てた。二十世紀初頭のアメリカとフィリピン独立軍の戦争中、武器弾薬をアギナルド革命軍に供給した。

一九三〇年代になると黒竜会が影響力を増し、日本が右翼軍国ナショナリズムに傾斜した。このことがアメリカに連鎖反応をもたらした。一九三五年にフェニックス選出のトム・コリンズ上院議員は、選挙区のI・L・シャウアーにこう告げられた。

「一五年を日本で過ごして帰国したが、アリゾナ州での日系一世、二世に対する攻撃が激しくなっていることに、憂慮している」「昨夏と秋のソルト・リバー・ヴァレーの日本人への銃撃は、太平洋を渡って鳴り響いた」「東洋で緊張が高まっているのに、『反日の』外国人土地法を成立させるのは時機を誤っている。日本は我々の最高の顧客だ。親しい顧客の敵意を呼び起こすのは、愚かだ」。アメリカは民族意識が高まっている日本に対し、白人優位の政策をいっそう進めることで対抗しようとした。経済大国だった日本は、これを無視できなかった。

大英帝国はオーストラリアや、カナダ、アメリカといった大陸の国よりも、巨大な領土を支配していたが、人種偏見を鼓舞した。一九三七年に、ロンドンで典型的な事件が発生した。ホテルのオーナーがアジア人客を受け入れるのを、拒んだのだ。「アジア人に敵対してはいないが、要求したのは白人のお客様で、要望に応じないと、二〇〇人から三〇〇人の常連客を失うことになる」と述べた。イギリス当局は「この程度の有色人種への偏見は、認められるべきだ」と判断した。

「純血の白人」とは何か

「純血の白人」とは、どういう意味なのであろうか。あるイギリスの官僚は「問題は、それが事実であるかよりも、便宜上のことだ。その人間が実際に混血かどうかということよりも、人々がどう思うかだ」と言って、香港での警官職への応募者を例に出した。ある者が仕事から排除され、「曾祖父はオランダの官僚だ」と主張した。香港当局は「純血の白人」という摑《つか》みどころのない言葉を、どのように厳密に定義すべきか右往左往した。

しかし、イギリスは人種のルールを精力的に強制した。ヨーロッパで戦争が起こる三八カ月前に、植民地の官僚たちは植民地での任命について議論していた。イギリス当局は「純血の白人」のルールを守るために、不条理な泥沼にはまった。

　公式的には大英帝国内で、個人が肌の色によって特定の地位を拒絶されてはならないとされていたから、現実を隠蔽《いんぺい》するのにたいへんな苦労があった。一九二七年に一人の役人が、こう語った。「肌の色を理由に、植民地統治機関に採用を拒否された事実を、におわすような情報が、外部に一切漏れないこと」が、最も重要だった。国王陛下の臣民の多くは、人種的にも法的にも平等であることが建前となっていた。

　特別な人々のための、特別な条件があった。一九三九年に、イギリスは帝国臣民が軍務に服すよう求めていた。中心となった役人の一人は、「我々が全ての『植民地の帝国臣民』を純血の白人とは見做していないことを、けっして示唆することがないように、通達の表現に最大の注意を払うこと。さもないと例えばマルタ〔現在は英連邦の構成国・マルタ共和国〕とか、いくつかの地区で激しい非難を招くことになるだろう」と、訓示した。イギリスよりはアフリカ大陸に近いマルタ人は、ヨーロッパと古くからつながっていたが、「帝国臣民ではない」と勘違いされることを深く憂慮していた。

　帝国全土でメラニン（有色色素）をにおわす人々は、重要な地位には就けないことを徹底するような規制が考案された。しかし、戦争が近づくにつれ、官僚たちはこのことが帝国の安全を脅かすことになるのを憂慮し始めた。一九三九年九月に、サー・A・F・リチャードは西インド諸島における「忠誠心」に関する問い合わせに、「極秘」メッセージで回答した。たぶん戦争が切迫していたからだろう。「人種問題は帝国の最大の課題であり、私の見解はもし『純血の白人の両親から生まれた』という規制の緩和によって問題が解決されないならば、帝国は難破するだろう」と述べ、「数少ない純粋の白人の臣民しかいない世界帝国が、どうやってこの原則を正当化できるだろうか」と嘆いた。

日本という一つの「純血の白人」でない国が、驕《おご》れるイギリスに天誅《てんちゅう》を加えると決意して、大英帝国に戦いを挑んだ。人種解放を錦《にしき》の御旗《みはた》に高く掲げて、戦いを始めたのだった。

第二章　アジアの黒人

——親日に傾倒するアメリカのニグロ

黒人は日本を賛美した

日本は太平洋戦争が勃発するまで、疑いもなく黒人《ニグロ》によって、どこよりも最も賛美された国だった。

日本が黒人社会のリーダーたちの支持を得ようと努めるかたわら、黒人は日本を「純血の白人しか先進社会を建設することができない」という、「白人の優越《ホワイト・スプリーマシー》」を覆《くつがえ》す生き証人として、拠《よ》りどころとした。この事実は、いまでは忘れ去られているが、様々な理由によって説明できる。

アメリカは黒人と日本の絆《きずな》を、いうまでもなく脅威としてとらえた。日本が香港に進攻しても、イギリスは人種差別と正面から向き合うことがなかった。しかし、アメリカ政府にとっては、国家の安危に関わる国内問題だった。アメリカはイギリスよりも、人種問題に対して厳しく対応しなければならなかった。

アジア人は、日本の参戦によって勇気づけられた。特にインド人がそうだったが、なぜ、ラオスほどの大きさしかない、遠いヨーロッパの国であるイギリスによって、植民地として支配されなければならないのかと、憤っていた。白人と有色人種の対立は、大英帝国を崩壊させたが、アメリカは大英帝国の断片をかき集めて、有利な立場に立つことができた。

一八九八年にアメリカはスペインと米西戦争を戦って、太平洋に進出した。この時に、アメリカはそれまで頼ってきた黒人部隊に、もう頼れなくなることを恐れた。「フィリピン遠征軍から黒人兵を除くこと」が、真剣に検討された。フィリピン人とアメリカの黒人には有色人種として心情的な絆があった。しかし、この懸念は黒人が、日出づる国《ザ・ライジング・サン》である日本の輝かしい台頭によって刺激され始めると、大したことではなくなった。

黒人は多くのアジア人同様に、一九〇五年の日露戦争の勝利以降、日本に惚《ほ》れこみ、日本の勝利は「白人の優越」の終わりの始まりなのだと、確信した。黒人社会のオピニオン・リーダーたちは、国内問題では論争しても、日本を慕う気持ちでは一つになっていた。

一九〇五年に、ジョゼフ・ブライアントが黒人雑誌『ザ・カラード・アメリカン・マガジン』に寄稿した論文は、このような声を代弁していた。彼は「有色民族の知性と能力を、過小評価するのは白人のペテンで、日本が世界の大国となったことで、白色人種であるアーリア人による世界支配は死を迎えた」と論じ、「数世紀で、アジア人が文明の点でも精神の面でも、世界を導くことになるだろう」と、説いた。日本がロシアに勝利したことは「新たな時代の始まりを象徴している。人類の全ての民族が平等に役割を担う時代であり、白人の傲慢《ごうまん》な精神的優越を永遠に崩壊させた」と、喝破した。

アメリカの黒人《カラード・アメリカン》は、日本の日露戦争の勝利に歓喜した。この勝利は「アジア人を脇役と見做した白人の罪を明らかにし、白人支配が終わること」を示した。アメリカは講和会議でロシアの肩を持ったために、糾弾された。「アメリカは肌の色が青ざめた連中の首に、まつわり続けた。日露戦争によって全有色人種が台頭し、世界文化が豊かになった。人類に平等と理性がもたらされ、日本は輝いている」。

一九〇五年に、ジョン・ミルホーランドは黒人経済人連盟《ニグロ・ビジネス・リーグ》で講演し、「人種優越《レイス・スプリーマシー》」という「妄想がついに消え去った」と述べ、「旅順《りよじゅん》でその虚構が葬り去られた」と、締め括《くく》った。

J・M・ボディー師は、「日本民族は、モンゴル族、セム族、ケルト族、ゲルマン族、サクソン族とも違う。彼らは黒人の祖先のハム族に属しており、黒人《ニグロ》と同族だ。アフリカ黒人種が、日本まで到達したのだろう。ウラル＝アルタイ語族とアフリカ人を祖先にして、エジプトを経て東へ向かったのが、日本民族だろう。アフリカ沿岸からアジアへ向かう『黒人潮流』があった。日本民族には黒人の血が多く流れ込んでいるのだ。大山《おおやま》元帥の日本陸軍の輝かしい戦果と、東郷《とうごう》元帥のもとの日本海軍の大勝利は、黒人が成し遂げたと見做すことができる」と、説いた。黒人たちは日本を熱烈に賛美し、一九〇六年には黒人と日本人の『黒日同盟』結成まで囁《ささや》かれた。

黒人《ニグロ》が日本人と団結したら

日本は内外の問題についても、指針となった。日本はリベリア〔アメリカの解放黒人奴隷が入植して、建国した〕に、「きわめて役立つ教訓」を与えた。つまり「銃を持った黄色い日本が白人ロシアに勝てるのなら、黒いリベリアが銃を持ったら何ができるか」ということだ。日本人を学校から排除したカリフォルニアは、黒人がこの先どうするべきか、示している。

アメリカの黒人教育者W・E・B・デュ＝ボイスは、黒人による日本への崇敬に関心を抱いていた。日露戦争後の一九〇六年には、黒人の親日活動は大規模な運動へと拡大した。デュ＝ボイスは「七三二年に、フランク王国のチャールズ・マーテルが西フランスでサラセン軍を破って以来、白人が文明の覇権を握ってきた。日露戦争は新紀元《エポック》をもたらし、世界は『白い』呪《じゅ》縛《ばく》から解き放たれた。黄色人が目覚め、褐色人と黒人がこれに続く、歴史の学徒なら疑いを持ちえない」と論じた。

デュ＝ボイスが黒人社会運動家のブッカー・T・ワシントンを批判したことは有名だが、前述の観点では、一致していた。一九一二年に、アメリカ政府の報告書は「この国の黒人が大きな関心と憧れをもって従う人種は、日本人をおいて他にない。アメリカの黒人ほど深い敬意を、日本に抱いている民族はいない」と述べている。

マーカス・ガーヴィーはデュ＝ボイス以上に日本を称賛し、その思いを具現化した。「世界黒人開発協会アフリカ会連合《ユニバーサル・ニグロ・インプルーブメント・アソシエイション・アンド・アフリカン・リーグ》」（UNIA—ACL）を主宰し、アフリカのイギリス植民地や、カリブ海沿岸にも会員がいて、最大の規模を誇った。

アメリカ政府は「黒日同盟」を警戒して、ガーヴィーの第一次大戦終結後の発言を、情報部員に詳細に記録させていた。ガーヴィーは講演で「正義を求める我々の要求が認められなければ、黒人と白人の間で次の戦争が勃発する。黒人は日本に支援されて、勝利するだろう」と訴え「黒人はアメリカで不当に扱われている。白人を打倒するために、日本とともに戦おう」と宣言し、会員によって支持された。
マサチューセッツ州スプリングフィールドで開催されたＵＮＩＡ大会では、講演者のひとりが「黒人が団結し日本とともに、奴隷州と自由州の分界線となっている『メイソン＝ディクソン・ライン』を越えて進撃し、悪魔的な『貧乏白人《クラッカーズ》』を一掃しよう」と訴えた。

　こうした雄弁を、日本の週刊誌が取り上げ「ガーヴィーの『人種戦争』発言は、もっともだ。四〇〇〇トンの船をガーヴィーに売る、と言った日本人もいた。商品をアメリカの売値より安価で提供しようという者もいた。黒人に日本と運命を共にすべきだと、訴える者もいた」と報じ、ＵＮＩＡ大会での過激な発言に油を注いだ。

　ウエスギ・スミオはシカゴ大卒で、多くの黒人教会で講演していた。一九二一年にガーヴィーの大会に参加し、「白人はキリスト教徒だと言いつつ、有色人を受け入れない偽善者だ」と訴えた。ウエスギも肌の色のために、居場所がなかった。ウエスギは「白人は日本を恐れている」と、語った。

　アジア移民が多いカリフォルニアで、ＵＮＩＡは厳しく調査される対象だった。一九二二年に「海軍情報室《オフィス・オブ・ネーバル・インテリジェンス》」は、ＵＮＩＡのサンフランシスコ代表のジョージ・ファーが「地元の日本業者から資金を得ている」ことを、突き止めた。

「エマニュエル・ゴスペル・ミッション」集会では、群衆が歌と踊りに酔っていた。群衆はメキシコ人、ヒンズー教徒と、黒人が混じっていた。「白人に対抗して、全ての有色人種がひとつになれ」「兄弟たちよ、自己主張せよ！　白人に打たれたら、二度打ち返せ！」と、批判を声高にした。

群衆はインドでの植民地支配反対運動の盛り上がり、ロシアでの共産革命の成功、そして大日本帝国の勃興によって勢いづいていた。ゴスペル・ミッションの原動力でヒンズー教徒のリーダーだったヘンドリックは、「教会は、キリストの名の下に人種差別をする。白人とキリスト教徒は、人間ではない。悪魔だ」と語った。ヘンドリックはフランス語を話し、多くの日本人の友人がいた。

アメリカ当局は様々な団体を、監視していた。一九二〇年五月には、ある「黒人の集会」を監視下に置いた。「一〇〇〇人規模」の集会で、日本人登壇者が「黒人を日本軍に入隊させよう。日本が君たちに白人と戦う武器を、提供する。太平洋沿岸で、日本人と黒人は手を取り合おう」と演説した。「演説が終わって、しばらく喝采《かっさい》が止まなかった」と、報告している。

キャサリン・スケイテンは、その頃高まっていた風潮をニューヨーク市で体験した。一九二一年に、陸軍長官《セクレタリー・オブ・ウォア》に「怒った黒人と、憤慨した白人女性が口論していた。黒人は、日本がアメリカに進攻することを欲し、そうなれば抑圧者を殺せると、主張した。これは黒人がジャップにつくことを示している」と手紙を送った。

キャサリンは大局で正しかった。「白人の優越」が、アメリカの国家安全保障の妨《さまた》げとなっていた。

ガーヴィーは英領のジャマイカ生まれなのに、不釣合な数の信奉者がいた。多くは、イギリスの植民地から、逃れてきた者たちだった。

アジアでの「太平洋運動《パシフィック・ムーブメント》」は、一九三〇年代にアメリカの黒人ナショナリストから大きな支持を得た。UNIAの会員数は「公称」四万人から一〇〇万人へ増え、英領西インドの信奉者もいた。この会員数が本当なら、共産党系の諸団体より、圧倒的に多数の黒人信奉者を獲得したことになる。当時、共産党は黒人の一部に影響力を持っていた。

七〇年前にアメリカの黒人世界で発足し、今でも潜在的な力のある「イスラムの国民《ネーション・オブ・イスラム》」（NOI）は、親日派の黒人ナショナリスト団体の中核だった。日本の工作員《エージェント》のサトハラ・タカハシ〔原文ママ〕がNOIの資金源だとの噂《うわさ》が、設立当初より絶えなかった。FBIは「イスラム教徒と黒人ナショナリストが、カービン銃や高度な武器を日本の工作員から供与されている」と告発した。

タカハシの資金援助を受けた団体のひとつは、「白色人種の絶滅を意図」しており、「集会や儀式では『白人よ去れ！《ペール・フェイス・マスト・ゴー》』と大書された看板を掲げ」ていた。NOIのパトロンで黒人イスラム教指導者のエリヤ・ムハメット師は、積極的に運動に関わり「日本人は白人を虐殺するだろう。日本人は黒人の兄弟だ。雲間から毒ガスを装備した何百機もの日本の航空隊が、姿を現わし、米国を空爆する日が近い」と説いた。黒人と日本人は血が繋がっていると信じて「アジア人は皆、肌黒だ」と語り、「アジア人は団結せよ！」と訴えた。

黒人《ニグロ》と日本人は血が繋がっているという考えは、NOI独自のものではない。ハリー・ディーンは一八六四年生まれで、十九世紀初頭の富裕な黒人として有名なポール・カフィーの孫にあたる。祖父同様、ハリーはアフリカ人であることを誇っていた。十九世紀末に南東アフリカに旅し、旅行記の中で「酋長《しゅうちょう》のテオ・サガの物語」を紹介し「テオ・サガは、アフリカ人より日本人に近かった。地殻大変動前には、南アフリカ、マダガスカル、スマトラ、ジャワ、そして朝鮮や日本も陸地で繋がっていた。そこには強大な帝国があり、人々は高度な文明を有し、支配者は豊かで聡明だった。大洪水がこの大陸を襲い、わずかな辺境地帯が残された。真偽は別にして、今日もアフリカ沿岸には、日本人名が残っている」と記した。

日本を賛美する黒人メディア

親日への傾倒は、黒人ナショナリストに限らなかった。黒人ジャーナリストのジョージ・スカイラーは、日本《ザ・ライジング・サン》の方角を遙拝《ようはい》した。スカイラーは「人種戦争《レイス・ウォー》」をテーマにして、モデル小説を書いた。彼は「日本の偉大な軍事発展が、世界中の黒人に与えた意義に魅了され、『ピッツバーグ・クーリア』誌のために一連の記事を書いたが、出版元が親日すぎると判断して、掲載されなかった」と述べた。

日露戦争以降、日本関連のテーマは「白人の優越」を批判する格好の題材として、黒人ライターの十八番《おはこ》となった。一九一三年に、ジェイムズ・コッロザースは

「全米黒人地位向上協会」(NAACP)の機関紙『ザ・クライシス』に、国際問題における黒人のリーダーシップを題材として、寄稿した。それは「日本とメキシコが反米で軍事同盟を結び、そこに米軍を脱走した黒人兵と日系人の力を合わせ、連邦から離脱したハワイが加わる。こうなるとアメリカ大統領も、黒人魂に燃える男『ジェッド・ブラックバーン』（南カリフォルニアへの日本の進攻に、一万人の黒人兵を率いて自爆攻撃で、反撃するジャック・ジョンソン風の架空の登場人物《キャラクター》）の前に、ひざまずいて嘆願せざるを得なくなる」という、風刺だった。

黒人ライターのJ・E・ブルースも同様で、日本がアメリカを軍事的に敗北させてほしいと願う、フィクションを書いた。その筋書きでは、大統領は敗北を阻止するために志願兵を募《つの》って、黒人に対する人種差別を緩和する。これは太平洋戦争と冷戦中に、実際に起こったことだ。

このプロパガンダ作品は、一九二一年に日本の佐藤鋼次郎《さとうこうじろう》中将が書き話題が沸騰《ふっとう》した『日米戦争《ジャパニーズ・アメリカン・ウオー》』と、内容が似ている。この本では「アメリカ太平洋艦隊が奇襲されることや、日本のハワイ占領、マーカス・ガーヴィーに導かれた一〇〇〇万人の黒人の支援で、日本軍がアメリカ本土へ進攻する」という、架空の物語が描かれていた。

一方、デュ＝ボイスは、黒人にとっての日本の重要性を、小説『暗黒の王女《ダーク・プリンセス》』で描いた。主人公の黒人マシュー・タウンズは、日本人から「あなたがた黒人の政治力の高まりに、関心を抱いてきた。貴国と国際政治と黒人の将来のために、どのように計画しているのか」と、質問される。日本人はタウンズに、「有色人大会議《グレイト・カウンシル・オブ・ダーカー・ピープル》が三カ月後にロンドンで開催されるが、私たちはアメリカの黒人の皆さんにも、代表を送ることをお願いした」と語る。するとインド女性が、この日本人について「この方が私たちの代表で、有色人世界の偉大な存在でいらっしゃるのよ、マシュー」と説明する。この代表は、「有色人の中で最強の日本が、世界規模の戦争で白人を敗北させることによってのみ、ヨーロッパ人、アメリカ人、オーストラリア人に良識と礼儀を教えることができる。単なる論理、抑圧された人々と白人や有色人の連帯、哲学や宗教も全て役に立たない。白人の傲慢を打ち砕き、泣き叫ばせ、殺し、征服し、屈辱の思いをさせるしかない」と訴え、インド女性の期待に応えようとする。

　黒人メディアは、デュ＝ボイスのフィクションを表向きは支持しなかったが、親日の記事に大きなスペースを割いた。

　ロサンゼルスの『カリフォルニア・イーグル』紙は、「有色人種の権利獲得を日本が主導」と見出しを掲げ、「素晴らしい大事業」と絶賛した。日本人は白人と対抗できる民族と見られていた。同紙は一九一六年に、反日映画『詐欺師《ザ・チート》』に対するカリフォルニアにおける日本人の抗議行動と、反黒人映画『建国《ザ・バース・オブ・ア・ネーション》』への穏健な抗議を比較し、「日本では、国家と国民が一丸となって動く」と賞賛した。

　ビジネスの面で、日本は手本とされた。「この地域には、二万二〇〇〇人の日本人と三万人の黒人がいる。日本人はこの街で商業活動を拡大した。スプリング・ストリートやブロードウェイにも進出している。何千人という日本人男女を雇用し、この地に留まるのだろう。黒人は商売上で日本人と肩を並べられるが、それ以上に大地に根ざして生きてゆける」と同紙は報じている。

日本を敬うのは、カリフォルニアの黒人メディアだけではなかった。ハーレムで読まれる『ニューヨーク・アムステルダム・ニュース』は、神への賛美《ホサナ》のように日本へ崇敬の意を表わした。

先見の明というべきか、あるライターは一九三四年に「四半世紀で、イギリスはインド、香港、広東を放棄させられ、フランスやオランダはジャワ、スマトラ、ボルネオ、安南《あんなん》（ベトナム）から追い出されるだろう」と、予言した。

有色人種の悲願である、西欧諸国が植民地から追い出される以前から、日本は虐《しいた》げられた人々を援けてきた。だからこそ、著名なコラムニストのJ・A・ロジャーズは「経済大国としての日本の台頭は、黒人を利するか」と問題を提起し、「答は、『既《すで》に利している』だ」と、論じた。

アフリカで大衆は、「シラミやチフスなどの病気の温床となる」不潔な綿の服を、着ていた。アフリカ東部のタンガニーカで働いた医師は、「保健省のあらゆる努力よりも、安い日本製のゴム草履を買うことのほうが、十二指腸虫を防ぐことに役だった」と語った。日本がもたらす利益について、ロジャーズの見解は、現実に即したものだった。しかし「日本は黒人に対し、白人がしてきたほど残虐なことはしないか」との問いに対して、ロジャーズは「するとは思えない」と答え、「日本の残虐性は、最悪のケースでさえ、白人にはるかに及ばない。南北アメリカのインディアンの抹殺や、アフリカの奴隷貿易などに、誰が肩を並べられようか」と、断言した。

日本は多くの黒人の親日派を、広報の効果を高めるために利用した。NAACPのリーダーのウォルター・ホワイトが、黒人へのリンチをテーマにして書いた小説を、日本の当局が翻訳した。日本政府は小説が、「中国における日本の行為を非難する民主主義国が、野蛮な行為を大目に見るどころか、焚《た》きつけている」と指摘していると宣伝した。小説はこの宣伝によって、大ベストセラーとなった。

偉大な黒人小説家のリチャード・ライトは、その地位に昇り詰めるまでは、プラカードを掲げてデモをする共産主義者で、日本の崇拝者ではなかった。「ミシシッピ州の激しい人種差別のなかで育ったため、白人への恐怖でいっぱい」だった。彼の祖母は、「時々安息日の夕暮れに、家族全員でひざまずいて礼拝した時、アフリカ人、日本人、中国人のために祈った」。

ライトの祖母の祈りは、黒人信者にとって、ごく普通のことだった。黒人たちの導き手だった「アフリカン・メソジスト聖公会《エピスコパル・チャーチ》（AME）」は、ヨーロッパやアメリカと競う日本の能力が、「白人の優越」という神話を払いのけると信じ、日露戦争では日本を全面的に支持した。信者は日本の勝利に歓喜し、日本人の生活や文化などあらゆる面について知りたがった。日本信奉者はライト一家のような貧しい黒人や、日本に魅了された教区民《パリッショナー》だけではなかった。一九二三年に、日本が関東大震災に見舞われた時は、「富裕な黒人」がこぞって被災地への募金活動の先頭に立った。ある黒人新聞は社説で、カリフォルニア州などは「日本人に対して、色の薄い人々が保証されているのと同等の権利や、特権を与えていない。しかし、日本人は同じ『有色人種《カラーズ》』だ。日本を援けるのは富裕な黒人――実際には貧困と紙一重の人たちもいた――の責務だ」と説いた。

皮肉にも、一八九八年以降のアメリカは拡張方針に転じて、内政での弱みを露《あら》わにした。差別してきた少数派の黒人の台頭によって、特に日本との衝突に当たって、安全保障上の致命的な問題となりえた。第一次大戦後も、この恐れは和らぐことはなかった。

デュ＝ボイスのフィクション小説まがいの『有色人種国際連盟《インターナショナルリーグ・オブ・ダーカー・ピープル》』では、同連盟が黒人によって結成され、ニューヨークを訪問した「日本の平和使節団」に、「友情と同胞の証《あかし》」として、「人種国際化の精神」を訴えて、「華」を添えた。連盟に関与したのは、過激派《イル・ケンプト》の有象無象《ホッジポッジ》ではなく、黒人社会でも上流中の上流《クリーム・デ・ラ・クリーム》の人士だった。

その中でも最も富裕な黒人女性だった、化粧品界の女王《コズメティック・モーグル》のC・J・ウォーカーは、連盟の代表団と日本からの使節で、東京の新聞社主のS・クリオワのために、超一流のウォルドルフ・アストリア・ホテルを予約した。大会中、クリオワは「有色人種の共通の敵である『人種偏見』と戦うことを、絶対的で真正な大義」とすることを、代表団に確約した。

親日黒人の活動は監視されていた

政府は潜在的な教唆《きようさ》や、扇動が蔓延するのを、黙って眺めていなかった。黒人《ニグロ》への監視活動は段階的に拡大し、情報部員が提出する報告書の内容は、好ましいものでなかった。

一例を挙げれば、一九一九年六月の報告書は、「日本とメキシコが同盟して、アメリカへの攻撃を企んでいる。十二カ月以内に、カリフォルニアに対して戦端を開く計画だ。ジャップは、事が起こった時にはメキシコに加勢することを条件に、西海岸の有色人種に様々な約束のリストを提示している」と、報告している。この情報は、インディアナ州ゲイリーからこの街に流れ着いた、拳銃《リボルバー》を見せびらかす有色人種の男から得たものだった。拳銃は、「この街で何か起こったら、いつでも白人の奴らを、誰かまわず撃ちまくる」ためのものだった。

この話は、ロサンゼルスの「黒ブーツの黒人」が語った「日本人は黒人を日本側につけ、立場を逆転させてくれる。日本人は一年でカリフォルニアを占領する。そうなれば、黒人も公正に扱われるようになるだろう」と、つじつまがあった。

アメリカのフィリピンへの侵略と、特に強権による統治は、黒人を潜在的な敵とする効果をもたらした。

T・ニムロッド・マッキニーは、一八九八年の米西戦争で戦い、その後二〇年にわたってマニラに居住した。政府による初めてのフランチャイズの認可を受けて仕事をし、その後はブローカーや金融の仕事をした。一時、マッキニーは「マニラ商業社」という日本人とフィリピン人が働く会社によって、雇用された。マッキニーはスペイン語とタガログ語を話し、読み書きすることができた。

一九二〇年初頭まで、マッキニーは多くの親日派の黒人同様、ロサンゼルスを拠点として、様々な怪しげな会社で働いた。マッキニーは肌の色のことで、日本に傾倒していたとされる。彼がアメリカの軍諜報機関で仕事を得ようとした時、アメリカ当局は彼が日本の指令で体制を壊そうとしているのではないか、疑った。当時、マッキニーは「アメリカ民主連盟《リーグ・オブ・デモクラシー》」の主宰者として講演をし、黒人に対して外国人土地法案に反対する宣伝を行なっていた。ロサンゼルスの『カリフォルニア・イーグル』紙に、何度か親日的な記事を寄稿をしてから、彼は日本協会から金を貰《もら》っていると非難された。さらに、「カリフォルニアの日本人排斥法が、黒人、メキシコ人、ユダヤ人に波及する」と主張したとして、非難された。

日本人と黒人の間で深まる連帯

アメリカは権力構造を揺るがされることを、恐れていた。黒人が自らの歴史と日系アメリカ人の境遇を重ね合わせると、その結びつきが日本の支援につながる恐れがあった。マッキニーへの批判は、「外国人土地法案が日系一世や、二世にとって差別的だ」とする文書を、日本の農業保護団体からの資金によって発送していたことに、起因する。そこには「黒人と日本人が連帯して、白人からの攻撃に反撃すべきだと訴えることで、人種意識を高めよう」と、書かれていた。親日派のオピニオン・メーカーたちは黒人へ宣伝をし、「日本人用の分離学校の建設は、他の有色人種の子どもたちも同様に扱う法案への道だ」と、信じ込ませた。

アメリカにいる全日本領事は、黒人の状況を調査していた。調査することは、山ほどあった。特に西海岸では、日系人の数は黒人を超えている上に、両者が協力しあうこともよくあった。

デリラ・ビーズリーは、カリフォルニア州《ゴールデン・ステート》の黒人《ニグロ》ライターの先駆者だった。一九二〇年代に、ジョン・D・ロックフェラーがバークレーのキャンパスに国際会館《インターナショナル・ハウス》を建設しようとしたが、それに反対した白人と、論争になった。白人は「黒人と東洋人学生が入ることに反対」だった。

シアトルでは「一九三〇年代の終わりまで、日系労働者数は黒人を上まわり」、さらに多くの地域で黒人の仕事とお決まりだった「鉄道の駅でのポーターの仕事が、全て日系」だった。『寝台車ポーターの兄弟の契り《ブラザーフッド・オブ・スリーピングカー・ポーターズ》』を結ぶ黒人たちとは、それゆえに仕事仲間だった。この繋がり《コラボレーション》は、社会的なものだった。一九四一年夏までに、情報部員は「日系と黒人の若者どうしの連帯は、サンフランシスコの湾岸《ベイエリア》からオークランドまで広がり、『二世青年民主倶楽部《ニセイ・ヤング・デモクラティック・クラブ》』という会合に出席している」と、報告していた。

日本がアメリカへ侵入しやすい港があるニューヨーク、ニューオリンズ、サンフランシスコ、ロサンゼルスで行なわれている、黒人への教育についても報告された。アメリカ当局は一九四一年夏に日本の工作員《エージェント》が、「黒人《ニグロ》の動きを報告してくれる、大きな影響力のある黒人とのルートを作った」と通報しているのを傍受した。アメリカの諜報機関は「日本の当局が、軍事工場、海軍基地ほかの軍事施設、特にヴァージニア州ノーフォーク、ペンシルベニア州フィラデルフィア、ニューヨーク市ブルックリンの海軍基地で働く黒人を細かく監視している」と、断定した。

第一次と第二次の世界大戦の間に、こうした黒人の中に入って行なわれた日本の工作は知られてはいるが、忘れられがちだ。だが、現実に起こったことだった。黒人は日本を信じていた。理由は、日本がパリ講和会議で人種平等を国際的な原則として提案したことだった。日本の努力が、功を奏していた。

デュ＝ボイスは数年後に、日本を怒らせたアメリカによる日本移民の排斥は、南部と西部の取引に起因すると説明した。『ダイヤー連邦反リンチ法案』を破棄することを交渉条件に、南部が一九二四年の『東洋人排除法案《オリエンタル・イクスクルージョン・アクト》（排日移民法）』を支持したからだ。

アメリカ当局は、日本人と黒人が連帯を深め、拡大すると想定していた。一九三三年に、黒人のあいだで反白人運動を組織する目的でひとりの日本人がカンザスシティーを訪れた。夜な夜な会合が持たれ、日本の工作員は「白人との戦争に当たって、武器、現金、物資を提供すること」を約束した。

　こうした工作員は、「新たな組織づくりのためにアメリカ全土に展開していた。新しい組織は、かつてのガーヴィーの組織を母体にしていた。新しい組織による運動は、各地で黒人だけで行なわれ、共産主義とは無関係だった。既に強力な運動へと発展したため、各地域での共産系団体を排除して、黒人会員だけで組織していた。情報収集はきわめて困難だった」。

　ピッツバーグも、カンザスシティーと同じだった。ピッツバーグからも、日本のために働く工作員が多くの有色人種の参加を得て、会合を催していると報告された。参加者は全財産を捨ててアフリカ大陸へ行くようすすめられた。「日本政府が近くアフリカを植民地とし、アフリカ人のために陸軍、海軍をつくり、アフリカ人が素晴らしい国家を建設できるか見守る」と説明した。ガーヴィーのかつての夢を叶える、この約束は黒人だけが参加する会合でのみ告げられ、わずかでも色の薄い黒人が参加している時は、日本の工作員はアメリカの悪口を説明から割愛した。この工作員は親日というより「親アジア」で、スペイン語を話したことから、フィリピン人の疑いもあった。

　こうした会合は、黒人メディアの『ピッツバーグ・クーリア』で報道されるくらい、よく知られていた。報道では「日本の学者」が「アフリカへ無料で帰らせて」くれる上に、「七五エーカーの土地、家、農具、家畜、穀物の種など全て無料で提供してくれる」とあった。日本のこうした工作は、アメリカ国内での人種のありかたに変化をもたらした。それまで重要な職から黒人を排除してきたアメリカ政府が、何が起こっているかを察知するために、善良な「黒人諜報員」を求めることになったからだ。

日本の十字軍

日本による黒人社会の内側からの攻撃は、アメリカにジレンマをもたらした。組織化され、武装した反日黒人勢力は、共産党かそのシンパだった。この共産党系グループは、厳しい当局の圧力を受けていたにもかかわらず、皮肉なことに親日勢力を援《たす》けた。日本の共産主義や人種問題への姿勢は、労働者階級の団結には関心がなく、反共だった。だが、アメリカの共産主義者も、実は日本の工作員を偵察下に置いていた。だから、組織に参加していたのだ。

アメリカの情報部員も同様に、日本が支援する会合を見張っていた。共産主義者とそのシンパによるスパイ活動の展開は、例えば一九三二年に『黒人権利獲得闘争同盟《リーグ・オブ・ストラッグル・フォー・ニグロ・ライツ》』という共産主義者の諜報活動組織が、重要な情報を入手した。「UNIAが全国横断キャラバン隊をつくって各地で集会を挙行し、日本人が講演をした。大衆のなかに日本のソ連や中国人民への攻撃を支持させる空気を醸成するためだった。要旨は、有色人種が白人と戦うために団結すべきだ」というものだった。

こうした集会は、シカゴでも行なわれ、他の地域でもいくつか行なわれた。黒人の大衆をガーヴィーの運動に参加させるために、組織的に準備されていた。二五〇名の日本人学生が全国ツアーを実行するのを援け、ＵＮＩＡの援助の下に、各地で講演会を開催した。しかしアメリカ当局は一九四一年十二月以前は、親日派黒人への圧力を強めるためであっても、共産主義者の取り締まりを緩めることには、消極的だった。

左翼集団は、打開策を求めていた。黒人コミュニティーは、白人による残忍なリンチ行為と、「白」が全てに優越するという社会通念によって活力を失っていた。そこに日本の工作員がまったく違った強烈なメッセージを発信したから、黒人たちは耳を貸すようになった。

ニューヨークも、その例にもれなかった。ヒキダ・ヤスイチは、「ミシガン州のハイスクールを卒業後、コロンビア大学に進学、社会学を一年（一九二二年）学んだ」、小柄な日本のスポークスマンで、「黒人社会によって熱く迎え入れられた」。

ヒキダは黒人の女性を伴っていることが、多かった。白人の男性であれば、公《おおやけ》の場に堂々と、黒人の同伴者と姿を現わすことは誰もが躊躇する。アメリカの人種の常識に逆らう、不品行の生きた見本として、批判の的となった。

「温和で親切な」ヒキダは黒ん坊向け《ジム・クロウ》の宿泊施設に泊まって、彼が取り込みたい相手である黒人たちと、旅をして回った。ヒキダは黒人史について深い知識があった。ハイチ出身の軍人で、政治家でもあった奴隷解放の英雄である、トゥーサン・ルーベルチュールの伝記も書いている。先駆的な黒人の高等教育機関であるタスキーギ・アンド・ハンプトン・インスティチュートを訪れ、雄弁に語った。

洒落《しやれ》たホテルであるフォーレスト・ヒルで召使いとして働いたが、「ハーレムにある有色人向けYMCAを住所にしていた」。そこから、「毎年、黒人の友人たちに日本の日の出《ライジング・サン》の絵のクリスマス・カードを送っていた」。

ヒキダに似たプロフィールの日本人が、他にもいた。アメリカにやって来て黒人街に居住し、富裕な白人の中で奉公人として働き、白人帝国に対する電撃戦《ブリッツクリーグ》を準備した。フォーレスト・ヒルズの他にも、サラトガ、ニューヨーク、レキシントン、ケンタッキー、そしてフロリダの最高級住宅街などに潜伏して、活動した。

ノーガードで重要な情報を入手できる、雇われ運転手が、絶好の仕事だった。同時に、そこは苦労する黒人の召使いの持ち場で、宣伝工作《プロパガンダ》にはうってつけだった。ヒキダ同様に、彼らには黒人の同伴者《コンパニオン》か、黒人妻がいた。フランクリン・D・ルーズベルト大統領の側近にまで、「少数の日本人が黒人女性と結婚している」と伝わったほどだ。こうした日本人は、「善意と共感を築くために、このような結婚をする『第五列』〔スパイ、対敵協力者〕」と見做された。

日本人が巧みに取り入ったのは、男女の親密な関係でのみではなかった。有名な作曲家のW・C・ハンディーは、歌劇団《ヴォードヴィル》のメンバーとして五年間にわたって、各地を一緒に旅して回った料理人が、後になって諜報活動をする日本陸軍の将校だったと、知った。

「こうした日本の活動は、大きな効果を生んだ」とする、黒人ジャーナリストの、ロイ・オットリーは「黒人《ニグロ》の中には、日本人を救世主的な民族で、黒人を導いて奴隷の境遇から助け出してくれると、崇《あが》める者も現われた。日本当局に費用を負担してもらって、日本へ行く者もあった」と述べた。帰国すると彼らは、「未来へ希望が持てた」などと、同じ時代にソ連を訪れ、帰国した者と同じような話をした。

黒人にとって「新たなメッカ」である日本の姿は、戦争が近づくと現実味を増した。一九三八年に、日本人ジャーナリストが、ハーレムで、家族にとって何が大切かを語った。「黒人は日本で、間違いなくもっと良い扱いをされる」との言葉は、人種抑圧に苦しんでいたハーレムの人々の心に染みた。

日本人のマサオは偉大な黒人ボクサーのジョー・ルイスが、ドイツのマックス・シュメリングとニューヨークで対戦した時、ハーレムで演説した。「シュメリングのパンチがルイスをよろめかせた時、大多数の白人視聴者は、数秒間で、応援相手を黒人のアメリカ人から、外国の白人へヒステリックに変えた」。

マサオはまったく対照的に「黒人陸上選手ジェシー・オーウェンスが、白人の男たちより先にゴールテープを胸で切ったことを知って、日本人は感動して胸が高鳴った」と、訴えた。カリフォルニア大学卒の流暢《りゅうちょう》な英語を操って「日本が商品を、白人の国より安価に有色人種に売ると、白人国家は日本製品に高い関税を課してきた」と、問題を提起した。多くがイギリス領西インド出身だった聴衆は、その主張を身をもって体験していた。マサオが「日本に選択肢はない。白人と対抗できる力を持つか、奴隷となるかだ」と叫んだ時、奴隷として耐え忍んだことのある聴衆は、ただ頷《うなず》くばかりだった。

黒人文化研究のための国立図書館に名を冠す、アーサー・シェーンベルグの「もし日本が有色人種に機会を与えてくれるなら、すぐにでも武器を持って日本のために戦う」という発言は、多くの黒人の気持ちを代弁していた。聴衆は日本の中国への軍事進攻のことなど、まるで忘れているかのようだった。その場にいた記者は「日本と中国の紛争の渦中でも、聴衆の多くが明らかに、日本を応援していた。聴衆の一部は、『アメリカは中国を侵略する日本と、戦って欲しい』と発言する、他の黒人を批判したほどだった」と報じた。

日本と黒人の関係を注視してきた者にとって、驚くことではなかった。一九三九年に、アメリカの情報部員は「黒人のリーダーが、この問題に特に意見を持たないアメリカの黒人の八割から九割は、日本の宣伝工作の効果によって親日派になると、語った」と、認めている。

日本の工作員《ジャパニーズ・エージェント》が黒人の聴衆へ語っていることが、黒人メディアで広く報じられたのは、日本についてのニュースを黒人が欲していたからではなかった。日本は黒人のジャーナリストを日本へ招待して、接待する努力を積み重ねていた。

アメリカは日本開戦の数カ月前、日本の中枢へ送信された極秘メッセージを傍受した。極秘だったのは、日本の密偵《エミサリー》が「黒人の言論人」を使い、黒人の新聞のための通信社を開設させたからだ。「黒人の報道機関は貧しく、自前の通信社をまったく持っていなかった。何度も伝えたように、政治や諜報活動に、言論人を使うことに慣れているから、良い成果が出ている」

という内容だった。

　さらに続く内容のほとんどは、首都ワシントンで暗躍していたソ連のスパイの活動について取り上げていた。日本も「黒人を組織化する計画《スキーム》は、ワシントンを中心《ハブ》とすべきだ。そしてフィラデルフィアとブルックリンの兵器庫に、わずかだが単純労働をする黒人がいる。軍事情報を黒人に集めさせることに、大きなメリットがある。シカゴ、ロサンゼルス、ニューオリンズも候補地だ」と、述べていた。

　こうして開戦への準備が速まり、日本はイギリスの最強の軍事同盟国であるアメリカの内に戦略的に位置する黒人たちに、基盤を持つことが重要だと考えるようになった。しかし、アメリカ政府の人種差別への緩和と、黒人の強烈な反ファシズム感情が、次第に日本に有利と思われた状況を損なっていった。

第三章

一九四一年・香港

――日本軍進攻、白人世界の終わりの始まり

戦争が始まると空気が変わった

日本の進攻が迫っても、イギリス本国がドイツによって侵略される恐怖の中にあっても、民衆の思いは現実からかけ離れていた。彼らを待つ厳しい運命から、逃避していた。

ハロルド・イェーツは「香港に行くのを心待ちにした。当時、香港はイギリス軍で最高の駐留地といわれていた。兵士の生活は、他より恵まれていた。貨幣価値が高く、気候も良く、スポーツ、水泳、フットボールを楽しめたし、女性もあり余っていた」と、考えていた。

食事の質が良いうえ、本国より安かった。ビール、たばこ、衣服、カメラなども安かった。だが、良いことばかりではなかった。多くが公にされなかったが、たまに中国人少女を強姦したことが報じられた。

しかし、こんなことに目をつむれば、幸せな毎日だった。「通常、正午に任務を終え、兵舎を出られた」「兵舎には、小銃の他すべて掃除してくれる『ボーイズ』と呼ばれる召使いがいた。彼らはライフルに手を触れることは、許されていなかった」。こうしたことは、本国ではありえなかった。

贅沢《ぜいたく》が兵士を軟弱にし、日本軍の進攻によって一掃された。「当時、警官《オフィサー》は全てイギリス人だったが、最下位の巡査《コンスタブル》には中国人とインド人がいた。もちろん、イギリス人を逮捕する権限はなかった」。イギリス人は大酒を飲み、喧嘩をし、酔って乱れた。「香港では腐敗が蔓延していた。警官は金で買収できた」。

イェーツは「私は気のいいミドルセックス連隊と気が合ったが、厳格なスコットランドのロイヤル・スコッツ連隊とは反《そ》りが合わなかった。ロイヤル・スコッツとミドルセックスは仲が悪く、よく争った」と、いった。

『犬と兵士立ち入り禁止』の看板があり、「兵士とつきあう少女は、不良と見做された。陸軍よりは、海軍のほうがややましだった」。

一九三九年に戦争が始まると、空気が一変した。民間人が自宅に、兵士を招くようになった。しかし、イェーツは「平時、我々とつきあいたくない人たちとは、戦時もつきあいたくない」と思った。

ヨーロッパでの緊張に加え、アジアにもかつてなかったほどに緊張が生じた。一九四〇年に「イギリスがシーク教徒に鉄帽をかぶらせようとした」ため、ストーンカッターズ島で反乱が起こった。宗教的慣習を侵すことが、イギリスのアジア人に対する傲岸不遜《ごうがんふそん》ぶりをよく表わしていた。

他方、アメリカ当局は他民族の声をもっと聞いたものの、その声を嫌った。一九四〇年七月に、アメリカ国務省は日本が香港を攻撃した場合、中国人が暴徒化する恐れを伝えられた。多くの中国人店が鉄製の網を張るなど、様々な防衛策をとっていた。アメリカ政府は、国内で深刻な人種対立をかかえながら、正義づらをして海外の人種差別を非難した。

イギリスでは植民地内での不満が高まっていたことが、植民地が外から攻撃される恐れを、上まわった。植民地外からとは、何を指していたのだろうか。事実、日本の工作員《エージェント》が、信じやすいアメリカの外交官に「インド人兵と巡査が、共産主義者によって扇動されている」という情報を吹き込んでいた。イギリスの総督は無邪気なことに、一九四一年春になって、初めて「香港の日本領事館職員の増員に驚いた。現地雇いを除いて、一九三一年に日本人の在留人口が二二〇五人だったのに対して職員が五人。その数が、一九四〇年には急増して、一一人となった。いま、日本の在留民は四六三人だが、領事館員が一二人、現地雇いが三人から八人に増えた。いま日本からは、さらに二人の館員に対するビザ発給を求められている。こんな大勢の領事館員など、必要あるまい」と、訴えた。しかし、ロンドンは「日本の民間人が香港を訪れることや、留まるのを妨げる益はない」と、一蹴した。

イギリスは日本を反共の同志として信頼するかたわら、植民地の中国人を安全を脅かす存在としてみていた。

日本軍が香港へ進攻した日

一九四一年十二月八日は、いつもと変わらない快適な日だった。グウェン・プリーストウッドは、上流女性としてお洒落なペニンシュラホテルでひとときを楽しんでいた。「中国人ウエイターが手際よく給仕し、オーケストラがイギリスの流行歌を奏でていた。香港の名士たちは、孫文夫人やその妹などと、日本領事館での晩餐会に出席していた」。

ジョーン・カマックは、ゴルフをもう一ラウンド回ろうとしていた。ジョーンはこの期に及んでも、香港に魅せられ、「素晴らしいパラダイス。夢のようなところ。美しく、クルージングやパーティーを楽しめ、召使いもいる」と語っていた。「白人女性はわずかだけど、白人男性は大勢いた」ので、ジョーンのような女性は特別扱いされた。いずれにしても、退廃した大英帝国の植民地が、熟した果物のように日本の手中にまさに落ちようとしていることに、気づいた者はほとんどいなかった。

この快適な宴《うたげ》が、妨げられることになった。日本軍が進攻してきたのだ。日本軍は宣教師によると「アメリカのインディアン」を想わせる、「血も凍る叫び」をあげて襲ってきた。イギリス軍は日本軍を相手に一七日間しか戦えず、ついにクリスマスの日に屈辱的な降伏をした。

イギリスの人種差別が、降伏をもたらしたことは明らかだった。イギリスは香港の中国人を活用できなかった。R・C・B・アンダーソン准将が香港で指揮した部隊は、「イギリス人、スコットランド人、ユーラシアン人、そしてポルトガル人」で構成されていた。「ユーラシアン人とポルトガル人を募るのは問題なかったが、イギリス人は無気力《アパシー》で、難しかった。極東のどこだって、戦争が起こるかもしれないとなると、入隊しようとしなかった」のだ。

中国人はどうだったか？　「平均的中国人男性は、軍人として背が低すぎる（日本人も低いので理由にならないが）。背丈が足りても、武器が足りなかった。それにイギリス人は中国人を、信用しなかった。そのために、中国人は憤慨し、香港でなく、中国へ忠誠を誓った」のだった。上層部には、中国人部隊をつくる気がまったくなかった。

香港には、中国人に武器を持たせないという古くからある差別が、深く根ざしていた。少数の中国人志願兵部隊の設置すら、渋っていた。植民地にとって最大の脅威が、中国人の暴動だった。中国人に対して、法によって武器の所持を厳しく取り締まる一方で、警官として雇われていたヨーロッパ人は、「解雇された航海士や兵士、日雇い船員、浜辺の浮浪者」の出だった。

植民地当局は、「中国人は日本軍の中国本土における残虐行為で、日本人を憎悪しているにもかかわらず、日本の進攻を歓迎し、助ける」と見ていた。実際、イギリス本国でも、多くの中国人が日本の進攻を大いに喜んだ。

この地域のイギリス軍最高指揮官のC・M・モルトビー将軍は、香港住民のなかに数多くの日本の「情報員とスパイ」がいると感じていた。モルトビーは、日本人が「労働者を装ってい る」と思い込んでいたが、日本軍は、「詳細な軍事偵察か、現地人なしでは知り得ない裏道を通って」きた。「詳細な情報を得ていたため、守備側に有利となる初動で、日本側が地の利を活用」した。「日本の諜報活動は完璧で、詳細な地図からイギリス軍幹部についての情報まで持って」いた。モルトビーは、「侵略部隊に多くの『中国人同調者』がいて、わが軍の運転手をしていた。一部は軍のトラックを運転して脱走した」と、語った。

ジェームズ・スミス神父も同様の体験をした。「イギリスのトラックが九龍を抜けようとすると、中国人暴徒が妨害」した、と述べた。グウェン・プリーストウッドは、トラックを持ち逃げした中国人を、直接知っていた。日本軍が進攻し弾丸が飛びかう中で、彼女は「運転ができるか？　中国人運転手が全員ストを起こしている」と言われ、ハンドルを握ることになった。

ジャーナリストのエミリー・ハーンは、「輸送を妨げられたのが、敗北の主因だった。中国人運転手は、あらゆる手を使った。キャブレターを盗んだり、ガソリンを抜いたり、トラックを破壊したりした」と述べた。香港にいたアメリカ人ジャーナリストは、中国人が裏切ったと憤慨し「イギリス警察は、五万人の敵側中国人の名簿を先立って作成し、その活動も把握していた。なぜ逮捕しなかったのかわからない。射殺しておくべきだった」と、語った。

グウェン・デューには、香港で戦闘が激化しても、なぜ中国人が植民地を守ろうとしないか、よくわかった。彼女は仲間とリパルス・ベイ・ホテルへ移った。そこで、「山頂《ピーク》のヴィラに住む社交界の婦人」の贅沢三昧《ざんまい》な暮らしを目にした。「豪邸に多くの中国人召使いがいたから、贅沢に生き」ていた。ある「侯爵未亡人はリムジンに乗り、風になびくヴェールをまとい、毒舌でゴシップ好きだった。ホテルのもとの客ではなく、日本軍進攻で、山頂の豪邸からホテルに移って来た」のだ。「ホテルは時々、狙撃兵《スナイパー》による銃撃を受け、イギリス軍が反撃する音」が聞こえた。

突然、デューの目の前で個人的なケンカが始まった。エレガント夫人と仮にそう呼ぼう。彼女は周囲を見回し、良く通る声で「そこらの中国人は、何様のつもり」と罵《ののし》った。何人かは億万長者、あとは名の知れた重慶《じゅうけい》政府高官だった。中国人の顔色が真っ青になった。そこでデューが「みな人間よ。なぜここにいちゃいけないのかしら」と正論を吐いた。するとエレガント夫人が鼻息荒く、「ここの中国人のことは、あなたより知っていてよ。二〇年も中国人を知っている私たちに、アメリカから来て、数カ月のあなたが何を言うの」と切り返した。

デューがホテルに来た中国人全員に食事があるか確かめていると、口論が再発した。エレガント夫人は「ホテルに来た中国人に、食事を与えるですって！　彼らは、ここに来るべきではない」と言い放った。すると、そこに中国人の男が食事を、いっぱい持って現われた。彼女は男の手から皿を奪い取ると「これ以上、中国人は御免《ごめん》だわ」と怒りを示した。ここで、デューが再び爆発し、反撃した。エレガント夫人は、「私が知っているバカで行儀の悪い女の中で、あなたが最悪よ」と言って、泣いた。エレガント夫人は興奮した雄牛のように頭を振って、その場にいた人々に向かって「バカなアメリカ人！」と言い放った。

デューは、バカ丸出しなのは、イギリス軍部隊だと思った。日本軍は盗聴や工作によって、イギリス軍どうしを戦わせる命令を、イギリス軍に出させるほど巧妙だった。メリノール宣教会のメンバーは、イギリス軍の戦闘を山の反対側から見ていたが、「イギリス軍どうしで撃ちあって、多くの犠牲者が出ていた。日本軍は、そういう偽の命令を出せた」。

イギリス軍の敗北を象徴するのは、ひとりの民間のイギリス人が、日本軍が進攻してきたのを目撃し、警察本部に通報した時の対応だった。「担当ではないと、拒絶された。そこで軍の本部に電話すると、軍曹が出た。『日本軍が上陸した』と司令官に伝えてくれと言うと、『夜十一時だ。こんな時間に起こせない。司令官はもう就寝した。私が叱《しか》られる』と答えた」。

香港が日本軍の手に渡る

香港への日本の進攻は、植民地の関係者全員にとって悪夢だった。西洋とアメリカの白人には特にそうだった。アジア人と異なり、白人は一瞥《いちべつ》して、日本とその同盟者には敵とわかった。メリノールのジェームズ・スミス神父は「不安な恐ろしい日々に、何年も香港で優雅な時を過ごした人々が、祝福《サクラメント》を受けるために戻ってきた。通りや、雑貨店、防空壕《ごう》やトーチカなど、あらゆる所で恐怖に戦《おのの》いて」いた。ロバート・K・M・シンプソンは香港大学で教鞭《きょうべん》を執っていたが、守備隊に加わった。彼の同僚のひとりは、「破局《カタストロフィー》を迎えて怯《おび》え、激しく拳や目を開いたり閉じたりしていた」と語り、また「白人軍曹は軍服を着ることを拒んで、部屋に鍵をかけて閉じこもった」など、白人男性たちは情緒崩壊——集団ノイローゼを引き起こした。

香港で軍役に服したビクター・メレッタは、「イギリス人は常に勝利するものと教えられていたが、勝てないことが明らかだった。状況は悪くなる一方で、耐え難かった」と述懐した。日本軍の進攻を知ると、エレン・フィールドのプライドはずたずたにされた。道の反対側にある手造りの長い木製テーブルに、三脚の椅子が並べられている貧弱な中国人の茶店に何も考えずに入った。立場の急落が続いた。バスに乗ろうとしたら、バスは轟音《ごうおん》をたてて目の前を通り過ぎた。彼らの苦境に薄笑いする中国人と押し合って、次のバスに乗った。彼女は「もう聖書の山上の垂訓《すいくん》〔新約聖書内マタイによる福音書にある、イエス・キリストが山上で弟子たちと群集に語った教えのこと〕を信じられなかった」と語った。自分の邸宅に着くと、日本軍に占拠されていた。「『ユダヤ人だ！』とナチスの兵士が叫ぶのを、目の当たりにしたユダヤ人のような恐怖に戦いた」と、述懐した。

グウェン・プリーストウッドも、そうだった。「誰もがささいなことで言い争った。生涯の友達の仲も崩壊した。幼馴染みとも、何でもないことで口論となった」と語った。プリーストウッドは、特権がある生活が失われることが、背景にあることに気づいた。戦争のただ中で「召使いが、毎晩髪を一〇〇回とかしてくれたことは忘れていたが、美しくありたいという本能は失わなかった。白粉《おしろい》や口紅が残されていた女性たちは、ショックを和らげられた。彼女は『どんな女性もその本能があるわ』と語った。大英帝国崩壊という悲劇の最中、日本軍に降伏するという時に、彼女の頭にあったのは、高価なシルクストッキングを失わないか」ということだった。友人のエレン・フィールドは、グウェンが「外国人を特別扱いしないよう指示されています」と丁寧《ていねい》に言う中国人店員に、融通を懇願している姿を見て、ショックを受けた。

「二丁拳銃」のあだ名で知られるユダヤ人ギャング、モリス・コーエンは、孫文の元ボディガードだった。ふしだらな人生を歩み、「一六歳以下の少女との性関係」を含む多くの前科を持っていた。ケンカや大言壮語も常だった。日本軍の進攻により香港で足止めをくらい、同僚のソロモン・バードによれば、「怯えて」いた。彼も普通の男だった。

香港大学で教鞭を執っていたロバート・K・M・シンプソンは、多くの西洋人と同様、目の前で展開する出来事を信じられなかった。「イギリスが香港を失うとは。日本軍がイギリスを打ち負かしたのは見事だ」と語った。彼の同僚は、「降伏して香港を日本に渡す」など「シェークスピアを読む権利を放棄するようなもの」だと、精神的ホロコーストを表現した。

デビッド・ボーザンキットは「我々は屈辱に叩きのめされた。あっと言う間に、我々の世界が崩壊した。みながどうなるのかという不安を抱いた。将来があったらばだが」と感じたと回想した。「魂を砕かれた」思いで、打ち負かされたといった程度ではない。「純血の白人」の間では、それは「種の存在とも言うべき次元で、敗北させられた」のだった。

日本軍の宣伝《プロパガンダ》に刺激された「第五列」

この不安は、日本軍が香港に空中散布した宣伝《プロパガンダ》ビラによって、さらに高まった。フィリス・ハロップは「紙爆弾の内容は、決して嬉しいものではなかった。中国人やインド人に、白人による制圧に決起するよう促すもの」だった。ビラの多くは「戦争責任がある白人を殺せ、彼らがいなくなれば戦闘は終わる」と訴えていた。ビラは軍事的な力を持った。「イギリスは、中国人が暴徒と化し、イギリス軍が中国人家族や親戚、友人を殺したと言われることを恐れ、九龍の封鎖も考えていた」のだ。

中国人向けのビラには、「ジョン・ブル〔擬人化された典型的イギリス人像のこと〕らしい、太った巨漢の白人の絵を描いたものもあった。裸で、豪華な装飾が施された椅子に座っていた。傍《かたわ》らのバッグから、金や銀貨が溢れ出し、男の巨大な膝に、可愛い裸の中国少女が腰かけていた。『イギリスの植民地支配が、どれほど貴国の女性の貞操を金で貶《おとし》めたことか』と書かれ」ていた。

インド人向けのビラは、イギリス人を匿《かくま》ったインド人に、ライフルを向ける日本兵が描かれ、「同胞が間に入っては、我々は撃てない」とのキャプションがついていた。別のビラは、インド人が白旗で日本側に近づく絵に、「インド兵よ来《きた》れ！　我々は君たちを優遇する」と説明されていた。

戦後、いくつかの村の家の外壁に、白人の絵が貼ってあった。調べると、飛行機から投下されたものだった。キャプションは「君の女と踊っているのは、誰だ?」とあった。描かれた場面は、ダンスホールの光景だった。ひとつのビラは、カップルが普通に踊っている。もうひとつは、濃厚なキスシーン。中国人女性が白人に奪われたというのが、そのメッセージだった。もう一枚は「アジア人どうしで戦うべきでない。肩を組んでアメリカ人と、イギリス人をアジアから追っ払おう」と伝えていた。

イギリス当局は、日本の宣伝が効いており、中国人がユニオン・ジャックの下に集ってはいないと感じていた。降伏の数日後、E・C・フォードは「コロニーでの第五列運動路線」に対抗し、「イギリスの敗北を決定づけたのは、中国人だった。彼らは腐った魂を売り渡した。そして、前線近くの家の屋上やアパートから、手榴弾をイギリス軍に投げつけた。武器や弾薬を日本軍から入手して、手榴弾、ライフルなどで攻撃をしかけ、イギリス軍の前線を寸断した」といった。実際に「日本軍が乗り込んで来た時に、案内役をしていたのは『中国人王室エンジニア』部門から逃げ出した者」だった。

そして「インドのくずと呼ばれた、臆病なラジプタンズ・ライフルズ兵とロイヤル・スコッツ兵がいた。私（フォード）はインド人を、『無能なブタ』と思っていた。例外はパンジャブ連隊だった。パンジャブ連隊の射撃手《ガンナー》のロビンソンはイギリス兵と戦って、イギリス軍に射殺された。インド人は頼りにならない、と思った。私は香港で、中国人の『第五列』によってしてやられた。こうした連中は、日清戦争以来の裏切り者」だった。

インド人に対するフォードの記憶を裏書きする者は、他にもいた。サー・アーサー・ディッケンソン・ブラックバーンは、「警察署長のペニーフェザー・エヴァンスが語ってくれたが、戦闘の終盤では、シーク教徒たちが反乱した」と述べた。彼がイギリス人と同様に信じられなかったのは、白人至上主義の中で、アジア人から敵と見做されたことだった。

学者のバーバラ・スー・ホワイトは、「香港での戦闘の五年前、極秘電報から明らかになったのは、ラジプタンズ・ライフルズ第六大隊から二人の兵が脱走し、国境を越えて中国へ入り、日本軍に加わったことだった」と語った。「ラジプッツ連隊は、香港での戦闘で、戦死者数が最大となった。ラジプタンズ連隊の戦死者は六五パーセントと大きかった。将校全員が戦死」した。これは、インド兵が砲弾の餌食《えじき》となる消耗隊員《キャノン・フォダー》だったことを、示していた。マティルダ病院では、「イギリス人、アメリカ人、ヨーロッパ人は受け入れた」が、「他の患者」は、除外された。

ロイヤル・スコッツ連隊に所属したジェームズ・アラン・フォードは、「中国人の大集団が『第五列』の中核だった」と語った。「私は彼らが丘の中腹にある墓のなかへ、砲弾を運んでいるのを目撃した。イギリスに反抗しようとして、運んでいたのだろう。中国人は、『イギリス人は出て行け』という強い反感をいだいていたからだ。ゴードン丘の守備を終えて離れる時に、どこだったかは忘れたが、バスで下る途中で、中国人から何度か銃撃を受けた。ロイヤル・スコッツ連隊が退却した時もそうだった」と述懐した。フォードは自伝の中で、「中国人の『第五列』は信号灯を操り、狙い撃ちし、デマを流し、掠奪《りゃくだつ》、暴動を扇動した」と記している。

イギリスが感じた第五列の脅威

日本軍が進攻中に、イギリスによる中国人の虐殺があったことを、イギリス軍のウォーリー・スキャッグが明らかにしている。警察隊が暴れまわる掠奪者を包囲して、手当たり次第に撃った。その場を目撃した巡査部長は、セントラル地区から戻って、「捕えられた七〇人の工作員《エージェント》の処刑が行なわれた。背中で手を縛られ、トンプソン銃でグループごとに射殺された。その後、列にあった処刑者の頭を、ひとりひとりピストルで撃った。プロのような手際良さだった」と語った。ロバート・ハモンドは「イギリス兵が、治安維持のためであっても、何千人もの掠奪者と『第五列』を機関銃で殺していったことに、ショックを受けた」と語った。しかし、こうした虐殺によっても、白人の激しい不安は和らがなかった。

ニュージーランド出身のジェームズ・バートラムは、日本軍が進攻すると、中国人が「夜警」を外されたことを、覚えていた。「それは『第五列』の脅威が高まっていたから」だった。「白人が夜警をし、中国人は塹壕《ざんごう》掘りばかり」させられた。しかし「どうして香港を本気で防衛してもいい巨大集団——中国人——が、徴兵されなかったのか。理由は、イギリス人が『同じプールに入ること』を拒んでいたためだった。イギリスは、たった『数百人の中国人』を軍まがいの組織で訓練しただけ」だった。ある者は、名前を出さない条件で「武器の不足からかもしれないが、もし、イギリス軍が中国人への不信を克服していたら、何千という中国人志願兵を防衛に活用できただろう」と語った。さらに、「白人は中国人の圧倒的な数を、恐れていた。日本軍が進攻すると、現地の中国人が白人に反抗するのではないか、疑っていた。香港戦は戦う前から敗北していた」とため息をついた。

中国人はどんなに善良《ロー・アバイディング》に見えても、反抗してくるかもしれない、という潜在的な恐怖を白人は持っていた。最善の策は、中国人に武器を持たせないことだった。

イギリスが敗北したのは、軍や警察が弱かったためではない。サー・アーサー・ディッケンソン・ブラックバーンは、「多くの山頂《ピーク》や中腹の豪邸では、中国人スタッフが脱走すると、残された家政婦長が当惑し、人生で初めて食糧の問題と格闘しなければならなかった」と述懐した。このことは、白人の不安をさらに高めた。しかし、仕事の場で差別をされていたのにもかかわらず、中国人は志願兵となることにプライドを持った。中国人で構成される「第三部隊」は、かなりの戦果を挙げた。

それでも「純血な白人」でない者への不信は、続いた。だから、イギリス本国は香港のほとんどの警察官を、海外で採用することを方針としていた。香港を警備する警察官を、地元の中国人から採用しても、治安向上に結びつかなかったからだ。これは、香港に限らなかった。アフリカの植民地でも、警察官は植民地の他の場所で採用したから、現地語を話せないことが多かった。多くはインド採用で、白人巡査の半分の賃金だった。白系ロシア人も採用されたが、白人より賃金が低かった。

植民地警官だったジョージ・ライトヌースは、「採用方針も、分割統治の原則に則《のっと》った。官報に掲載される人事の下位に、白人、インド人のカテゴリーが二つあった。白系ロシア人と中国人だった。彼らは中国の各地で、採用された。三つの人種と五つの言語のミックスだった。およそ三分の一がインド人で、ウルドゥ語を話した。シーク教徒とイスラム教のパンジャブ人人となった。シーク教徒を排除して、パンジャブ人を警官として残したからだった」と語った。ほとんど役立たなかったうえに、忠誠心も薄かった。戦争が終わると、警官のほとんどが広東たりすることに加担した。パンジャブ人は、とても忠誠心があった。インド人部隊は戦闘ではが半々だった。香港では、シーク教徒のほとんどが従順ではなく、白人をいじめたり、暴行し

なぜ反日中国人が日本人を援《たす》けたのか

イギリスの敗北は、「白人の優越《ホワイト・スプリーマシー》」を大きく損ねた。ある香港人は「香港の防衛は茶番に等しかった。古びた軍艦二隻と魚雷艇が数隻、老朽化した航空機が五機だった。ロイヤル・スコッツ第二大隊は七年も海外に駐留し、マラリアと性病で戦闘どころではなかった。そのうえ武器弾薬の大半が、ホノルルにあった」と述べている。兵も訓練が足りず、日本軍進攻の数日前に到着したカナダ兵もいた。

モントリオール出身のルシエン・ブルネットは「一九四一年十二月の開戦まで、手榴弾を見たこともなかった」と、後に告白した。ケネス・M・バックスターは、戦闘中に、塹壕にいたが「藪《やぶ》の中にいた友軍を敵と勘違いして、背後から撃った」と述懐した。E・C・フォードは、将校の大失態、カナダ人部隊のレベルの低さに言及した。「一日がかりで奪った陣地を、夜食をとるために離れて奪い返され、スタンレーでは、戦友のイギリス軍部隊から装備を掠奪した」という無能ぶり。これが、イギリス軍の敗北の最大の理由だった。

それでも、中国人社会が反日感情に駆られていたのに、中国人が日本を援けたことは驚きに値する。日本の一九三一年からの中国への進攻は、香港でも前例がないまでに反日感情を高めた。日系商店を破壊し暴徒を逮捕する白人警察官を、攻撃した。ある日本人家族は、子どもぐるみ一家が惨殺された。日本人が最も多く居住したワンチャイやヤマティでは、反日の勢いが激しく、どうしようもなかった。そんな中国人に「白人の優越」は、日本の進攻を手助けさせるほどに、すさまじい反感を招いていたのだ。

しかし、一九三一年以前で、一九四一年末の敗戦の先駆けとなったのは、一九二五年のゼネストだった。イギリスの中国担当官によると、このゼネストには中国人犯罪秘密結社が関与していた。特に、九龍の組織が関与した。九龍から悪質な者の強制退去を命じた際に、妨害した犯罪組織だった。ライフルで武装し、マシンガンを搭載したトラックまであった。しかし捜査では、『左翼の組合活動と犯罪組織の関連を示す証拠はない』となった。日本軍が進攻した時に、香港の白人を虐殺しようとしたのが、この犯罪組織だった。

一八五六年に遡《さかのぼ》れば、中国人パン屋がパンの中にヒ素を入れ、白人たちの毒殺を目論《もくろ》んだ事件があった。一九二〇年代のストライキとボイコットによって醸成された記憶が、イギリス側にあり、一九四一年になっても武装した中国人大衆への恐怖が、日本に対する脅威を上まわっていた。中国人を武装させると、攻撃の矛先《ほこさき》はイギリスへ向くと恐れられていた。

一部の中国人が、日本に同調するもうひとつの理由があった。ライターのハン・シュインは

「真珠湾攻撃に、中国人たちは歓喜した。日本が白人勢力に大打撃を与えたことで、親日派の中国人は白人の敗北を祝った。英国の侵略を受け凌辱《りょうじょく》された中国の現状に、『暗雲を振り払った』と、歓喜した。蔣介石率いる国民党は、枢軸《すうじく》国と結ぼうとした」と述懐した。香港の抵抗運動について、アナリストであるリンゼイ・ライデは、蔣介石とその同盟者を「ファシスト」と定義した。

職務よりもゴルフに興じていたイギリス軍

イギリスの敗北は人種の立場を逆転させ、日本が占領地から追い出されても、その影響は続いた。ニュージーランドのライターのジェームズ・バートラムは、「役割の逆転」を目の当たりにして驚いた。肌色が濃い戦士が、技術でも上まわっていた。白人――例えばカナダ人――はそうしたものを欠き、あるのは勇気だけだった。イギリスは、皮肉にも、小型砲艦時代の教訓が身に染みていた。ところが、イギリス本国は香港当局に「世界が注目している。最後まで抵抗することに期待する。帝国の栄誉は君らの手にかかっている」と、命じてきた。

一九四二年に、アメリカのロバート・ワード香港領事は、なぜ香港は崩壊したのかと問われ、「イギリスの統治者の幾人かが、香港を中国人に返すぐらいなら、日本に渡したほうがいい」と率直に語ったのを、記憶していた。「植民地を守備するために、中国人を雇うぐらいなら、日本に降伏するほうがまし」というのが、本心だった。それ以上に、「本格的な戦闘が始まると、真っ先に脱走して、逃げたのはイギリス兵だった。ユーラシアンは、よく戦った。インド人も敢闘した。しかし、九龍の前線が破られたのは、ロイヤル・スコッツが、やる気がなかったから」だった。ワードはイギリス政府の声明をよく覚えていた。「イギリスとインドの絆《きずな》が始まって以来、最大数の白人部隊が、インドに駐留している。もし、イギリスがインドについて何も知らない外国の部隊にインドを防衛させようと試み、それが『黒人《ニグロ》』だったら、インドも香港と同じように敵の手中に落ちたろう」と、警告していた。

イギリス外務省には「多くの警察予備隊員の中国人が、制服や武器を捨て去った。インド人は、白人女性を求めている疑いが濃い。彼らが白人女性を暴行している」と、通報が入った。さらに深刻だったのは、「香港陥落で、面子《めんつ》も尊厳も地に堕《お》ちた。この損失は回復できない。いずれ植民地で、白人と中国人の間の衝突が起こる。重慶では反英感情が高まっている。重慶の中国人は親米だが、イギリス人との間で軋轢《あつれき》がある」との報告だった。

サー・アーサー・ディッケンソン・ブラックバーンと上品ぶった妻は、日本軍進攻について「なぜ香港はかくも早く陥落したのか」と問われ、「ワン・チン・ウェイの中国人にサボタージュされたのだ。ある部隊は四面楚歌に置かれ、四方から同時に攻撃された」と持論を展開した。オーストラリアの当局は、イギリスが植民地統治で「悦《えつ》に入《い》った」ことが原因だとし、「主要な地位の人間が職務よりもゴルフに興じ、侵略の直前までも、植民地で社交を能天気に楽しんでいた」と語った。

日本進攻に居合わせたフィリス・ハロップは、「インド人巡査たちは私たちに逆らったし、日本の将校が『食事とイギリス女の別嬪《べっぴん》を何人か』要求したのよ」と、憤った。仰天した彼女は、井口《いぐち》中佐に面会を要求し、いっしょに「慰安所」を設置することを提案した。イギリス軍の敗北には、呆気にとられた。「一〇〇年かけて築き上げたものが、数日で完全に崩壊したショックは言葉では表わせないわ。中国人には反英感情が沸きあがり、どうなるかと思った。強盗に入った後に、家を壊してゆく中国人の掠奪が横行した」と語った。「自由がなかったとしても、収容所内に留まったほうがいい」と思うほど、イギリスと植民地の人々との関係は悪化していた。

白人世界の終焉《しゅうえん》

香港の白人にとって、一九四一年のクリスマスは侘《わび》しかった。およそ一〇〇年の栄華を誇った植民地が、日本とその協力者によって終焉を迎えた。日本は中国人や他の香港のアジア人に、人種にとって新たな夜明けの到来を訴えた。アメリカの記者のジョージ・バックスターは「辱《はずかし》めるのが日本の手法で、『白人は征服された』と言って、現地人を洗脳した」と述べた。中国生まれの宣教師のロバート・ハモンドは、日本が中国人に「これから学校だけでなく、企業も設立できる。白人が謳歌したような生活をすることができる。植民地時代のように、外国人によって財産が奪われることもない」と煽《あお》っていたのを、覚えている。

戦闘の結果は、グウェン・デューに青天の霹靂《へきれき》をもたらした。勝った日本軍は、香港で「純血の白人」の地位を貶《おとし》める企みとして、街路を行進させた。「日本人は、空腹で薄汚れた私たち二〇〇名ほどに、中国人地区の通りを行進させた。極東での白人の凋落《ちょうらく》の完璧な見本だった。『泥の中に倒れる白人。服を脱がされ強姦された白人女性。自らの十字架を背負って行進する白人』のイメージは、ジャップを歓喜させる絵巻だった。日本人は私たちを手当たりしだいに強姦し、押し倒し、白人世界を征服することを決意していた」と憎しみを込めて述懐し、「それは、悪夢のような光景で、『囚人が手を高く挙げ、銃剣で突かれて引き廻される姿を見る』ようだった」と述べ、さらに「もしアメリカで、アメリカ人があの小さな猿人に、大きな銃剣で脅され引き廻されるのを見たら、ジャップが極東で白人に何をしようと意図していたか、気づくだろう。ひとりの若いカナダ人が、『いつかここに戻って、この悪魔たちに落とし前をつけてやる』と叫んだ思いを、伝えたい」と書いている。

ジェームズ・スミス神父は、陥落した香港で、「日本兵はたばこを路に座っていた中国人に、ひと箱かふた箱、投げた。しかし、神父にはひと箱も渡さなかった。白人がどの位置にあるのか見せつけたのだろう」と回想した。グウェン・プリーストウッドは、全ての白人が「面子を失った」と述べ、「辱めのための行進が強行され、中国人とインド人がそばに立って、私を見つめ、白人女性がどのように、東洋人によって与えられた恥辱を受け止めるかをみていた」と語った。彼女はこの行事に参加しなくてもよかったが、参加したことで民族意識が目覚めた。「私たちはひとつで、同じ白人種だった」と確信し、白人の列に並んだ。何十年経っても、ジェームズ・アラン・フォードは「中国人が街路に並び、やじったり、喜んで叫んでいる光景を忘れることができなかった。支配者が逆転した瞬間だった」と述べた。

日本の戦略は、こうした行進によって、アジア人たちの面前で「白人」を貶めて見せることだった。『ニューヨーク・ヘラルド・トリビューン』紙は驚きで目を丸くし、「日本の傀儡《かいらい》のビルマ人が、アングロ・サクソンに衣服を脱がせ、猿か、羽をむしられた鳥のように扱った」と報じた。一九四二年にアメリカ国務省は、「アメリカ人と西洋人《ヨーロッパ》を辱め、地位を貶めるよう周到に計画され、人種憎悪の念によって生々しい見世物にした」と報告した。ジャック・エドワードは台湾の街路で、同様の行進を強制され耐えた経験から、同感だった。

クリフォード・マシューズは香港を防衛するために勇敢に戦った。彼が目にしたのは、「白人の優越」どころか、退却してゆく姿を見る中国人たちだった。「極東での帝国主義の終焉だと感じた。中国人は白人が辱められるのを、見つめていた。我々の何人かが、日本兵が捨てたタバコを拾った。その姿に、優越そのものの終焉を見た思いだった。中国人は我々を特別な存在でなく、ただの人間だと思っただろう。私に分かったのは、戦後が、まったく違った世界になるということだった」と述懐した。「二丁拳銃」のモリス・コーエンも、同感だった。日本軍の部隊が、白人に香港の街路を行進させる光景に、驚愕した。その光景は衝撃的で、「審判の日《ジャッジメント・デイ》」が到来したようだった。

第四章　白人収容所

——スタンレーで貶められる旧支配者

征服された旧支配者

数千人の打ちひしがれた白人たちは、みすぼらしい慰安所に一時入れられ、その後スタンレー収容所へ移された。もともと慰安施設だったこの収容所で、白人たちは人種の軋轢《あつれき》を体験することになった。

白人の多くは戦争が始まるまで、香港にインド人がいたことすら、ほとんど気づいていなかった。絶対的な力を誇った大英帝国が、どれほどまでインドに依存していたかも、まったく認識していなかった。収容所でジョン・ストレイッカーは、「インド人看守が日の本の国《ザ・ライジング・サン》がもたらす輝かしい人生に魅了されて、イギリスのインド統治の終焉を予感していた。だから、彼らは白人が空腹を訴えることに、喜びを感じていた」と語った。

白人の多くは広々とした環境に慣れていたが、そんな配慮がされないどころか、小さく息が詰まるような部屋に押し込められ、食事などの基本的欲求さえ満たされなかった。白人が知っていた素晴らしい香港が、まったく別のものになってしまった。

オーストラリア出身の医師で、香港に在住していたビル・ハーマンは、大量に木が伐採されることに、「日々の燃料として、これほどの伐採を必要とする貧しさ」にぎょっとした。原因は、掠奪だった。香港は掠奪によって丸裸にされた。最もひどかったのは、暴徒化した中国人だった。武装した強盗があちらこちらにいた。金儲けと、白人への復讐が動機となっていた。中国人を敵にまわし、「全てを強奪されることなく」、脱出できる可能性はほとんどなく、緊張の連続だったが、ハーマン医師は奇跡的に本国へ脱出できた。

宣教師のジェームズ・スミス神父は、「街路をはじめ、ビルや、商店にあった英語の看板が、ほとんど消えてなくなった」ことに衝撃を受けた。覇権の証《エンブレム》として、日本軍は敵性言語となった看板の撤去を進めた。神父は「オフィスビルのロビーには、全てのテナント名が中国語か日本語で表示された。かかりつけの医師を探すのも、難儀だった」とぼやいた。

しかしこの程度は前兆にすぎなかった。征服され、気概を失った白人は、人種的な屈辱を味わわされた。香港の大通りでこれまでの地位を貶める「辱めの行進」を、させられた。かつては特権として認められた人種や民族の地位が、まったく違った扱いを受けようとしていた。多くの白人が、特権が永遠に失われるのを心配した。

デビッド・ボーザンキットは、中国人自身が起こっている現実をどう見ているのか、「先住民を長く支配してきた、多くの白人をアジア人がかくも安易に貶めることに、満足しているのか、それとも、日本軍進攻の後もこれまでの体制を受け入れるのか」に関心があった。アメリカ人小説家のエミリー・ハーンは、人種的な逆転を小説のテーマとし「中国人にとって、白人は動物園の猿だ。これは汎《はん》アジアだ」と語った。

この「動物園」の状況が、最悪だった。「ほとんど、トイレット・ペーパーがなかった」などは、最も些細《ささい》な問題だった。「女性の幾人かは、日焼けしない程度のものしか身にまとっていない」状況だった。「ハエとの戦いは常のこと」で、「厨房のスタッフは横柄な態度だった。

忠告する人には悪態をつく」有様だった。「スタンレー収容所での食事はいつも同じで、白人の口にはあわないもの」だった。米飯には、「砂、小石、たばこの吸殻、虫やその糞、ガラスの破片、そして少くとも一回はねずみの死骸」などが入っていた。赤痢で死んだ人もいる。「一九四四年末から四五年には、五七例の軽い水疱瘡《みずぼうそう》が発症」した。「うつ病の症状に悩まされる」者もいた。

日本軍は占領すると、「忍耐強く、持続的で効果的な文化的プロパガンダを展開」した。生まれ持った権利として特別扱いを享受してきた白人は、「上流の中国人ほどの扱い」も受けられなかった。香港の人々へ、洪水のような反白人の宣伝工作《プロパガンダ》が行なわれ、他の植民地全土へと広がった。一九四二年一月二十四日に、新設された「住民管理部《シビル・アドミニストレーション》」の責任者となった矢崎《やざき》少将は、「日本の戦争目的は、アジアの人々を抑圧から解放し、白人の悪しき影響を駆逐すること」だと宣言した。

アジアからの白人の駆逐が日本の使命

アメリカの高官のロバート・ワードは、この扇動に住民が諸手《もろて》をあげて歓迎したために、「この世代の人々に刻印され、今後消し去られることはない」と憂慮した。人種差別が崇高な理念となっていた国からきたワードには、日本の進攻にともなった巨大な影響を心配する理由があった。「この日本の福音《ゴスペル》は、ヒトラーよりも、危険かつ狡猾《こうかつ》で、世界の多くの人々の精神に深い影響を及ぼす。その主張は端的に白人支配が終わったということだ」と語った。

ワードは日本の進攻が及ぼす衝撃の規模《マグニチユード》を、正しく認識していた。日本は香港をはじめとしてアジア全域で、「白人の優越《ホワイト・スプリーマシー》」を転覆する機会を捉えた。日本軍部隊には、「これさえ読めば、戦争に勝てる」と題した公文書が配布された。そこには「戦地に入れば、白人による抑圧がどのようなものかを、自分の目でハッキリと確認できる。白人は山頂《ピーク》や丘の上にある豪邸から、下界の先住民の茅葺《かやぶき》小屋を見下ろし、生まれた瞬間から二〇人ほどの先住民を、個人的な奴隷として与えられていると思う。これが、ほんとうに神の意志なのか?」と書かれていた。

「国民の道《ザ・ウエイ・オブ・サブジエクツ》」と題した日本の宣伝工作は、「アメリカン・インディアンはどう扱われた? アフリカの黒人《ニグロ》は? 白人は奴隷狩りをした」と訴えていた。『ニューヨーク・タイムズ』紙のオットー・D・トリシュース東京特派員は、「目が覚めるような文書」だとした。「白人が、有色人種世界に自治領《ドミニオン》を拡げ、アジア人、黒人《ニグロ》、インディアンは殺されるか、奴隷とされた。この非道な行為は、神も人も許さざるもの」であると論じていた。外務省参与で元イタリア大使だった白鳥敏夫《しらとりとしお》の「日本の使命は、アジアから白人を駆逐すること」だとの宣言にも、トリシュースは驚かなかった。イギリス軍を制圧した頃までに、白人の植民地支配に対する抗議の声が、熱く燃え盛っていた。

エミリー・ハーンが見た白人収容所

この逆転劇に、アメリカでの平穏な生活を捨て、あえて危険な香港へやって来たジャーナリストのエミリー・ハーンは、衝撃を受けた。

ウィスコンシン大学で、女性として採掘工学の学位を初めて獲得し、シカゴの病院に勤務した。上海で中国人学者と結婚し、重慶では日本軍の空爆を体験、その後、宋《そう》姉妹〔近代中国史に大きな影響を与えた宋靄齢《あいれい》・宋慶齢《けいれい》・宋美齢《びれい》の三姉妹〕の伝記を書くために、香港に来た。ハーンは可愛い顔つきと活発さで、一気に社交界の人気者となった。ハーンに様々な形容がつきまとったが、「退屈な人」と思われたことはなかった。既婚のイギリス将校との不倫、街中を散歩する時に連れていたペットのテナガザル、冬にまとった毛皮のコート、ロングブーツと長いジャケットと、その全てが常軌を逸した空気を醸《かも》し出していた。アヘンを吸うのはやめたが、タバコを吹かしていたことが、さらに奇異な印象を強めた。

こうした趣向の全てが香港在住の白人の間で、とりわけ話題となった中国人男性との関係が「常軌を逸した」という評判につながった。しかしイギリスが敗北した後、ハーンは日本の官僚と面会した。その官僚は、「アメリカの女性が、東洋人と結婚するかもしれないことに喜び、親しく接した」のだ。この劇的展開——かつて支配者がマイナスと見做したことが、いまではプラスに転じてしまう——は、まだ続いた。ハーンは「アメリカの法律では、この中国人との結婚は、私を中国人にはしない」と伝えた。すると彼は「日本の法律なら、中国人です。

あなたは収容されません。私たちは収容所から全ての中国国民を解放している」と語った。ハーンの白人の友人は、この人種や民族の面で、手心を加えた免除を受け入れることに、「君は、君と同じ人々（白人）とともにあらねばならぬ」と、怒った。すると、ハーンは「イギリス人は、私と同じ人々ではありません。中国人とともにいると我が家に居るように感じます」と応えた。

収容所は、ハーンにとっても、他の人々にとっても驚きだった。ハーンは「収容所はユダヤ人や、重慶の愛国者などが入るものと思っていた。しかし、白人の収容所とは。あり得ない」と思った。新しい征服者は「香港の地理の社会的意味をよく認識して、白人を可能な限り辱めようとした。山頂《ピーク》の豪華な高みから、海面の高さにまで引きずり降ろす意図は明らかで、作戦に不可欠なもの」だった。イギリスは手段を選ばずに、「純血な白人」以外の者が山頂に住むことを厳しく制限したが、征服者の日本人は、「ユダヤ人を収容所から解放し、丘側《ヒル・サイド》に住まわせる法律を制定し、日本の敵である白人の復讐心を高めた」。こうして、世界がまったく逆転してしまった。

スタンレー収容所に入った白人たち

起こったことは、まだ序の口だった。貴族のサー・アーサー・ディッケンソン・ブラックバーンは、本国の外交官で、進攻直前に香港に立ち寄ったところだった。スタンレー収容所のことをよく知らず、「浜辺にあって快適だ。宿舎は文句のつけどころもない。プライバシーがなく込み合っているので、神経を逆立てることもあるが、食糧不足以上の問題はその程度だ」と語った。収容所で幹部秘書だったジョン・ストレイッカーは「最高の場所だ。海の心地よい風と光景、そしてほとんど鉄条網がない」と述べたほど、開放的だった。多少あった鉄条網は、皮肉にもイギリス人が張ったものだった。しかし数千人が一カ所に押し込められて、まるで一家族のようだった。

収容所の厳しい環境では、ユーモアが息抜きになった。クエーカー教徒のウィリアム・スィーウェルは「争いになりそうな時は、ナチスから逃れて香港へ来たひとりのユダヤ人の感想『もしヨーロッパに残してきた家族が、この収容所の人々と同じように恵まれるなら、神を信じはじめることができるかもしれない。はじめるだけだが』を想い出すようにした」と語った。

イギリスの高級官僚のサー・フランクリン・ギムソンも、収容されていた。戦後に当時を振りかえって「これでスタンレーでの我々の取り扱いと、他の収容所での取り扱いを比較できる。そもそも収容所から出られたとは、なんと幸運だったことか」と回想した。この発言は当を得ている。「スタンレーでの死亡率は、日本軍が占領した他の地域の収容所に比べ、はるかに低かった」のだ。スタンレーは遊び場ではなかったが、ヨーロッパの収容所に比べたら、泣きごとの言えるものではなかった。

しかし、エミリー・ハーンが告発したように、多くの白人は収容所とは「ユダヤ人」か、賤民《アウト・カースト》のためのもので、香港の上流階級とは無関係と思っていた。サー・フランクリン・ギムソンは日本による占領は、彼のような官公吏を介して行なわれるフランス式、あるいはベルギー式のものとなると思っていた。実際、彼は自ら協力者となることを求め、降伏の数日後には、抵抗を宣言するかわりに、ガソリンの入手方法や大都市管理のヒントなどを提供する奇妙な手紙を送った。

日本は占領者の従僕になるという彼の申し出を断り、そのかわりに逮捕した。「日本の木村《きむら》香港領事が介入するまで、三〇時間の収容」だった。しかし、自信家のサー・フランクリン・ギムソンは、インド人社会やポルトガル人社会の有力者と連絡を取って、彼らのあらゆる利益を代表して、日本当局と掛け合うことを提案した。こうした人種社会が落ちぶれた者に、代表を頼む義理もなかったが、かつて権力を有したイギリス貴族に、恩を売れると期待した者もいた。

スタンレー収容所には、男性一二九〇名、女性九〇八名、子ども約三一五名が収容された。収容を逃れるため、かつては敬遠された身分を急いで受け入れた者もいた。尊大なエレン・フィールドは、無理やり身分の低いアイリッシュの女性を装った。占領者はロンドンと敵対する白人を収容から除外していた。東京は「白人」そのものではなく、「白人の優越」を嫌っていたからだ。

それにしても、白人はどうして収容されたのか。征服者の日本は、勝利の後に即興で実行したように見える。サー・フランクリン・ギムソンは「日本は当初、白人の身を守るために収容したと発表した」と言及した。この証言は、馬鹿げていると思うかもしれないが、実際には現実だった。多くの香港在住の白人が、この事実を認めている。

多くの中国人が阿片戦争以来彼らを弾圧し、恥辱を与えてきた植民地支配者に復讐する好機が到来したと考え、その機会を窺《うかが》っていた。戦争期の香港を小説のような解釈《レンディション》で描いた、エミリー・ハーンは「戦時に与えられた境遇を思えば、中国人はイギリス人を、ズタズタにしたかもしれない」と主張している。香港の状況が月ごとに悪化する中、召使いとの生活に慣れた収容者には、自力で生きてゆくには厳しすぎたろう。

多くの収容者は、収容という好意にもかかわらず――あるいはそれ故《ゆえ》に将来に沈痛な思いを描いていた。グウェン・プリーストウッドは「第一次世界大戦で、日本人《ジャップ》に収容され歯も髪も失ったドイツ人に、何が起こったか」聞いていた。ファッショナブルなライターだったグウェンは、この話を聞いて心配のあまり、即座に「鏡をのぞき込んで、頬紅と口紅をつけ、髪をとかした」のだった。「ルックスをできる限り保つために戦う」と叫んだ。彼女はいよいよスタンレー収容所に囲い込まれる時、「女性がひとり化粧道具を取り出して、丁寧に化粧を始めるのを目にして、私も同じように化粧した。弱音を吐かないことよ」と語った。

収容所は劣悪な環境だった

プリーストウッドと彼女のお仲間は、事態が日々のお化粧の騒ぎどころではないことを、すぐに知ることとなった。それでも彼女たちが耐えた悲惨さは、香港の別の収容所に収監された「二万人の兵士」の苦悩とは、まったく比較にならなかった。収容所には様々な国籍の兵士、すなわちイギリス人、白人のアメリカ人、オランダ人、中国人、ユーラシア人、ポルトガル人、ロシア人、トルコ人、チェコスロバキア人、ハンガリー人、スペイン人、ジャマイカ人、キューバ人などが収監されていた。収容所は三カ所で、インド人は馬頭涌《マタウチャン》、将校は九龍のアーガイル街、それ以外は深水埗《シャムスイポー》の収容所に入れられた。深水埗も他の収容所と同様に小さく、低い、木の小屋が連なったものだった。しかも悪臭の漂うスラム街が近く、下水設備もなく、ジャンクの投錨地《とうびょう》で台風が襲ってきた。深水埗は、「以前に、イギリスが中国人を中に入れないようにと鉄条網を張ったのだが、皮肉にも我々がその中に入れられている」と収監者のひとりが語った。日本軍の進攻の後、中国人が「あらゆるものを強奪し、鉄条網だけが残った」が、今度は植民地支配者を収監することに使われるとは、因縁話《サイキック・フォアテリング》のようだった。カナダ兵のルシアン・ブルネットも収監され、その恐怖を「トイレもない、ベッドはシラミだらけ、石鹸もない」と語った。

植民地支配者側だった兵士が、支配されていた側に囚《とら》われていることは、特に心理的な重荷が大きかった。それは支配されてきた側から、逆に迫害を受けることだった。民間人も軍人も、「通常の」敗北ではなく、人種として敗北を味わっていることに気づいていた。

グウェン・プリーストウッドは、収容所で野球をしていて、そのことに気づいた。日本人の看守がボールを打ちあげて、それをひとりの若いイギリス人女性が受け取った。「アウト」と彼女が勝ち誇って叫んだ。すると、日本人《ジャップ》は首を振って「アウトじゃない。シンガポールが陥落した。アウトじゃない」と言った。そしてまたバットを振った。彼に投球し、彼が打った球を取ることが、午後の日課となった。全ての白人が「アウト」と言うたびに、日本人は怒って「ノー、ノット・アウト、シンガポール・ブロークン」と言った。デビッド・ボーザンキットも似たような神聖なる体験《エピファニー》をした。日本将校がデビッドと仲間に、「墓のための穴を掘るよう命令した時、イギリス植民地時代には牛馬のようにこき使われた労夫《クーリー》が、ただ座って傍観していた」のだ。

ジョン・ストレイッカーは「白人が植民地時代に東洋で施した全ての訓練が、功を奏しているか」疑問を呈した。「野菜は充分に洗われず、子どもたちは現地の食べ物を生で食べ、暑い日であっても帽子は全て捨てられ、ハエがそこらを飛び回り、水はきれいではなかった。恐らく、それまでの現地のやり方を止めさせ、白人が人工的なやり方に置き換えさせたからだ」と痛感した。ストレイッカーは、「白人が中国で時代を大きく逆行させ、そのうち『労夫《クーリー》』を自分たちと置き換えるのではないか」と、深く憂慮していた。

その憂慮も当然だった。収容が始まった頃、すでに殺伐としていた香港の状況は、さらに急速に悪化していった。収容所の外では人肉を食らう『カニバリズム』が横行していた。「ある主婦は、『人肉と動物の肉は、フライパンで焼いてみると見分けがつく。人肉は跳《は》ねるが、動物の肉は跳ねない』と語った」ほどだった。スタンレー収容所でも、ひとりの母親は「二人の中年男が、こんど日本軍が配給を止めたら、どの子を食べようかと話している」のを聞いた。

ジーン・ギティンズは、「一九四四年までは、店で人肉が平然と売られていた。大きな犬が収容所に迷い込んで来た時には、イギリス兵二人が犬を殺し、茹《ゆ》でて夜陰にまぎれて食べた」と語った。ロバート・ハモンドは「ひとりの女性が空腹のあまり、投げ捨てられた大ネズミの死体を食べ始め、ついには皮まで全て食べ尽くしてしまった。さらに男性が、ネズミのスープを、一杯一〇セントで売っていた」と驚愕した。アメリカ水兵は「そこで食べた馬肉ほどうまい肉は食べたことがない」と述懐した。収容所で医者がビタミンがあると言うので、ゾウムシを食べた者もいた。

占領期に、収容所は飢餓《きが》に襲われた。このため「場所、友人、知人の名前を忘れる」ようになった。さらに「ものを握ることが困難となり、瀬戸物や皿を落とすように」なった。ラルフ・グッドウィンは「白人は、壊れた残骸のようで、自分で歩くこともままならなかった。集中力も失い、怒鳴られる命令も覚えられなかった。日本人もこれには驚き、白人を劣等な生き物と見做した」と語った。知能テストをされた時は、白人はまるで黒人《ニグロ》のように扱われたと感じた。飢餓、態度の悪い看守、人種の地位の逆転など、そうしたことの全てが精神の崩壊へ繋がっていた。収容者は日増しに苛立ち、騒音への過敏症、極端な短気などの症状に悩む者が増え、集中力の欠如や記憶減退、ほぼ全員が不眠症に悩まされていた。

地に貶められた「白人の優越」

こうした精神崩壊には、客観的な理由があった。敗北それ自体も精神的なショックではあったが、それ以上に「純血の白人」でない者に敗北したことが、「白人の優越」を地に貶め精神崩壊を起こしたのだ。警察官のジョージ・ライトヌースは、シーク教徒の巡査が「制服を脱ぎ棄て、赤い下着姿で濡れた髪を振り乱して駆け出しながら罵り、白人の巡査や民間人につばを吐き、イギリス政府を呪って叫んだ」ことに驚いた。日本軍の進攻の前には、あり得ないことだった。ライトヌースのいた収容所では、「中国人やインド人の看守にとっては、所長がイギリス人から日本人に代わっただけ」だった。しかし「赤ひげとして知られるインド人看守のレイマット・カーンは、白人収容者を辱めたり、叩いたりすることに最大の喜びを感じた」のだった。

サー・アーサー・ディッケンソン・ブラックバーンは、スタンレー収容所が開設した時に、ショックを受けた。「日本軍が、英語に堪能な多くの中国人を、管理職として配置した」からだ。イギリス側は、こうした英語に堪能な中国人たちを以前から知っていると思っていたが、違った。彼らの背信は根深く、感情に駆られていた。ジャーナリストのジョージ・バックスターは「多くの日本人将校と兵隊が私たちのほうを向いて、静かにズボンのボタンをはずし、我々のほうへむけて小便をした。イギリス女性のひとりは卒倒した」と、語った。

乱暴で知られる「二丁拳銃」のコーエンは、看守から厳しい拷問を受けた後は、小物に変身した。彼が思い起こしたのは、トルコ兵に暴行され、レイプされたアラビアのローレンスの苦痛だった。スタンレー収容所の三〇人の男性が壁に寄り掛かって、日向《ひなた》ぼっこをしていた。日本の将校の車が近づいて止まり、従兵が出てきて、白人が座り込んで将校を眺めているのは無礼だと言った。その大佐は兵士に命じ、男たちにビンタを張った。恐らく日本の将校は人種の力が逆転したことの見せしめとして、白人が敬意を欠いた素振りを見せる機会を捉えては、暴力を振るった。白人が山頂《ピーク》から降ろされ、平地にあるスタンレーに収容されたことにも、そういう意味があった。また日本の将校は、彼らがいる時には、収容者が深々とお辞儀をするように要求した。収容者は服従を示す態度だとして抵抗し、ビンタや鉄拳制裁を受けた。白人は人種終末戦争《レイシャル・ハルマゲドン》を体験しているかに、感じた。聖職者もビンタの制裁を受けたが、宗教的な終末を感じたことだろう。もっとも聖職者が鉄拳制裁を受けるようなことは、ほとんどなかった。

収容所で生まれた共産社会

こうした試練は、白人に精神的混乱と同時に感情の変化も引き起こした。クエーカー教徒のウィリアム・スィーウェルは、妻と子どもとともに収容された。スィーウェルは成長期にどれくらいの食糧を子どもが貰えるか、あるいは貰えないか、そして非常時に子どもも食糧となるか憂慮した。忍耐と恥を失えば、もちろんだ。一方で、利己主義が増進して、他人に与えることも、他人から貰うこともしないというのが不文律となった。そこでも嫉妬心が膨らみ、規律が失われた。「結局のところ道徳は、ビタミンのバランスと健康で決まるのか」と思ったほどだった。同様に中国人も、「あまりの貧しさから、不潔な環境に住むようになったのかもしれない、白人にも、スタンレーの過酷な環境にあって戦前に同様の環境に彼らが置いた中国人労夫《クーリー》に対して『それまでにはなかった同情』が生まれた」のだった。こうしたことも、日本軍によってもたらされた教訓だった。

収容者のベンジャミン・プルーは、「収容者には、行動とモラルの基準ができあがって、それなしでは生きられなかった。朝一番に、お互いが許せない言葉をひとつ言い合って、うっぷんを晴らす。食糧は全員で分けあい、タバコや他の物も平等に分配した。常にユーモア感覚を持つようにした。自分が洗濯をする時は、他の者の洗濯物も一緒に集めて、洗濯した」と語った。文化人類学の実験のようだが、収容者のレス・フィッシャーは「共産社会」のようだったと、回想した。

収容された香港の警察官は、「無意識に、一緒に集まって決断をした」と述べ、「恋愛感情以外は、全てを分かち合うのが行動原則だった。闇商品や闇市での売上げも、分けた。炊事、洗濯、料理と収容所生活の全てを等しく分担した。食事も同じ食べ物を同じ量、同時に食べた。

共産主義を行動に移したようだったが、それで上手くいった」と語った。

「共産社会」への後戻りは偶然に起こったが、ソ連への依存を連合国が深めていた時だけに、面白い話だ。ウィリアム・スィーウェルは、スタンレー収容所で集団が生存競争をするのを目にした。それが「ぼーっとせず、健康でいる」のに役立った。「集団で協力する友情」が育《はぐく》まれ、「自然発生した共産社会」には、「音楽家、聖職者、教師がおり、食物を庭で育てる仕事に携わらない者は『非労働者』で、働いた者ほどには分け前を貰えなかった」と回想した。

ケイ・フランクリンは、「収容所内の多くの情報」をキャッチした。情報はイギリス兵の中国人妻がもたらした。「中国人妻は食物と金のためなら、何でもした。収容所内のことを夫から聞き出し、食物を貰うために日本人《ジャップ》に密告していた。警戒が必要だった」と語った。

敵の施政下にあっても、裕福な者は特別待遇を楽しめた。ちょうどイギリスの王室が、ウガンダの王室とつながっているように、香港の日本のエリートも、イギリス側のエリートに対しては、そのような思いを持っていた。エミリー・ハーンは、交際していた中国人男性との関係のおかげで、占領下の香港を自由に動き回れた。彼女は「根っからの資本主義者の日本人将校のオダは、知人の香港の億万長者たちが、スタンレー収容所で低い扱いを受けていることに衝撃をうけ、同情した」と語っている。一方、ジーン・ギティンズは「日本人はエリートを収容所の最悪の施設に入れることで、辱めようとした」と、違った見方をした。

収容所の環境が厳しかったからといって、階級闘争が止んだわけではない。日本軍が香港を制圧した時、香港に居合わせた多くのアメリカ人も収容された。その中にはスタンダード石油の重役や、中国沿岸のビジネス界の大物たちが含まれていた。彼らは収容所で存在感を示したが、モラルを低下させる原因になった。「組合員《ユニオニスト》」の中心者が自然に連帯して、多くの収容者の支持を受けたのと、きわめて対照的だった。

スタンレーの収容者も自分たちの利益を守るために、様々な組織を考案した。しかし、多くの収容者——特に資本主義者——は、収容所を出た時には、香港の労働者たちがそうした組合組織を形成することを否定するだろうと、思っていた。サー・フランクリン・ギムソンは日記に「収容所で経営者たちと『貿易組合』について議論したが、経営者の意見は組合は必要でないというごく当たり前のもの」だった。利潤を求める経営者は組合について、何も学ぼうとしないし、何も忘れようとしない。アメリカの香港領事のロバート・ワードは、本国にあって「もし香港に強力な組合があったなら、労働者たちは以前の政治が継続するほうがメリットはあると考えただろう。だが、香港に組合がなかったことが、西洋を貶める効果的な状況を、日本に与えた」と書いていた。

収容者は階級差別を乗り越えることが困難であったのと同様に、人種の壁を乗り越えることに苦労した。ユーラシアン社会では著名人だった、ジーン・ギティンズもそう感じた。

イギリス人の中には、これほど多くのユーラシアンが収容所にいなければ、食事も充分なのにと不満な者もいた。苦境にあって、人種差別が著しくなった。日本軍が収容者数に応じて食事を分配することに、不満を持つ者もいた。

　小包が来なかったと、来た者を羨《うらや》む者もいた。定期的に小包が届く大収容棟を羨《うらや》んでいるのではなかった。街にいる親戚が小包を差し入れてくれるユーラシアン社会を、羨んでいた。収容者のひとりは小包が届く度に、悪い冗談を語っていた。差し入れを全て分配しようと言うのだ。そもそもそんな差し入れは、一〇人に一人しか受け取らない。しかも、中身を残りの三〇〇人と分かち合う。それを保管しておくとは。実際、収容が終わった時、赤十字からの差し入れを食べずに保管していた例もあった。彼らは一人最低ひとつは小包を保管し、塩漬けビーフなどを非常食として蓄えていた。このため彼らは哀れにも痩《や》せ衰えた。スタンレー収容所ではこのように、社会共産主義を払拭することができなかった。白人は、非白人の小包が来た時には、「共産主義」によって分配することを要求し、そうでないものが来た時は分配に消極的だった。

イギリス人と白人のアメリカ人との新たな衝突

　日本軍が、これまでの「白人の優越」と逆転した、新たな人種の位置づけを現実として確立しようとすると、衝突が起こった。しかし、しばらくすると、人種の地位の変化を反映する闇市が現われ、それは日を追うごとに増えていった。ジョン・ストレイッカーは、「第三者が収容者と看守の間に入って、調整することが必要となった。こうした第三者には中国語に堪能な者が選ばれ、彼らが白人を仕切るようになった」と述べた。

ヨーロッパ人とアジア人の「間《あい》の子」として生まれたユーラシアンが、この役割を果たしたのは当然だった。ストレイッカーは「ほとんどのヨーロッパ人は、尊厳を失ってまで白人（アメリカ人を含む）を従わせることで金を稼ぐことを、嫌悪した」と述懐した。ヨーロッパ人の多くは、収容所で「金を稼げる」とは思ってもいなかった。

収容所に入っても、人種的優越感からくる利己心は、失われなかった。グウェン・デューは、彼女が「エレガント夫人」と呼んだ、中国人を見下すイギリスの未亡人について厳しく書いている。この老女は収容されても、グラスの水一杯すら、分かち合おうとしなかった。「なんとか水のバケツまでたどりつくと、病気の子どもに一杯の水を与えることもなく、自分でグラス五杯の水を汲んだ。さらに二ダースの角砂糖を摑んで、ポケットに入れて歩き去った。エレガント夫人は、彼女を問いただそうとした混血の好青年に向かって、『うす汚いイタ公め！』と言い放った」。

占領下の香港では、様々な人種の軋轢《あつれき》が発生した。日本人とイギリス人、中国人やインド人とイギリス人、日本人と白人など様々で、最も過激だったのは、白人のアメリカ人とイギリス人の衝突だった。様々な矛盾によって、報復の連鎖が起きていた。一九一二年から三八年まで香港警察に勤務したケネス・アンドリューは、戦前、「アメリカの水兵の一団が、『イギリス野郎《ライミー》』を探し回って、見つけ次第激しく暴行した。敵対感情が高まり、双方の海軍の一派が抗争し、一時期、水兵がひとりで街を歩くことすら危険な状態になっていた。アメリカ海軍の一派が、香港の有名ホテルを訪れ、イギリス水兵を見つけると、片っ端からひとり残らず暴行したこともあった」と語った。

こうした出来事は、大英帝国の凋落《ちょうらく》と、アメリカ帝国の勃興を暗示していた。ラドヤード・キップリング、元植民地長官のルイス・ハーコート、マンチェスター侯爵、チャーチル首相の父のランドルフ・チャーチル卿、クルゾン卿、そしてジョゼフ・チェンバレンといった人士は、みなアメリカ人女性を娶《めと》っていた。ジョージ・バーナード・ショーは、一九二九年に『デモクラシー万歳！』で当時の様子を描いている。アメリカが大英帝国を乗っ取ろうとしていた。戦前の上海は、大英帝国の臣民《サブジェクト》とアメリカ市民《シティズン》が激突する戦場《ホットスポット》だった。ハリー・ヘイルは、「香港は喧嘩が絶えなかった。アメリカの水兵は、香港の守備隊駐屯地で粗末に扱われ、二人のアメリカ兵がイギリス兵に殺される事件もあった」と語った。

既成概念は、時として真実を象徴するが、香港での米英関係も同様だった。イギリス人は封建的な階級の特権にこだわる保守的なところがあり、白人のアメリカ人はこの点で柔軟だと言われたが、収容所での両者はまったくその通りだった。イギリス人のジョージ・ライトヌースは、「一緒に働く上で、アメリカ人は最もチームワークが取れているが、イギリス人は、数は多いが最もバラバラだった」と述べた。「イギリス人は、階級、職業、偏見によって分裂し、文句を言ったり、口論したりしてばかりだ。太ったイギリス人の女性が、アメリカ人が集まってストーブを修理しているのを見て、『この収容所に、これほど多くの労働者階級のアメリカ人がいてくれて、なんとラッキーなことでしょう』と言ったことは、日常の状況を象徴していた」。

既成概念はともかく、イギリス人と白人のアメリカ人が衝突するのには、深い理由《わけ》があった。アメリカはアジアにおけるイギリスの意図に不審を抱いていた。イギリスは植民地支配を長引かせ、現状維持を図っていた。これを打ち破れば、アメリカはアジアに進出することができる。この思いは、臣民もアメリカ人も拭い去ることができなかった。状況を打破するために、白人のアメリカ人は経済力とドルの力を頼みにした。イギリスは、「帝国主義的価値」と帝国を維持するための制度に、重きを置いた。

ジャマイカ人活動家のビリー・ストラチャンは、イギリスで軍事訓練を受けながら、この状況を見守っていた。「アメリカ人は、戦争中は人気がなかった。理由は二つ。一つは白人のアメリカ人が裕福だったこと。金を持っていて、身なりも良かった。パブに来て札束を取り出し、カウンターに置いて『さあ、飲もうか』と言う。これが貧しいイギリス人の嫉妬《しっと》を買った」ことだった。ストラチャンは黒人《ジム・クロウ》がイギリスに土地を所有しているという、皮肉な現実にも言及した。「アメリカ人のあいだでは黒人は単なる黒人としてではなく、アメリカ人として扱われていた。奇妙に思われるだろうが、私はイギリス人と対抗するアメリカ人側に、立っていた。黒人が関わっていたからだ。路上のケンカで、私ははじめのうちアメリカ人に対して、『イギリス側』にいた。しかし、私はその集団を離れて、『アメリカ側』に加勢した。九九パーセントのケンカは女《ガール》のことで始まった。イギリス人の女がアメリカ人にへつらって、ケンカが始まった」と語った。アメリカがイギリスより急速に人種差別に対応して、黒人や他の少数民族への扱いが改まったことが、アメリカにライバルであるイギリス以上の利点をもたらした。

スタンレー収容所で、イギリス人と白人のアメリカ人の対立が表面化したのは、ほどなくしてからだった。収容者の代表だったサー・フランクリン・ギムソンは、大西洋を隔てたかつての兄弟国が、「イギリスの支配が終焉するなら、サー・フランクリン・ギムソンの言葉も無視できる」、と思うのは、早合点だと思った。「アメリカの代表は様々な質問に、上手に逃げられると評判だ」と、鼻でせせら笑った。サー・フランクリンが「病院経営委員会」と論争した時に、イギリス人とアメリカ人の間では様々な争いが起こったが、アメリカ側はサー・フランクリンに「ボストン茶会《ティーパーティー》〔アメリカのマサチューセッツ湾植民地の住民がイギリスの茶税法に反対し、東インド会社の茶箱を投棄した事件。アメリカ独立戦争の引き金をひいた〕を知っているか」と尋ねた。サー・フランクリンは、驚愕して「何だ?」と叫ぶのみだった。

「イギリス人はイギリス人の意向をはかることなしに、自分たちのことを決めたいというオランダ人とアメリカ人の態度に困惑させられた。直接、日本人と折衝したがったからだ。彼らは我々が日本人と円滑な関係を持っていることを嫉妬していた」と、サー・フランクリンは語った。多くのアメリカ人の収容者は、そこが問題だと思った。イギリス人以外の収容者は「サー・フランクリンは大英帝国の延命のために、必要以上に譲歩をしている」と感じていた。サー・フランクリンは「収容所の『最重要課題』となっているオランダ人、アメリカ人、ノルウェー人などとの『困難』を抱える以上、他に選択肢はない」と感じていた。

サー・フランクリンの誹謗《ひぼう》者たちの最大の脅威について、彼の日記の中にも書かれていた。サー・フランクリンは、「反日活動にあまり積極的に関わっていなかったジンデル」と、コンタクトを取っていた。ジンデルは抗議行動よりも、「お世辞に弱い日本人におべっかを使うことで、もっと有利な状況に持ち込める」と、感じていた。サー・フランクリンは「まったく同感だ」と述べ、「私も同様の立場にあった」と書いていた。実際、一九四二年から四三年に、アメリカ人がスタンレー収容所を脱出した後に、策略と協力のチャンスが、もっとあった。ジンデルは多くの収容者の望みに背いて、自分のために広々とした宿舎《クウォーター》をまんまと手に入れた。サー・フランクリンは「一部の個人が個人の利益のために、日本人と直接折衝し、特別な配慮を獲得していた」と語っている。

連合国の中での人種対立

スタンレーに収容された人々は、イギリスのお家芸——分割統治——で管理された。これは戦前に上海にいたイギリス人記者が、アメリカの記者よりも、はるかに親日だったことよりも皮肉だ。当時イギリス政府は中国の共産主義者を叩くために、日本を頼りにしていた。北アイルランド人はイギリスの不手際に巻き込まれることなく、独自に取引をしたいと、イギリス人と一線を引きはじめていた。スタンレー収容所の「オーストラリア・ニュージーランド社会」は、約一〇〇名のオーストラリア人とニュージーランド人で構成されていたが、日本軍は、宣伝工作《プロパガンダ》放送をすることを条件に、このグループを上海に移すことで、イギリスから切り離そうとした。ほとんどの者が断ったが、一人か二人が、「ノーではないことを示唆したため」、上海へと送られた。

ジーン・ギティンズは「少数のオランダ人グループに、ノルウェー人グループが加わって、一〇〇名を超えるグループとなった。彼らは自分たちだけで行動し、私が収容されている期間中に、彼らと直接に接した記憶はない」と述懐した。一方、アメリカ人は最恵国待遇のようなことで、目立っていた。アメリカ人の中に、戦争が終わる前に日本によって解放された者もいたが、短い収容期間中に食事や宿舎の待遇で、他の者にはない多くの特権を与えられたため、他の収容者が嫉妬していた。これはスタンレーだけではなかった。収容所ではどこでも、「オーストラリア人とアメリカ人は反英で一致し、英語を話すイギリス人、オーストラリア人、アメリカ人は、反オランダで同盟」していた。

連合国の国民の間でいかに対立があったにしても、彼らを捕えている日本軍が同じように暗い影を落としていた。海兵隊のＪ・Ｐ・Ｓ・デバルー少佐は「自らを低くして、黄色い男と対等に話そうと、決して思わなかったが、降伏という現実に、対等どころか低姿勢で話すことを余儀なく」された。

デバルー少佐は一例で、「白人が有色人種へ向けた嫌悪と侮辱を、黄色人はたっぷりとお返し」してくれた。日本人将校は収容初期には、鼻にハンカチを当てていた。捕虜の軍曹が風邪かと尋ねると、「バカ！　お前がひどく臭うんだ」といった。しばらく経つと、臭いはひどくはなくなったようで、「お前の臭いも慣れた。プリゾナーになってから、肉を食べていないからだ」と言われた。これは、日本軍は白人収容者が増えてゆくのを好んだと見ることも、できる。また、特に黒人などの体臭について、白人が好んだお説教のような侮辱を、アジア人が逆に彼らに報復して返したとも解釈できた。

立ち上がったサー・フランクリン

アメリカでは人間を奴隷として扱うと、いずれ自ら奴隷だと信じるようになり、奴隷として行動し始めると言われてきた。その法則に、今度は白人のアメリカ人が従わされることになった。ある収容所では「〝犬男《ドッグ・マン》〟」のアメリカ人がいた。自分を犬だと思っていた。両手両足を床について歩き回り、片足を上げて小便をし、床に丸まって寝た。看守が後ろ足で起《た》たせようとすると、看守に向かって吠えた。司令官が来た時に唸《うな》って、ブーツに嚙みつく」ということがあった。

イギリス兵のアラン・ウッドは、アメリカ兵にこうした異常な振る舞いが多く見られたとして、「アメリカ兵は、イギリス兵ほどに精神力がなかった。日本兵がイギリス兵を何度殴り倒しても、意識を失うまで何度も起き上がってくる。ところがアメリカ兵は、一度叩きのめされると、それで終わり。起き上がってこないのが通常だった」と述懐した。ウッドはこうしたことを、横浜の収容所で体験した。ウッドは「アメリカ兵は過酷な収容所生活に、イギリス兵ほど耐えることができなかった」と語った。

サー・フランクリンは、アメリカに対して日増しに苛立つようになり、ついに日本がサー・フランクリンの持つ利権に、物理的な影響を及ぼすようになると、いっそう憤った。収容生活の抑圧で、揺らぎないはずの国の絆も、失われた。「不穏な感情が高まり」、サー・フランクリン自ら、「収容所の管理体制を再編しよう」と試みたが、「流血の事態を招くほどの抵抗にあった。最も重んじられたイギリスという伝統的権威が、スタンレーのイギリス人収容者によって貶められる事態となった。イギリス人自らがイギリスの最高権威への敬意を、払わなくなった」のだ。

イギリス人どうしのこうした対立は、一九四二年四月に多くのアメリカ人が収容所を去ると、転機を迎えた。これまで反抗的だったイギリスの収容者も、上級者との絆は、そんなに悪いことではないと察知して、態度を改めた。サー・フランクリンがイギリス人収容者を束ねることを求めた要望書に、「一五〇〇名」が署名した。サー・フランクリンは尊大にも彼らに対し、「これまでの組織は純粋に諮問機関とし、その助言を私が裁可する」こととした。中には、差し戻された助言もあった。サー・フランクリンは「香港はイギリス領であるとして、『賠償』に強硬に反対していた。多くの植民が去ると、香港をイギリスの植民地として保持できなくなる」と主張していた。つまりイギリス人収容者が、サー・フランクリンが向かおうとしている方向に反対しなければ、根拠の薄い帝国の法の原則が破られることなく、維持されるというのだ。

サー・フランクリンの態度は、帝国の中での意見の対立を象徴していた。一九四二年初頭には「収容所内の友愛《フラタニティ》は、全て失われた。弁護士も、最高裁の判事も同様」だった。しかし、サー・フランクリンは尊大な態度を取り続け、「香港社会に満ちる陰謀の空気には、辟易《へきえき》させられる。まったく無価値となった社会を、私が再建することをイメージできない」と語った。

これは驚くに値しない。スタンレーに収容された白人のアメリカ人のウェンゼル・ブラウンは、不安にさらされるアメリカ人の様子を記録した。スタンレー収容所でアメリカ人を代表したジェイク・ベインは、「収容されるアメリカ人の数を水増しした。そうすることで、アメリカ人にあてがわれる空間を、実際の人数以上に確保した。そのため、イギリス人が充分な割当てを得られなくなったが、ベインは誇らしげにウソを公言した。収容所のアメリカ人は、誰ひとりとして抗議の声をあげなかった」のだ。つまり「収容所の耐えがたい状況は、アメリカ人が貪《むさぼ》り、分かち合いの精神を持たず、すすんで不実を求めたことが原因」だった。数週間後、収容所は意見対立で割れた。ブラウンは抗議し、「残忍な報復を、個人的に受ける」ことになった。

スタンレーで発生した新たな貴族社会

この狡猾《こうかつ》な駆け引きは、スタンレー収容所の多様で雑多な集団構成を反映していた。「中国の沿岸は、『冒険家《アドベンチャラー》』で溢れていた」と、ブラウンは語る。「東洋の奇妙で詐欺的なあらゆる悪徳ルートを駆使して中国に一攫千金を目論んで渡る若者たちだ。それ以外は、酒の誘惑に溺《おぼ》れ、放蕩《ほうとう》に明け暮れるようになり、ついには沿岸の放浪者となる者たち。まれに幻想的で腐敗した、沿岸社会の裕福な一員となる者もいた。若者がほとんどだったが、こうした連中と、奇妙なほどに理想家だったジェイク・ベインが、ブラウンのところに集まった。ブラウンは、人の欲や思いあがり、悪徳が実は善だとして、若者たちを魅惑した」のだ。

さらに、「この難しい状況の中、日本が刑務所から白人の囚人と、中国沿岸の放浪者だった囚人の一団を同時に釈放し、彼らは自由に交流することになった。山頂《ピーク》に住んでいた白人の男たちは、レイプから殺人まであらゆる犯罪に関与していた。彼らの数は一握りだったが、収容所の恐怖と不安を高めた」。ブラウンの友人マイク・シェイクティは、「ニューヨーク暗黒街の末端」の出身だった。彼はスタンレーに到着した、湾仔《ワンチャイ》沿岸の下層民とともにいた。彼らはアジア人——中国人、日本人、インド人、マレーシア人、ジャワ人——の混血で、黒人や、白人の血が混じっている者もいた。そうした中で、「アメリカ人グループ」が台頭してきた。「彼らは収容所の最悪なファシズムの中にあって、譲歩した」。腕っ節の強い少年が隊をつくり、リーダーを批判する者には、容赦なく報復した。

そうした連中に囲まれ、イギリス人エリートは猫に囲まれた鳩のようだった。しかしスタンレーの白人のアメリカ人は、そうした連中と異なっていた。収容所ではアメリカ人の半分は大卒だった。少なくとも十数名は博士号を有していた。大学は一流校だった。コロンビア大、スタンフォード大、カリフォルニア大、エール大、ハーバード大、ジョージ・ワシントン大、オーバリン大、ペンシルベニア大、シカゴ大、デューク大をはじめとする全米の大学、短大の卒業生が収容所にいた。小さな大学卒は、「宣教師」だった。

ブラウンの描いたスタンレーの様子は、収容所で禁欲的で、利他的な共産社会が出現したとする者たちが描いた様子と、著しく異なる。ブラウンは「香港の階級社会と分離した新たな貴族社会が出現した」と感じた。「特権があるのは、肉体的強者で政治的に巧みで、収容所に多額の利用可能な金を持ちこめる者」だった。大企業の元社長や大学教授、金持ちの未亡人は、飢餓と紙一重の状況だった。一方、エンジニアやビスケットのセールスマン、水兵や高官は、読んだり食べたり、夜遅くまでゲイ・パーティを楽しんだ。ベインは最悪なことに、敵国民である日本人と親しくなったのだった。

スタンレーは、実験室か、あるいは様々な見通しと、信条が一緒に煮込まれたシチューのようだった。

サー・ロバート・コテウォールの変節

一九四一年九月五日に、サー・マーク・ヤングは最も適切な人物として、香港で宣誓し、その職に就いた。騎士道精神溢れる人物で、大英帝国に忠誠を誓う象徴的な存在だった。キングズ劇場における式典で、ステージが花で飾られ、イギリス国旗が掲揚された。サー・ショウソン・チョウ、サー・ロバート・コテウォールなど中国人とユーラシアン社会の代表者も、来賓として出席した。一九四二年二月二十五日に、同じ式典が同じ劇場で挙行された。しかし大きく違ったのは、忠誠は大英帝国にではなく、日本に対して宣誓された。

際立っていたのは、サー・ロバートが九月の式典よりも、二月のほうに熱狂していたことだ。彼はロー・クッコウという名前になり、以前使っていたアングロ・サクソン系の名前はもはや使っていなかった。心からのメッセージの最後に、彼は万歳三唱をした。エミリー・ハーンは「私たちはサー・ロバート・コテウォールを非難しました。サー・ロバートは真珠湾以前は、最もイギリスを愛すアジア人でした。パルシー人（インドのゾロアスター教徒）、中国人、イギリス人との混血で、香港政治の立役者だった。香港政庁はサー・ロバートを誇りとし、栄誉を讃えた。その彼が、日本人を迎える最初の大立て者になった。ジャップの大集会で演説したのもサー・ロバートだった」と回想した。モントリオール出身のユージーン・ザイトゼフも同感で、「サー・ロバートとサー・ショー・ソン・チョウは熱狂的な親日として振る舞い、反英を主張することを互いに競い合っていたようだった」と述懐した。

サー・ロバート・コテウォール、すなわちロー・クッコウだけではなかった。多くの人が忠誠を速やかに日本へと変えなければならず、選択肢はなかった。他方、占領により利益を得た中国人もいた。出国したり、収容された白人の仕事を代行した。元香港のアメリカ領事だったロバート・ワードは「イギリス統治下で中国人の参画はごく僅《わず》かだったが、対照的に新たな植民地支配者の下では、多くの中国人が採用された」と述べた。

ワードによると、日本の命令で「中国人製造業者組合」が結成された。組合員の一部は、「香港占領後、最初に日本との協力を目論んだ団体」である「中国商工会議所」のメンバーでもあった。インドでは、帝国はイギリスと競合する現地資本家階級が発展することを、制度的に阻止した。日本は対照的に、決定的に重要なオピニオン・リーダーのなかに信奉者を確保したのみならず、多くの中国ビジネスが大量の株を日本へ譲渡して、日本とのパートナーシップを結ぼうとした。このことが、香港の経済発展の土台をつくることになった。

第五章

アメリカの黒人から見た日本人

——一九四二年、ハーレムでの宣伝《プロパガンダ》

日独は黒人を取り込む工作を始めた

太平洋戦争が勃発すると、イギリスとアメリカは、頭を抱える問題に直面した。長年にわたって、不満が鬱積《うつせき》する黒人《ニグロ》社会を取り込もうとしてきた日本の工作が、功を奏しつつあった。当時はまだ西海岸の黒人社会は小さかったが、東海岸では、黒人たちがカリブ海にあるかつてのイギリス植民地からニューヨークに、集まってきていた。ハーレムがこうした様々な背景を持つ黒人たちの溜《た》まり場となったが、日本を支持する活動拠点となり、暴動を起こす恐れがあった。

一九四二年一月の時点で、黒人集会での対日戦争支持決議でも、賛成三六、反対五、棄権一五と、黒人の全員が日本との戦争を支持していたわけではなかった。同年に行なわれたニューヨークに住む黒人の調査では、一八パーセントが「日本統治下のほうが望ましい」と答え、三一パーセントが「日本統治になっても、黒人の扱いは変わらない」、二八パーセントが「日本統治は好ましくない」と回答した。

黒人メディアはドイツを旅した黒人の話として、「ノース・カロライナ州へ旅するよりもトラブルが少なかった」と伝え、アメリカよりも、ドイツのほうが黒人を大切にすると報じた。

一九四四年に『ピッツバーグ・クーリア』紙は、黒人ピアニストのジョン・ウェルチが、ドイツの戦時収容所からの解放後に語った話として、「ドイツでは人種問題がまったくなかった」と報じた。これは一九三〇年代にデュ＝ボイスがドイツを訪れ、どこにいっても歓待されたと述べたのと、矛盾しない。ドイツの黒人に対する姿勢は、ユダヤ人に対する扱いとは、当惑させられるほどに、対照的だった。

ドイツもアメリカのアキレス腱を狙《ねら》って、黒人を取り込む工作を始めた。ジャーナリストのデイビッド・レバーリング・ルイスは、「ヒトラーをどうするか」というテーマの論文コンテストで優勝した、オハイオ州の一六歳の黒人少女が「ドイツよりも南部に、もっと多くのナチがいる」と訴えていることを、紹介した。

彼女は「ヒトラーを黒い肌にして、アメリカで余生を送らせよう」というアイディアを披露したが、抑圧された黒人は、アメリカが悪魔のような敵、ヒトラーと戦っている真只中《まっただなか》でも、アメリカに与《くみ》することはなかった。

一九三二年の春に、ヒトラーが親しくジョージア州出身の黒人ミルトン・S・J・ライトを、豪華なハイデルベルグ・ウォーター・ホールの晩餐会に、招待した。黒人の陸上選手ジェシー・オーウェンが、一九三六年のベルリン・オリンピックで優勝したことは、ドイツにとって痛手だったが、彼でさえも黒人ジャーナリストのロイ・オットリーに対して「率直に言って、ナチスは黒人が満足するように配慮している。ホテルやレストランに、黒人を個別に招待して、接待してくれた」と、述べている。

そうしたなかで、多くの黒人をハーレムに移民させているジャマイカで、「反英」の空気が醸成されつつあった。ジャマイカ人には、ドイツがなぜヨーロッパの国々から主権を奪うことが許されないのに、イギリスがカリブ海地域で主権を奪うことが許されるのか、わからなかった。

それまで、ジャマイカの左翼支持者たちは、イギリス支持を決議していたが、「明らかにジャマイカからの移民の多くが、枢軸国の同情者となっている」と警告を発した。隣のハイチは、古くから日本を崇《あが》めていた。

日本人の非道な行為は「白人の優越《ホワイト・スプリーマシー》」が生んだもの

黒人メディアは、イギリスとアメリカが勝利すれば、「白人の優越《ホワイト・スプリーマシー》」をさらに増長させると考え、「この戦争は人種戦争であって、日本は反撃に出たのだ」と論じ、アメリカ人かヨーロッパ人かの別を問わず、白人が犯してきた残虐行為を非難した。

ジャーナリストのロイ・オットリーは、「戦争が始まってからの主要な黒人新聞を調査してみると、投書欄での日本批判は皆無、日本を非難した社説はごくわずかだった。つまり、黒人は中立の立場をとっていた」と述べた。

保守派の黒人の象徴的存在だったジョージ・スカイラーは、白人メディアが日本の占領地において、日本のヨーロッパ人に対する扱いを非難する一方で、黒人が南部でどう扱われたか、口をつぐむことについて、非難した。

『ニューヨーク・アムステルダム・ニュース』のコラムニストのA・M・ウェンデル・マリエ

ットはジャマイカ人だったが、「日本人のもてなしは誇りと、思いやりに満ちたものだった」と回想し、一九四四年に日本の残虐行為が問題となった時には、「日本人がそんなことをするはずがない」と反駁《はんばく》した。このような感覚は、黒人に典型的なものだった。

彼は「日本人が白人に残虐行為を行なったり、辱《はずかし》めを与えたりしたとしても、それは白人の有色人種に対する憎悪がもたらしたことにすぎない。日本人は白人に、彼らも同じ人間にすぎないということを、見せつけただけだ」と語った。

日本人将校がフィリピン人兵に、アメリカ人捕虜に対して数回ビンタを食らわせるように命じたことに言及して、「すでに第三次世界大戦は始まっており、白人は生き残ることができないかもしれない」とも述べた。

日本、ドイツ、イタリアの反コミンテルンの枢軸について理解をしている黒人もいたが、多くの黒人は、単にイギリスやアメリカに対する嫌悪から、枢軸国を受け入れているだけで、日本が「忌まわしいギャングである独伊と同盟したのは、日本人を劣等な民族と見做《みな》して、日本移民排除法案を議会で成立させた、アメリカ議員による挑発に起因している」と考えていた。

しかし、ハーレムのフィリップ・フランシスは、この「新たなギャングのパートナーシップである枢軸国は、それ自体が欺瞞《ぎまん》だ。白人のイギリスとアメリカに対峙する有色人国家の日本が、いま、白人国家が有色人種連合に、まさに滅ぼされようという危機の最中にあって、二つのアングロ・サクソン国家と同盟するとは」と憤慨した。

彼は「いずれにしても黒人の一人として、どういう国家のグループに入るか、その行為が将来黒人にどんな未来をもたらすかを、よく注意して見なければならない」と述べた。

白人に擦《す》り寄る中国、白人と対決する日本

一方で、日本のアメリカに対するプロパガンダは、アメリカ国内での白人の有色人種への蔑視や、黒人に対する不当な扱いを取り上げた。

日本のアジア諸民族向けの放送は、「黒人はアメリカを嫌悪している」と訴えた。アメリカ流の「白人の優越」によって苦しめられていたフィリピンは、日本による「率直な人種問題を提起する」対象だった。日本は「アメリカの白人は、有色人種を下等な存在と見下しているが、我々は平等を約束する」と訴えた。

黒人は「白人の優越」に立ち向かえる勢力が、日本だけだという思いを強くもっていたから、日本の中国に対する戦争を正当化しないまでも、許容した。

デンマークの植民地だったヴァージン諸島セント・クロワの先住民であるフベルト・ハリソンは、「ハーレム過激派の父」と称され、初期の頃は日本の勃興を歓迎していた。黒人ナショナリストと近い関係にあったハリソンは、一八九〇年代を思い出した。日清戦争に日本が勝利した時（一八九五年）に、日本は清国に遼東《りょうとう》半島の割譲を要求したが、「四強」が、これに干渉して清国の領土を強奪した。その結果、イギリスは山東省最東部に位置する威海衛《いかいえい》を、ドイ

ツは山東省を、ロシアは旅順と大連《だいれん》を、そしてフランスが広州湾一帯を切り取った。

アメリカは白人列強が中国を掠奪《りゃくだつ》してゆくなかにあって、そのことを問題とはしなかった。ハリソンは「人種を問題とするのでなければ、なぜアメリカがいま、日本が中国の一部を奪取することに反対するのか」と、疑念を提示した。

ハリソンは一九二〇年初頭に、「有色人種の目からは、これまで白人列強が権益を独占してきた中国の地に、有色人国家の日本が割りこもうとしているから、アメリカがそうした態度に出たのだと見てとれる」と述べた。

『ザ・ヘラルド・オブ・アジア』の日本人編集者が、「もし西洋列強が頑迷にも、中国問題について理性と正義の声に一切耳を傾けず、人種的偏見から敵意を増大させるなら、その結果、人種間の戦争も起こりえよう。その戦禍は第一次世界大戦以上に広範で、悲惨なものとなるだろう」と怒りを露《あら》わにしたことに、ハリソンは同感した。

黒人ナショナリストの多くは、中国に進出する日本を支持する一方で、アジアの二つの大国がひとつになるのだという、痛ましいほど非現実的な希望を、抱いていた。

デュ＝ボイスも、このような考えを抱いたひとりだった。また、日本が地球上で最も巨大な国に進攻していることは、ひとつの「愛の鞭《むち》」で、「白人の優越」に対峙できるよう、中国を鍛えているのだ、と考える者もいた。日中の対立は、イギリスやアメリカによって、彼らのわずかな権益を守るために誇張されたものだと、見做す者もいた。

デュ＝ボイスは、晩年に共産中国の熱心な支持者となったが、一九三〇年代には中国について批判的だった。「中国は極端なまでに排他主義的だ。白人について無知で、彼らの残忍さをまったく知らない。アメリカによる中国人排除法案という侮辱にも、気づいていない」と語った。

「しかし、日本は違う」、とデュ＝ボイスは論じた。彼はソ連と親しく、社会主義者と言ってもよかった。彼は日本の手によって、中国が立ち直ることを期待した。

デュ＝ボイスは一九三六年に上海を訪れた時に、日本は「白人の優越」に断固として対決しているが、中国は臆病であると確信した。日本の中国への侵攻を非難する中国のリーダーたちは、民族の誇りについて問われると、お茶を濁した。ふだんは饒舌《じょうぜつ》だったが、彼のアメリカの白人による残虐行為に関する質問には、答えようとしなかった。

デュ＝ボイスは他の黒人と同じように、中国が大英帝国に対して不思議と従順であるのに、日本に対して激昂《げっこう》することに、気がついた。それは、多くの黒人が同じ黒人を鋭く非難をするのに、白人のアメリカ人に対しては、卑屈に媚《こび》を売る態度に出ることを思い起こさせた。

白人勢力に擦《す》り寄り、恭順の意を示す中国人のあり方は、徹底対決をする日本と対照的だった。このことは多くの黒人に、中国に対して不信と嫌悪感を抱かせた。

デュ＝ボイスは、上海で中国のリーダーと昼食を共にする機会があった。そこで「日本に対する中国の姿勢は、理解できる。西洋の帝国主義から、徹底抗戦してアジアを守ろうとする日本の強硬路線に与《くみ》しないことはよいとしても、中国のイギリスに対する穏便としかいえない姿勢は、理解しがたい」と述べ、「日清戦争の本質的な要因は、中国が白人の侵略に対して恭順を示す一方で、日本が白人の侵略に対して立ちはだかったことにある。中国の姿勢は、まるでアジア版の『トムおじさん《アンクル・トム》』、つまり白人に媚を売る黒人《ホワイト・フォークス・ニガー》と、まったく同じ精神構造ではないか」と、批判した。

中国のリーダーが日本による中国の主権侵害を訴えるのに対しては「一八四一年にイギリスが、中国から香港を奪ったのは、日本が満州を獲得したことほどの正当性がない」と、一蹴した。いずれにしても、多くの黒人は日本に対して共感を唱える一方で、中国に対する評価が低かった。

民族平等の精神を展開する日本

ジェームズ・ウェルドン・ジョンソンは、黒人ナショナリストでも、黒人の左翼でもない、NAACP（全米黒人地位向上協会）の初期のリーダーだった。一九二九年にアジアに関する大会に出席した後に、「日本人の持つ精神力、事業力、天才的な組織的行動力、超人的な効率性に、限りない賞讃を送りたい」と、述べている。

つけ加えれば、日本人はアジアの他の民族とまったく異なり、当時から、民族平等の精神を掲げていた。

黒人のなかには、アメリカの西海岸《ウエスト・コースト》で黒人と仕事を奪い合っていた中国系アメリカ人と、中国人とを区別できない者もいた。一九二八年に黒人メディアは、黒人ポーターのストライキを恐れた鉄道会社や、寝台豪華列車のプルマン社が、東洋人労働者を雇用しはじめたことに対して、非難する記事を書きたてた。

ミシシッピ州などでは、黒人と距離を取ることで、差別から逃れようとした中国人もいた。そんなこともあって、一九二八年に高等裁判所が「ミシシッピの白人学校から、中国人を締め出す」ことを決定した時には、それを歓迎した黒人新聞もあった。

一九四二年に、日本の中国への軍事進攻は知られていたが、多くの黒人は日本との関係を断ち切れずにいた。この時点で戦時下のアメリカ政府が、日本を支持する記事を厳しく検閲し、黒人の日本シンパを投獄した。その数は膨大で、日本に対する共感がどれほど黒人に浸透していたか、物語っている。

シンガポール陥落の数週間後、『ピッツバーグ・クーリア』紙は一面で、次のように論陣を張った。「日本人と中国人を比べたら、黒人は日本人を好む。中国人は最低の『アンクル・トム』で、史上最高の太鼓持ち《ストウージズ》だ。この国で、中国人がちょっとした中華料理屋を構えると、まず初めにするのは、『黒人お断り』の看板を出すことだ」と、痛烈に皮肉った。

戦争が始まった後のユタ州オグデンの状況について、保守派のジョージ・シュイラーは「黒人兵が食事をとれるレストランは、二つしかない。どちらも日系人が経営している。もし、

『アンクル・トム』の子どもたちが地元でホテルに泊まりたいなら、これまた日系人のホテルに行くしかない。これは、どう考えても、皮肉なことだ」と論評した。

中国人についてこうした痛烈な新聞の論調《エディトリアル・オピニオン》は、目新しいものではなかった。一九三七年の南京陥落の後、日本が大英帝国へ攻撃を準備をしている頃に、黒人の論説委員が、日本の中国進攻を肯定する社説を書いている。それに対して黒人共産党員のジェームズ・フォードは批判記事を書いたが、あまりに共産主義寄りな論調であり、当時の圧倒的な日本支持の黒人世論に反するものだった。

ウイリアム・ピッケンは、ＮＡＡＣＰと長年にわたる関係があり、「ニッポン」を絶賛する人物だった。一九三二年に、日本と中国が戦端を開いたことについて、彼は「我々は戦争を好まない。しかし、日本は好きだ。日本は白人のヨーロッパ人や、アメリカ人から命令されたり、恐喝されたりすることを拒否した、世界最初の有色人国家だ。日本はその行為において、画期的な先駆者であり、世界史における『白人の優越』に終止符を打ったのだ」と論じ、さらに「満州国では『白人の優越』に終止符が打たれた。白人が中国で続けてきた全ての悪事が、断ちきられた。日本のおかげだ。日本は何がいったい本当の悪なのか、明らかにした。軍事行動の有無にかかわらず、日本がアジアを再興することになった。『かわいそうな中国人』という白人の持つ『同情』は、まったくの偽善で、彼らは自らの国で日本以上に、中国人を残酷に扱ってきた」と、説いた。

ジョージ・シュイラーは、マッカーシズムを讃美した黒人の保守反共主義者だったが、一九四〇年に「日本の中国占領」を支持し、「街を闊歩《かっぽ》し、中国人を蹴飛《けと》ばしていた白人どもが、いまではひっそりと歩き、小声で話している」と、満足そうに語った。「日本人はアジアにおいて白人の『面子《めんつ》』を失わせ、『白人の優越』を打ち砕いた。もちろん、白人は日本人を嫌っている。日本人が怖いからだ。この戦争は素晴らしい」。

日本の中国に対する戦争は、黒人の反応を真二つにしたが、日本の行動を批判する者も、「人類にとって、世界の黒人の自由にとって、そして全ての有色人種にとって、望ましい目標を達成するための必要悪」という考えでは、一致していた。

「白人の優越」の忌しい重荷は、あまりにも多くの黒人の夢を踏みつぶしてしまった。多くの者が傲慢な白人の帝国主義諸国が、有色人種によって打ち砕かれる姿を見たい、という衝動に駆られていた。日本の帝国主義の成果が、人種的な救済の手段となるという考えが、なぜ黒人が日本の行動を支持したか、説明している。

もちろん、黒人の反中・親日の論調には、例外もあった。有名なフライング・タイガー〈ルーズベルト政権が義勇兵に偽装して、中国へ送った航空部隊〉の「エース・パイロット」で、一九〇八年にサウスカロライナ州グリーンヴィルで生まれた黒人であるE・ヴァン・ウォンは、中国を援けて日本軍と戦った。ウォンという名は、中国人と仲睦《なかむつ》まじくありたいと、つけたものだ。アメリカ軍に入隊したかったが、叶《かな》わなかった。中国では「人種でなく能力」だと聞いて、太平洋を渡った。彼は日本との戦闘で、数多くの日本機を撃墜した。チュー・ジョンは、同様に「ハーレム〈黒人街〉の原住民」として称えられたが、中国人だった。一九四二年に他界した時に、ハーレム・レノックス街百四十番地にあるワールド・ティー・ガーデンという店を所有していたことで、その栄誉を与えられた。

こうした例外もあったが、ハーレムの人々は圧倒的に日本を支持し、中国に不信感を向けていた。

日本の工作員《エージェント》がハーレムで行なった宣伝《プロパガンダ》

ハーレムのようなコミュニティーでは、日本の諜報員も活動しやすかった。多くのアジア系アメリカ人も、住んでいたからだ。西海岸のサンフランシスコも、似たような状況にあった。一九四二年三月に「サンフランシスコの日本人と、黒人《ニグロ》の居住地が隣接し、お互いに行き来があっただけでなく、両者にいくつかの共通点があった。他の地域ほど肌の色による人種差別がひどくなく、日本人が人種的な宣伝《プロパガンダ》をしている」という分析もあった。

日本の小説のなかでも、黒人がアメリカを内部から破壊する役割をはたしていた。一九三三年に出版された『小説 日米戦未来記』〔一九三四年、新潮社刊〕は、日本海軍の福永恭助《ふくながきょうすけ》大佐によって書かれ、加藤寛治《かとうひろはる》海軍大将が前書きを寄せた、架空の日米海戦記で、最後は日本が勝つストーリーだ。

日米が開戦した後に、日本を援ける黒人給仕が、米国艦隊がパナマ運河を通過するに際して、戦艦オクラホマに時限爆弾を仕掛けてから、ハバナで船を下りる。爆弾は運河の閘門《こうもん》でオクラホマを見事に爆破する。

このような空想小説《フィクション》が、黒人たちのあいだに、日本が世界の有色人種を解放する勝者となる印象をひろめるのに、一役かった。

日本人の工作員《エージェント》は、有色人種の海を自在に泳いで回った。アメリカは、そう感じていた。太平洋戦争が始まるとすぐに、ニューヨーク市警がハーレムを急襲し、日本人容疑者の摘発を開始した。こうして、ハーレムでの魔女狩りが行なわれた。

古くからの慣習は、そう簡単には変わらない。アメリカ人の多くが、人種差別がずっと続くことを望んでいた。しかし、日本がその望みを断ちつつあることに、アメリカの白人たちも気づいていた。人種差別が、アメリカ社会に不協和音を生じさせていた。

NAACPのロイ・ウィルキンズは、一九四二年一月に見た光景に、衝撃を受けた。ワシントンの当局者が、日本軍の空爆に備えるように防空壕をつくっていたからだ。もし、日本がワシントンに進攻したら、人種差別は逆転し、日本人は香港でそうであったように、即座に白いアメリカ人を収容所に入れ、黒人に監視させるだろうと、考えた。

シカゴのFBI捜査官のA・H・ジョンソンは、「親日団体の黒人会員が、一〇万人を超えた。FBIが捜査対象とし、活動を妨げている親ソ、反日の黒人よりはるかに多い」と、警告した。

黒人によるそうした親日団体のひとつが、日本の支援を受ける「東洋世界の太平洋運動《パシフィック・ムーブメント・オブ・ザ・イースタン・ワールド》」で、日本による香港占領、シンガポール陥落によって勢力をさらに拡大していた。この黒人団体は、全米で数万人の会員を数えた。一九四二年三月に、黒人コラムニストのA・M・ウェンデル・マリエットは、「黒人の親日感情は、日本の勝利を受けて全米で高まっている」と、述べた。長い間、ミモ・D・グズマン（通称ドクター・タキス）は、ハーレムのレノックス街で「東京大学」という看板を掲げた、小さなホールを運営していた。

彼はハーレムの住民に「日本人がライフル銃を配ってくれる」と、語っていた。一八九四年生まれで、一九二〇年に除隊になるまではアメリカ海軍の下級兵だったが、事業を始めて大儲けし、信奉者から薬草治療師として知られた。

ハーレムには、日本の「スパイ網」があって、「よく組織化され、潤沢な活動資金のある工作員」が「定期的なミーティング」を行なっているといわれた。

このスパイグループは、血の八分の一が黒人である混血女性が連絡員として、他の二人の日本人と、数人の白人とともに活動していた。黒人たちは「リーダーは、アフリカ人の母と、日本人の父から生まれた。日本が勝利すれば、ルーズベルト大統領に綿花摘みをさせ、スチムソン〔陸軍長官〕とノックス〔海軍長官〕に、我々が乗る人力車《リキシャ》を引かせる」と、話していた。

アメリカ政府も、こうした日本を代弁する黒人の訴えを、「たわけた空言《そらごと》」と看過《かんか》していたわけではなかった。日本がアジア全域に進攻をした一九四二年秋には、多くの黒人を逮捕し、裁判にかけた。報道によると、後に「イスラムの国民《ネイション・オブ・イスラム》」のリーダーとなったイライジャ・ムハンマドは、母親とベッドの下に隠れているところを、拘束された。ほかに、九十余人が逮捕された。

アメリカのキース・ブラウン司法副長官は、露骨に「こいつら黒人《ニグロ》は謀略を企て、ニューヨーク全域、厳密にはハーレムと呼ばれる地域の黒人を、たぶらかした」と、語った。

ブラウンは、黒人たちが「アメリカの黒人兵は、日本と戦うべきではない」と訴えたことによって、危険な一線を越えたと、判断した。決定的だったのは、被告たちが「日本兵を撃つ可能性もあるので、徴兵に反対した」ことだった。

「ハーレムのミカド」と呼ばれた男

ジェームズ・ソーンヒルも、逮捕された一人だった。彼はカリブ海のアメリカ領ヴァージン諸島生まれで、アメリカ合衆国《ステーツ》を軽蔑して、「アメリカ合蛇国《スネーク》」と、呼んでいた。さらに「日本がアメリカを統治するのは、時間の問題だ。彼らは世界を統治しよう」と自信に満ちて、語った。

そして、黒人に対し「君たちは、日本語を学べ。アメリカ人が『真珠湾を忘れるな《リメンバー・パールハーバー》』と言ったら、『アフリカを忘れるな《リメンバー・アフリカ》』と言い返せ。一六一九年に、白人が君たちをこの国に連れてきた。キリスト教徒にするためではない。奴隷として酷使するためだ。キリスト教というのは、呪うに値する。私はキリストを信じない。我々はモハメット教徒だ。イスラムだ」と訴え、逮捕された。陪審員長を含む陪審員の三人が黒人だったが、禁固八年の判決が下された。

レナード・ロバート・ジョーダンも、拘束された。きっちりとした服装をした小柄な男だったが、オーラがあった。演説をすると、そのオーラはさらに大きくなった。ハーレムの西一一六丁目に住み、ジャマイカ出身で、英国籍だった。イギリス航海省の役人として、一九一四年には南アフリカに赴任した。後に、日本の船会社に就職した。

彼は訴えによると、「日本に来て、日本人が黒人に対して、とても親切に接してくれたことに感動し、日本を学ぶ機会を得て、さらにある会の一員となった。日本海軍のためにも働き、一九二二年より日本の工作員となった。『日本がアフリカに政府を設立し、黒人が統治者となる』などの宣伝を、ハーレムのあちらこちらで常時、行なっていた。彼は『ハーレムのミカド』と呼ばれ、その卓越した弁舌は、同じように辻説法をしていた他の街頭演説者にも、影響を及ぼした。興奮すると、当然のように、日本に対して情熱的でない黒人に対して暴力を振るおうとした」と、された。

ジョーダンは一九三六年十一月に、日本の有田八郎《ありたはちろう》外相に手紙を送り、「西半球の黒人である我々は、日本人に全幅の信頼を置き、近い将来に一〇〇パーセント団結することを望んでいる。それが実現した時に、日本と緊密な関係を持ちたい。しかし、もし日本がイタリアのエチオピア侵略を支援するなら、このような進展も水泡に帰すだろう。そうなれば、アフリカの同胞たちが、日本に置いてきた信頼も失われよう」と、書いた。

しかし、ジョーダンは日本によって失望させられることはないと確信し、「歴史を振り返って、我々は日本が世界の有色人の兄弟たちに、変わりない好意を示してくれることを確信している。日本の優れたリーダーシップの下で、黒人の未来に大いなる夢を描いている」と、述べていた。

だが、黒人みながみな、こう考えていたわけではなかった。ハーレムには、『ハーレムのミカド』に、反対する人々も、大勢いた。黒人左派の新聞は、「ジョーダンは、絵空事の『B《ブラック》・B《ブデイスト》計画』に関与している」と書きたてた。「B・B計画」では、黒人の仏教信者が「仏教は世界中の有色人種の宗教だ。有色人種が成功する道は、そこにある」と、説いていた。その記事によると、「仏教徒となったアメリカの黒人は、自動的に日本国籍を取得して日本に行き、科学を学び、職能を身につけ、軍事訓練を受けられる」と、された。この奇天烈《きてれつ》な計画には、ビルマに一一〇〇万人、他の地域にも数百万人の信奉者がいるとされた。

「計画が成功すれば、アフリカに黒人帝国を建設できる」との訴えは、もし本当ならば、先祖伝来の土地から白人によって、追われた黒人読者たちを引き付けたことだろう。

新聞は、「日本人のB・B計画の構想は、まるで荒唐無稽で、キリスト教十字軍が暴れまくった時代へと逆行させようとすることを、披瀝《ひれき》するかのようだ」と、報じた。

ＦＢＩは黒人ナショナリストたちが、日本軍がアメリカに来攻する時に、日本シンパの黒人や、アジア人を利用できるようにするシナリオを描いていると、見做していた。この計画には、日本の『黒竜会《ブラック・ドラゴン・ソサエティ》』と関係のあった、フィリピン人のポリカピオ・マナンサラが、関わっていた。

マナンサラは抑圧された人々の側にあって、アメリカにおける日本十字軍の先頭に立っていた。もう一人はユージン・ホルネスで、（レスター・ホルネス、レスター・カーリーとしても知られていた）が、さらにもう一人、ジョゼフ・ヒルトン・スミスという背が高く、額《ひたい》が広く、血色の悪い男がいた。スミスは日本の支援で、「ニグロ・ニューズ・シンジケート」を設立した。他にも調理師のデビッド・Ｄ・アーウィン、清掃員のジェネラル・リー・バトラーなどの活動家がいた。

ハーレムは、黒人の感情をはかる試験紙《インディケーター》だった。黒人の子どもたちは遊ぶ時に、黒人を苛《いじ》める白人に対して、仇討《あだうち》をする日本人役を好んだ。

ミシシッピ州選出のジョン・ランキン下院議員は、日本が人種対立を持ち出すことを強く恐れて、「人種差別に対する反対は、日本の邪悪な策略だ」と主張した。「黒人を野放しにしたら、問題が解決するのか」と、煽《あお》った。

議員を愕然とさせたのは、それだけではなかった。連邦捜査官たちは東海岸から西海岸にいたるまで、日本の米国本土進攻が迫ったら、アメリカ全国にいる日本シンパの黒人たちが一斉に立ち上がって、日本軍を援けるから、アメリカ政府は深刻な事態に直面すると、報告していた。

人種差別の見直しが始まった

デトロイトでは、一九四三年に一九歳の黒人少年だったジョージ・クラレンス・マイヤーズが、清掃員として働いていたクライスラー自動車工場において、破壊活動の罪で逮捕、起訴された。戦車の動力のゲージを壊したというのだ。黒人の怒りをなだめるために、デトロイトで多くの黒人が、バスの運転手として採用された矢先だった。人種戦争の勃発を恐れて、人種差別の見直しを試みていたのは、中央政府だけでなかった。

日本が白人のアメリカ人を瀬戸際まで追いつめつつあったことによって、黒人もついに「白人の優越」が虚構にすぎないことに、気づいた。このウソがバレると、人種のあり方が根底から覆される。アメリカ政府は国家の安全のために、人種差別を続けることは、もうできないと認識した。

白人のアメリカ人が、そう考えるのには、理由があった。日本の中国への軍事進攻を数年前に支持した『アフロ・アメリカン』紙の記者は、ルーズベルト夫人に「黒人の集会に出席した。日本の勝利が賛美され、バターンやコレヒドール島でのアメリカの敗北に、忍び笑いがこぼれた」と、訴えた。

ＮＡＡＣＰのウォルター・ホワイトは、ルーズベルト夫人の良き友だったために、黒人なのに「心は白人」と見做されていたが、深く憂慮していた。

ホワイトは一九四二年二月に、シンガポール陥落が報じられた時、二〇〇〇人の黒人と一〇〇人の白人を前にして演説したが、「人種と肌の色による差別が、シンガポールを失わせたが、援蔣《えんしょう》ルートの『ビルマ・ルート』も危険にさらした。もし、アメリカの一三〇〇万人の少数民族である黒人に、民主的に平等な権利を即座に与えなければ、恐ろしい結果を覚悟せねばなるまい」と、警告した。

究極的に、この「白人の優越」と、国の安全を秤《はかり》にかけた結果、渋々後者を優先せざるをえなくなった。

ライターのイザヤ・ベルリンは一九四二年の初頭に、「政権の内外で、日本の人種問題のプロパガンダによって、黒人問題が浮上したことを、好機と捉えている」と、みていた。政府は日本によって加えられた外圧によって、人種差別を緩和することを強いられ、黒人労働者の待遇改善を、経営者に促した。このことが、アメリカが抱える人種のジレンマを、ヨーロッパ諸国のアフリカの植民地へ振り向け、大英帝国にプレッシャーを加えることになった。日本の目覚しい進攻によって、アフリカにおいて反植民地支配の気運が高まった。

多くの黒人が、人種問題が戦争をひき起こしたというのに、どうして白人のアメリカ人は、それを社会問題としないのだろうかと、憤慨していた。

一九四二年に日本が人種差別を「錦《にしき》の御旗《みはた》」としていた時に、コラムニストのA・M・ウェンデル・マリエットは、「日本の人種平等の訴えが、アメリカでは無視される一方で、他の連合国の首都、特にロンドンでは危険視されている」と、論じた。

マリエットは代表的な知識人だったが、「たった一人の優れた黒人出版人」で、一九二九年にジャマイカからアメリカに渡ってきた。それまでは、オックスフォード大学出版会で働いていた。アメリカやイギリスが、シンガポール陥落によって衝撃を受けている最中に、「有色人種にとって、福音だ。白人文明の将来がこれほど危ぶまれたのは、この時をおいて他になかった。これは『白人との戦争』だと信じる黒人が、アメリカに急速に増えた」と、語った。

人種差別を完全に撤廃しない限り、アメリカの安全保障が危機に瀕《ひん》していることは、明らかだった。黒人史の大御所として知られたカーター・G・ウッドソンは、そのため他の黒人同様に、当局から尋問を受けたが、悔《く》いることがなかった。

デュ＝ボイスも同様だった。「大英帝国はヒトラーが、あと一〇〇年生き続ける以上の災厄を、人類にもたらした。もっとも奴隷売買を繁盛させ、もっともアフリカを搾取《さくしゅ》し、四億人のインド人を支配した者が、民主主義を守るというのはバカバカしくて、話にならない」と、喝破した。

黒人保守のジョージ・シュイラーも、同じ意見だった。一九四四年六月中旬に、ほとんどのアメリカ人が日本に対する勝報に沸き立つなかで、シュイラーの考えは違った。
「白人は四〇〇年にわたって、世界の広大な地域において脅威となってきた。行く先々に破壊と、死をもたらした。確かに、世界のあり方は、白人に大きな利益をもたらした。いま、白人の時代が過ぎ去りつつある。その終焉を目撃できるということに、喜びを禁じえない」と、論じた。

こうした黒人世界の各方面から噴出する怒りや、感情的な発言は、アメリカ各地に波及した。太平洋沿岸では、「黒人が白人を『狙っている』という、不気味な報告も」あった。これは、無差別殺人を意味した。ジョージ・シュイラーは、「変化は、多くの黒人が北へ移住した時」だと、感じた。「黒人たちは法律を犯し、因縁をふっかけて、白人の喉を切り裂いたり、殴って、鼓膜を破いたりするなど、危害を加えた」と、回想した。

一九四四年に、J・F・アンダーソンは、ロサンゼルスで黒人たちの不遜な態度に、腹立たしい思いをしていた。
「人々が言うには、『押し退け火《の》曜日』というのがあって、その日は、黒人どもが自分たちの存在感を主張しようとして、歩道で白人を押し退けて歩けるという。黒人をしかるべき立場に置かないなら、この州はとんでもないことになる」と、警告した。

I・G・ブラティンなる人物は、カリフォルニア州のウォーレン州知事に『黒色人種を完全に処分するための計画』を、極秘に打ち明けた。状況は、ここまで悪化していた。ブラティンは「この計画はその過激さにおいて、アメリカ国民全体にとって『ヨハネの黙示録』のようなものとなる」と、予告した。

アメリカ政府はフィリピン人に対する酷い差別を容認していたが、ここでも問題に直面していた。日本はフィリピン人に対し、日本が解放することによって、待遇が一変すると、訴えていた。

だが、一九四三年にカリフォルニア州で、フィリピン人と白人の結婚を禁じてきた法律が撤廃される可能性が報じられると、ウォーレン州知事のもとに抗議の手紙が殺到した。

ハリウッドのジョン・D・ストックマンは激怒し、「フィリピン男性と白人女性の交際を取り締まる法をつくるべきだ。違反者は即座に逮捕し、フィリピン男性を強制送還し、女性には精神鑑定を受けさせろ」と訴えた。

彼によれば「隔離をより徹底すれば、人種戦争が起こりにくくなる」から、人種差別をなくすことは、「狂気の沙汰」だというのだった。

「人類のなかで最も優れた白いアメリカ人が、モンゴル族の一種の日本人と戦って、奴らが中国人などの他の民族を抹殺するのを防ごうとしているのに、優れた者たちが凱旋《がいせん》した時に、カリフォルニアの良法が撤廃されていたなどということが、あってはならない」という主張を、展開した。

ワシントンDCに住んでいたラムラル・B・バジパイは、ビルマでインド人が日本側について、連合国と戦っていることを報じた新聞記事の束を持ち込んで、ウォーレン州知事に警告を与えた。しかし、将来の司法長官は、他の政治家と同様に選挙民の怒りを恐れて、「白人の優越」を尊んだ。

そして日本人が投獄されはじめた

不幸にも、カリフォルニア州はもとより、日系人が偏見から逃れられるところは、西洋にはどこもなかった。日系人は開戦と同時に迫害され、財産をすべて没収されたうえで、強制収容所に入れられた。

デュ＝ボイスは、ルーズベルトが日系人を収容所に送ったことに対して、抗議する書簡を送った、数少ない黒人リーダーの一人だった。デュ＝ボイスはそのことを、太平洋戦争の本質が人種戦争であることを決定づける証拠だと、解釈した。

デュ＝ボイスと時折、競合したNAACPのロイ・ウィルキンズは、ドイツ系アメリカ人やドイツのスパイの比較的に軽い扱いに比べて、日系アメリカ人が強制収容所へ送られたことに、心を痛めた。

「白人は何度もこの戦争は人種戦争ではないと、繰り返し、主張した。しかし、現実は真実を物語っている」

前出のジョージ・シュイラーも、この大量投獄に強く反対した。黒人にも容易に転嫁されうる、危険な事例だと思った。彼は一九四三年に、「さらに悪いことが起こりそうだ」と、いった。「アフリカ系アメリカ市民の市民権まで、奪われかねない」と、警告した。

「いったん、七万人の日系アメリカ市民の前例ができると、数百万人のアフリカ系アメリカ市民から市民権を剝奪するのは、簡単だ。だから黒人は、日本人《ジャパニーズ》の正義を我が正義とせねばならない。彼らの戦いは、我々の戦いでもある」と、訴えた。

しかし、デュ＝ボイスとシュイラーは、闘争の黒幕となることを避けていた。日本人街《リトル・トウキヨウ》が急速に「情け容赦のない街《ブロンズヴィル》」と化したロサンゼルスでも、多くの黒人は日本人が収容されることを逆に有難がり、「人種政策」の誘惑にいかに弱いかを露呈した。

真珠湾攻撃後、日本人の収容が加速すると、全国黒人経済人連盟《ナシヨナル・ニグロ・ビジネス・リーグ》は「我々黒人にとって、カリフォルニア州が誕生してから、最高の機会が訪れた」と、誇らしげに宣言した。「誰かがこの外人《エイリアン》農夫や、日本人の漁師の代わりをする必要がある。ここにこそ、黒人のチャンスがある」というのが、その理由だった。

発言者のひとりは、長年にわたって白人の信頼を勝ちえた黒人と、収容される日本人とを対比して、「カリフォルニアの海を行き来する船に乗る黒人を見て、不安を抱く必要はない。レタス畑に裏切り者がいると、恐れることもない」と訴えた。ほどなくして、「日本人の喫茶店の経営を、黒人女性が肩代わりした」との報に、喜色満面だった。批判の声があったのは、白人のアメリカ人が、日本人の跡を乗っ取って、黒人よりぼろ儲けしていることだけだった。
このような白人に阿《おもね》るあり方に批判もあったが、そうした批判は、白人優越主義者《ホワイト・スプリーマシスト》の気分を損ねるだけだった。しかし、黒人組織『タスキーギ・インスティチュート』と、『全国都市連盟』の幹部を務めたアルフォンス・ヘニンバーグは、「この国の黒人がみな、日系アメリカ人に対する非難を強めているようだが、日本人とユダヤ人に対する偏見は、私には黒人と白人の対立を助長するだけのように、見てとれる」と、述べた。

著名な作家のパール・バックは、民族運動の最前線での不満の高まりが、対日戦争を仕掛けたアメリカの力を弱めることを、よく理解していた。

ＮＡＡＣＰのリーダーのウォルター・ホワイトは、「アメリカの黒人と、有色人との絆を、頑《かたく》なに否定しようとするアメリカ人が多い。我々のようにアメリカが危機に直面していることを熟知し、憂国の心情を持つ忠誠心の高いアメリカ人にとって、そうしたアメリカ人の存在は、耐えがたい。日本は『アメリカがその国民である黒人に対してやっていることを、見よ。もしこのまま連合国が勝利すれば、それが世界中の黒人が酷く扱われることになる』という、メッセージを発信している」と、いった。

大英帝国とアメリカは、血にまみれた歴史を振り返って、ホワイトの主張にどのように反駁《はんばく》できるのだろうか。ある国務省の高官は、「世界中の有色民族とまではいわないまでも、アジア諸民族の中で、日本が不動の地位を獲得するかもしれない。連合国が日本を敗北させられるか、定かではない」と述べた。つまり、「白人の優越」は同盟国が勝利したとしても、崩れざるをえない。酔いも醒《さ》める、現実だった。

このような懸念は、広島と長崎への原爆投下による日本の敗戦によって、一時的にかき消されたが、日本の人種平等の世界をつくろうとする祈り《インヴォケーション》は、「白人の優越」が巨大な負い目を抱えていたことを、露呈した。

アメリカ国外にいた多くの黒人たちは、ヨーロッパのファシスト国家に惹《ひ》かれていた。たとえば、戦後になって、フランスのドランシーで三〇〇人の黒人が、ファシストとして拘束された。ペタン政権下のパリで、黒人の発行する週刊紙に、反ユダヤ法を正当化する論評が掲載された。「ナチス政権下では、ユダヤ人に対するような残虐行為は、黒人に対してはなかった」。

ナチス・ドイツは「白人の優越」の犠牲者の打ちひしがれた感情を、利用できることに気がついていた。

ハンス・ハべは、捕虜としてドイツで過ごしたが、「黒人は近くの村を毎週散歩でき、四人に一つ石鹸を与えられた。白人にはない特権だった。食事も、白人より上質だった。ドイツ人は白人捕虜を、差別した」と、回想している。

パリにいたドイツ将校は、その多くが黒人女性を愛人にしていた。黒人のアメリカ人ミュージシャンの例も、象徴的だ。フランス国籍を取得していたが、ドイツ軍によって拘束され、捕虜収容所のオーケストラを任された。皮肉ではなく、「自由の国アメリカでは、こんなことはできなかった」と、喜んで大真面目に語った。

結論として、これが第二次大戦中、イギリスの最大の支援国だったアメリカが直面したジレンマだった。黒人にとってアメリカ政府の人種政策は、ドイツ以下だった。だから、黒人たちは心から日本の人種平等政策を支持していた。戦争が終わると、アメリカや、イギリスのエリートたちは、もはやかつての現状を維持することなどできないと、思わざるをえなかった。

第六章

人種関係の逆転、性の逆転

——日本占領期の香港白人収容所で何が起きたか

工作員は民間にまぎれていた

日本が香港を占領した一週間後に、シンガポールが陥落しようとしていた。イギリス外務省が真珠湾攻撃の教訓について、ブリーフィングを行なった。

「真珠湾攻撃の数日前から、日本の女性《ジャパニーズ・ガール》たちがアメリカの水兵に、土曜の夜にデートをしようと約束をしていた」

真珠湾攻撃が行なわれたのは、日曜日の早朝だった。日本の女性たちにとって、水兵とのデートなどは、異例中の異例のことだった。さらに、「真珠湾周辺の日本料理屋では、無料《オン・ザ・ハウス》で酒が振る舞われた。金曜日には、多くの日本人が仕事を止めて、土曜の朝に出勤してこなかった」。そして、イギリス外務省は、「ハワイでは東洋人が協力しあっていて、アジアにあるような日中間の敵対意識が存在しなかった。日本人は精力的で、行動力と組織力があり、中国人を率いていた」と、警告した。

このような警告は時代の空気を反映していたが、このあとで、アメリカ西海岸で起こった日系アメリカ人の強制収容の前兆となった。

イギリスが戦前、戦中を通して最も苦慮したのは、イギリス領にいた日系人《ジャパニーズ・アンセストリー》をどう扱うべきかということだ。香港の日系社会は小規模だったが、それでも、一九三一年には二二〇〇名ほどいた。

日系人はイギリス統治下で、差別されていた。戦前、日本人医師が香港で治療を施すことに対して、反対運動が起こったこともあった。日本軍が進攻すると、この偏見は「日本の工作員が、ウエイター、バーテンダー、床屋、按摩師など様々な仕事についており、顧客から情報を盗んでいる」という噂になった。

香港の中心部にある湾仔《ワンチャイ》の日本居酒屋は、人気があった。ナガサキ・ジョーの店では、一パイント（約〇・五リットル）の値段がどこの店より一〇セントも安く、またどこの店でも日本の女性によるもてなしは、格別なものだった。

七年のうちに、総督二人、警察署長に区長や、香港上海銀行頭取などを顧客としていた日本人散髪師は、香港一の腕前だともてはやされたが、一九四一年十二月末になって、実は日本海軍軍人であると、名乗り出た。彼は香港ホテルのなかの散髪師で、山下《やました》といったが、イギリスが降伏すると、軍服を着て現われた。

ある香港の警察官は、「収容所に入って初めて、湾仔《ワンチャイ》でスポーツ店を経営していた男は、日本陸軍の水野《みずの》中尉だと知った」と、語った。

イギリス水兵のジョージ・ハリー・ベインボローは、「香港に『千歳《ちとせ》』というホテルがあって、日本女性がバーにいた。私が捕虜になってから、将校の尋問を受けたが、通訳としてなんと『千歳』のバーのホステスが現われた」と語った。

だろう。

米英にとっての内なる敵「有色人《カラーズ》」

カリフォルニアほどの大きさしかない日本が、どうしてアメリカ合衆国どころか、アフリカやアジアから軍隊や物資が事実上、無尽蔵に投入される大英帝国を相手にしようと考えたのだろう。

山本五十六《やまもといそろく》連合艦隊司令長官は、一九二〇年代に行なわれたワシントン軍縮会議に出席したころに、「日本が日米戦争で勝利するには、日本が太平洋に点在する島々を占領し、アメリカ西海岸に上陸して、勝利を確かなものとするために、ワシントンまで進軍し、ホワイト・ハウスにおいて講和条約に調印をしなければならない」と、書いている。気の遠くなるような話だった。

だが、日本の夢想には裏づけがあった。アメリカ国内に、強い「内なる敵」が存在したからだ。それこそが、アメリカと、そして大英帝国のなかにいる「有色人《カラーズ》」だった。

アメリカのアジア専門家のオーエン・ラティモアは、「植民地支配をされた者や、有色人の多くは、日米戦争を『古い主人』と『新たな主人』の戦いと見ていた。後者は、さらに酷い主人になるかもしれない、それでも戦う価値はあると感じていた」と述べている。

日本の支配層はこのような弱点を見抜いて、日本国民と特に軍に向かって、植民地支配の圧政に苦しむ数十億の有色民族を解放しよう、と訴えた。

日本人のノギ・ハルミチは、学校教師が「上海で、『犬と黄色人、立入禁止』の看板を見た」

と語るのを聞いて、「憤りを感じ、立ち上がるべきだという情熱に駆られた。皆が『シナの前線に赴《おもむ》きたい』と、口々に叫んだ」と、回想した。

秦正流《はたしょうりゅう》は、ビルマで従軍記者をしていたが「アジアの有色民族は、ヨーロッパやアメリカなど『持てる国々《ハヴ・ネーションズ》』によって、搾取されている。これは、大東亜を解放する戦いだ。この大義と一体になった。強い説得力があり、その大義に逆らって生きることはできない」と、語った。

軍人のコウジマ・キヨフミは、日系アメリカ兵と話して、怒りが収まらなかった。

「彼は日系アメリカ人が、いかにアメリカで酷い扱いを受けているか、語ってくれた。収容所に入れられ、日系人のみで構成された四四二部隊のヨーロッパ戦線における偉大な貢献があってさえも、酷い扱いは変わらなかった」

日本の軍人は「白人の侵略からアジアを救うことが、任務だ」と、教えられていた。不幸にも、日本軍は敵に対して、しばしば残虐行為に及んだ。それにもかかわらず、日本軍によって叩き込まれた謀略宣伝《プロパガンダ》は、揺るぎない真実だった。「白人の優越」は、日本軍がアジアに火の手をあげる、強力な発火装置を提供した。

日本兵は「敵地に入ったら、白人による抑圧がどのように酷いものか、わが目でまざまざと見るだろう」と、教え込まれた。

「白人は生まれた瞬間から、一〇人ほどの奴隷を所有している。これが神の本当のご意志だというのか」

ある日本の将官は、「なぜ、アメリカやイギリスなどの列強は、日本が近隣の白人の領土をただ眺めているだけなのに、『泥棒』呼ばわりするのだろう」と訝《いぶか》しがった。

香港にあった日本の宣伝機関は、「南洋群島では九五パーセント、オーストラリアは一〇〇パーセント、アジアは五七パーセントが、ヨーロッパとアメリカの領土となっていた。日本は独立を守るために、必死だった。もし、日本が戦わなければ、ヨーロッパか、アメリカの植民地となっていただろう。日本が好戦的な国と見られる理由は、自衛行動に出たからだ」と、訴えた。

日系アメリカ人を味方につけろ

アメリカ本土においては、一九四一年十二月の日本軍による香港占領以前から、日系人に対する弾圧は一貫して厳しいものがあった。このため多くの一世や二世が、北アメリカから脱出していたが、日本政府にとっては、まさに好都合だった。

一八九五年の日清戦争の時は、多くの日系アメリカ人が、日本政府に反対した。しかし、一九三〇年代のアメリカにおける人種差別が、多くの日系人を満洲へと移住させた。太平洋戦争開戦まで、何万人という日系人が、アメリカと日本を行き来した。一九三三年だけでも、一万八〇〇〇人の日系アメリカ人が、日本に住んでいた。

過酷な扱いは、日系アメリカ人の一部を、日本側につかせた、少なくとも、アメリカに戻ろうという気にはさせなかった。一九四三年に、香港の日本当局は「五万人が、日本国籍に戻った」と発表した。その数カ月後には、「七五名の日系アメリカ人青年が、陸軍と海軍飛行隊の練習生に志願した」と、報じた。

アメリカにいる黒人隔離主義《ジム・クロウ》の実態をよく知る、日系アメリカ人を味方につけることは、日本のアジアを「白人の優越」から救うという、宣伝の強力な武器となった。一九四二年十一月に、日本が最後には勝利するとまだ楽観されていた頃に、シンガポールへ移った一二人の日系アメリカ人が、同胞が北アメリカでいかなる仕打ちにあっているか、証言した。

日本軍が香港を占領した時に、香港に辿り着いた日系アメリカ人は、かつて自分たちを虐《しいた》げた白人連中が、日本人に従属させられている姿を目の当たりにして、歓喜した。エミリー・ハーンは、日系人が「自分の半生を通じて、日本人の血がくびきとなっていたが、突然、それが素晴らしいものになった」と話しているのを、聞いた。

香港占領の後に、警察官が日本人に近づいて、「すみません、英語を話しますか」と、英語で尋ねると、突然に背を向け「英語なんか話せるか」と、明らかなアメリカ訛《なま》りの英語で答えたこともあった。

香港の研修中の警察官のジョージ・ライトヌースは、日系アメリカ人のニイモリ・ゲンイチロウについて、こう語った。

「オハイオ州に長く住んでいた。遊園地での演《だ》し物を生業《なりわい》にし、アメリカのギャングの才覚と日本人の残忍性をあわせ持っていた。香港の日本人通訳のドンで、悪名高かった」

エレン・フィールドはニイモリについて、「長年アメリカに住んだので、ちょっとしたアメリカの雰囲気を醸《かも》し、完璧な英語を話したが、冷たい口調で、傲慢《ごうまん》かつ人を見下した話しっぷりだった。頭は切れるが、態度が荒々しく、すぐにいらだった」と語った。

中国人外科医のリー・シュー・ファンは、「ミズーリ大学卒で、中西部訛りの流暢な英語でつねに、白人を罵《ののし》っていた」サトウという人物について、語った。

サトウもアメリカに住んだ多くの日本人同様に、「中国人に白人への嫌悪を醸成させる」任務に従事した。その姿は、まるで物に取り憑《つ》かれたようだった。

一九四一年十二月に、『上海タイムズ』が日本当局に接収され、日本人が編集者となったとき、統括したのは、アメリカで教育を受けたマツダ中尉と、ケンブリッジで学び、日本海軍の諜報活動に従事した、キリスト教聖公会信者のイクシマ・キチゾウだった。

タカミ・モリヒコは、日米両方の国籍を持っていた。色黒で顎《あご》が四角く、髭面だった。体格が良かったが、身長は普通だった。日本人というよりも、ハワイ人かフィリピン人に見えた。

一九二四年ニューヨーク市生まれで、父は日系アメリカ人医師、ニューヨークの日系人会《ジャパニーズ・レジデンツ・アソシエーション》の会長だった。ニュージャージー州の学費の高い私立学校を卒業後、アムハースト大学で一年間学んだ。アメリカ人としての上流の生活にもかかわらず、というよりも、それゆえに上海で日本海軍の諜報活動に従事させられた。生まれながらの英語力が、重宝されたからだ。

日系人たちのとった態度

戦時下の上海には、カズマロ・バディー・オノもいた。一九三二年に、南カリフォルニアのコンプトン高校を卒業したが、「白人に黄色い猿のように蔑《さげす》まれてきた」と感じ、「アメリカは、地獄へ堕《お》ちろ」と、呪っていた。彼に会った捕虜は誰もが、「白人への怨念」を感じた。

シンガポールにも、日系アメリカ人がいた。ジョージ・タカムラも、その一人だった。アメリカ生まれの日系人で、背が高く、細身で肌が白く、アメリカ訛りの英語を話した。当時は日本によって占領されていたシンガポールで、将来首相となるリー・クアンユーが、日本の報道機関のインタビューを受けた時に、同席していた。

『ニューヨーク・タイムズ』特派員のオットー・D・トリシュースは、東京で逮捕された。彼が「蛇《スネーク》」と軽蔑を込めて呼ぶ男は、「俺はアメリカで虐待された。これはそのお返しだ」と言って、トリシュースに暴行を加えた。トリシュースは後に、彼の名がヤマダであり、カリフォルニア大学を卒業した後、オークランドで連邦裁判所の通訳を務めた、元ＹＭＣＡの職員であることを、知った。

トリシュースの体験は、こうした北アメリカから来た日本人のほうが、西洋を知らない日本人よりも残虐だったことを、示している。彼らは、自分たちが受けた不当な扱いの仕返しを、していたのだった。

上海近郊のウーソン収容所に、「イシハラという名の通訳」がいた。イシハラはその過激さから、「東洋の獣」と呼ばれた。ハワイで身に付けた英語は、素晴らしかった。

奉天《ほうてん》の収容所では、ノダ・エイイチ伍長がアメリカ人から特に嫌われていた。サンフランシスコの湾岸地帯《ベイ・エリア》で生まれ、高校までを過ごした。収容所でしばしば、アメリカ人に暴行を加えた。ノダはアメリカ人への憎悪から、「サディスト」「鼠《ラット》」と呼ばれた。

福岡の捕虜収容所では、カリフォルニアの出身地にちなんで「リバーサイド」と呼ばれたアメリカ生まれの日本人が、アメリカ人に最も嫌われていた。三井鉱山の通訳だった。

アメリカ生まれのウノは、捕虜が祖国の家族へ思いを伝えるラジオ番組を、毎日、電波にのせる宣伝放送を考えた。アジア各地から捕虜をこの目的のためだけに、日本へ連れてきた。それに反対したニュージーランド人は、暴行された後、即座にどこかへ連れ去られてしまった。

香港にあったスタンレー収容所のジョゼフ・サンドバークは、徳永《とくなが》大佐について「アメリカにいてビジネスをしていたことがある。粗野な性格で、捕虜の扱いはひどかった」と、語った。

マーティン・ボイルは、戦前、グアム島で人生を楽しんでいた。しかし、日本軍によって夢心地から叩き起こされた。彼は大阪で収容所生活をするはめになり、「シーク」と呼ばれる日系人に、遭遇した。シークは乱暴な、アメリカナイズされた悪漢で、アメリカから帰国して収容所につとめていた。アメリカの有名な避妊具のイメージ・キャラクターの男にそっくりで、そこから「シーク」と名づけられた。

ボイルは彼を軽蔑していた。「彼は完璧な英語で、吠え、命令した。暴力を振るう、まったく見下げ果てた男だった。シークが素手で一発殴るだけで、ノックダウンされた。悪魔の子、畜生だ」と、語った。

もちろん、全ての日系アメリカ人が残虐だったわけではない。ワタナベ・キヨシは、香港のスタンレー収容所に通訳として配属される前は、ゲティスバーグ神学校で学んでいた。捕虜に対して、優しく紳士的だった。

メアリー・アーウィン・マーチンは、イギリスの重慶領事だった夫とともに、スタンレー収容所でオダ・タコ〔原文ママ〕に親切に扱われたことに感動し、東京裁判でオダのために、弁護側の証言に立った。

宣誓供述で、「確かに、三五歳のアムハースト大学卒で、ワシントンで外交官をしていた、この人物は、過激な性格の持ち主で、時には感情的になることもありました。また、過激な民族主義で知られた黒竜会のメンバーでもありました。しかし、オダ氏の私と夫への親切心は限りないもので、決して忘れられません」。このように発言した。

アーガイル街収容所の通訳は、マツダという名だったが、イギリスのウェールズ南東部の港町名をとって「カーディフ・ジョー」という愛称で呼ばれた。ウェールズ訛りの素晴らしい英語を、話した。イシハラ、ノダなどの虐待派よりは、ワタナベに近いように見受けられた。イギリス人の妻がいて、ロンドンで数年ほど船員として働いたという。

ジョージ・ストダードは、アメリカ巡洋艦「ヒューストン」に乗り組んでいた。「ヒューストン」は一九四二年三月一日に撃沈され、捕虜となり、悪名高いシンガポールのチャンギ収容所に入れられた。その後、一九四三年に八幡《やはた》製鉄所近くにある八幡第二四収容所に移されたが、そこの日本人看守は、捕虜に日本語だけで話すことになっていた。しかし、何人かは、アメリカで教育を受けていて、近づいてきては英語で話しかけた。

アメリカに移民をした日本人たちは、日本への郷愁があった。むごい移民政策によって、日米関係が悪化すると、移民と日本の親族にも、影響し、祖国に思いを馳《は》せた。連合国が日本で収容された自国捕虜を心配したのと同様に、日本国民も連合国によって収容された移民のあり方に、心を痛めていた。

日系二世が受けた差別

フランク・フジタは、日本で収容された数少ない日系アメリカ兵のひとりだった。連合国による日本人捕虜や、抑留者の扱いが酷かったように、日本も捕虜を手荒く扱ったと、回想している。

日本の宣伝係《プロパガンディスト》となったフジタは、たびたび日系一世、二世の扱いを糾弾した。香港で収容された連合国側の捕虜は、南カリフォルニア大学のナカサワ・ケン教授が東京で取材を受けた時に、アメリカの収容所体験について語った記事を読まされた。教授はロサンゼルス警察に捕まって、暴行され、前歯三本を失った。アメリカに向けて特別なラジオ放送が行なわれ、アメリカ政府に対して、事態を改善するように訴えた。

イギリスのサンフランシスコ領事が述べた話は、参考になる。領事館の日本人給仕が、日本軍の中国における戦費を賄《まかな》うために、地元の日本領事館から毎月五ドルの寄付をするように、要求されていると、告げたのだ。これは特異なケースではない。カリフォルニア州で資産を有したり、賃金を得たりしていた全ての日本人にも、課せられていた。

強制か、自主的かはともかく、日系アメリカ人は日本を支持していた。イチオカ・ユウジは、「人種差別社会に忠誠を誓う意義が、どこにある。忠誠は、恩恵にこたえるものであるべきではないか。社会の底辺にいる多くの市民を、まるで人種隔離政策《アパルトヘイト・ライク・ファッション》によるかのように扱って、ないがしろにする国家に、忠誠を誓うことができようか」と、語った。

ミヤ・サンノミヤ・キクチは日系アメリカ人女性として、二十世紀初頭のカリフォルニアで育った。「白人アメリカ市民が自分を差別していると痛感するほど、より勉学に励んだ」と、いう。それは一八五三年の黒船来航以来の日本の姿を、投影していた。クラスで優秀だったのは、ユダヤ系アメリカ人と日系アメリカ人だった。「二つの民族は、共に差別を蒙《こうむ》ってきた」と、語った。

しかし、彼女が耐えられない体験をしたのは、一九一三年にアラバマを訪れた時だった。南部の人種差別に強いショックを受け、厳しく批判するようになった。アメリカが善の中心で、日本が悪の国だなどと、信じるはずがなかった。

多くの日系アメリカ人は、酷い環境に置かれていた。一九四四年に日本へ戻ったある日系二世は、「アメリカでは技術や専門の教育を受けていても、人種と身分の差別があって、技術や専門を生かせない」と、嘆いた。彼は優れた専門家だった。多くの日系人が同じ理由で、本国送還《リパトリエーション》か国外追放《エクスパトリエーション》を求めた。このことは、「アメリカが日系のよく訓練され、有能な人材を失い、日本が有為な人材を得ることになる。敵に塩を送るようなことをして、よいのか」と、皮肉を込めて述懐した。

また、ある在米の日系二世は「この国と一体になろうと、あらゆる努力をしてきた。しかし、その度に裏切られた。この国に来た白人は、誰もが私よりチャンスを得ていたと、気がついた。私の日本人の顔は、変えられない。イタリア人、ドイツ人の扱われ方と、我々の扱われ方の違いを見よ。日本人の顔だからって、差別などしないとは、言わせない。こうしたことは、一度ならず起きた。私が生きているあいだは、変わらないだろう。黒人《ニグロ》は、何世代もこの国にいるのに、彼らへの扱いは酷いものだ」と、語った。そして「日本にいたからって、楽だとは言わない。世の中は、どこへ行っても楽ではない。しかし、日本で仕事を得られないのは、仕事がないからで、私が他人と違うからじゃない」と、憤った。

「白人の優越」の論理は、アメリカ市民を日本との戦争へと向かわせた。「隔離《エヴアキユエーション》」の時のことは、決して忘れることができない。もし、ギャングが襲ってきたら、たとえ相手が五、六人でも、ひとりずつ倒す。どんなに時間がかかろうと、最後まで戦う。死ぬことは恐れていない。私を正当に扱ってくれる国のために、戦う。しかし、もうこの国でこれ以上、民主主義について語りたいと思わない」と、語った。

多くの二世が海外向けラジオの「東京放送」に協力した理由は、この「怒り」だった。カナイ・ヒロトもそうした一人だった。パサディナで教育を受け、悪名高い憲兵隊の通訳として、アメリカ兵捕虜を尋問した。日系アメリカ人の残虐性は、彼らを虐待した白人の捕虜へと向けられた。

一人の白人は、五人から一〇人の日本人に匹敵する

イギリス軍のウィリアム・スリム陸軍中将は、日本人を人間だと思っていなかった。「兵隊アリ」と見做していた。アメリカのタイム・ライフ社のヘンリー・ルース社主は、日本兵を「何の役にもたたないことに優れている」ゴキブリに譬《たと》えた。彼の雑誌のひとつは、日本人を「制服をまとった機械《オートマシンズ》」と、呼んだ。

一九四一年に、連合軍東南アジア司令官だったロバート・ブルック＝ポファム空軍元帥は、部隊の士気を高めようと、日本軍を貶《けな》して、「奴らは近視で、夜間に戦えず、自動小銃もない。航空戦で奴らに勝ち目はまったくない」と、豪語した。

イギリス軍のA・R・グラセット少将は、それを真に受けてしまった。少将指揮下の全員も、日本兵が無能だと疑わなかった。当初、香港の防衛戦でも、そういう空気があった。しかし、日本航空部隊による空爆や、機銃掃射の正確さを目の当たりにして、「操縦しているのは、ドイツのパイロットか。凄腕すぎる」と、震えあがった。

アンドリュー・サーモン軍曹は香港で戦った。「日本兵は劣っており、夜間飛行能力はないと見下し、それを真に受けた。たいした相手ではないと、気を緩めてしまった」と告白した。

グウェン・デューは「日本人の頭脳が音楽、芸術、文学、科学、現代の発明などの分野で、何か貢献をしたかを考えてみると、何一つない。日本人は物真似しかできない」というのが大方の見方だったことを、悔いた。

アメリカでは、「日本人は劣等民族」と、ひろく信じられていた。「一人の白人は、五人から一〇人の日本人に匹敵する」と、信じていた。

イギリスの中尉は、「ドイツ人捕虜とは一杯飲んだり、一緒に煙草を吸ったりしてもいい気がするが、日本人捕虜を目にしたら、頭を砕いてやることしか、考えられない。奴らは動物で、動物のように振る舞う。奴らをハエを潰すように、感情もなく殺せる。奴らは殺すべきなのだ。傷つけるだけではダメだ。奴らは息をしている限り、危険だからだ」と、語った。

イギリス軍のハロルド・イェーツは戦後になって、「イギリス軍兵士がドイツ軍兵士を貶《けな》して、語ることはない。イギリス軍兵士が忌み嫌うのは、二つの敵。ひとつは、インドの反乱者で、もうひとつは日本軍だ。イギリス兵はドイツ兵を、愛称で『ジェリー』と呼ぶ。しかし、日本兵に愛称などない。戦後何十年経っても、日本人は大嫌いだ」と、語った。グレイミー・クルー中佐も、「奴らのすべてが気に入らない」と、吐き捨てた。

他方、日本ではヨーロッパやアメリカの白人が、日本人をアメリカ・インディアンか、黒人のような惨めな境遇に陥れようとしていると、広く信じられていた。この認識が、多くの日本人を、「白人の優越」との対決へ向かわせた。日本に右翼的な空気が立ち込める中、日本人はそのような運命から逃れるために、大英帝国とその同盟国を打ち負かさなければならないと感じ、それまでの受け身の姿勢から、激しい戦意に燃えるようになった。

当時、香港に収容されていたアメリカ人ジャーナリストのグウェン・デューは、日本軍の戸《と》田《だ》大佐の演説を聞かされた。ギリシャとローマの文明がどのように没落したか、日本の世界史における役割と比較し、白人支配が終わったと語った。

日本の宣伝者は、アメリカには何百万人という多くの者が非識字者で、民族的なマイノリティーである人々がいるくせに、強がっていることを嘲《あざけ》った。「今日の世界は、『白禍』の脅威に晒《さら》されていると言っても、過言ではない。これは、『黄禍』よりもはるかに危険だ。いま、戦端が開かれた戦争は、肌の色による差別や、思想信条にかかわらず、フランス革命以来の民族平等を実現する大義に基づく」と、訴えた。

マッカーサー元帥は、「日本は白人よりも優れていることを示すために、オーストラリアを占領するかもしれない」といって恐れ、日本の民族平等の訴えが大きな力を発揮していることを、認めた。

なぜ中国系移民は日本に協力したのか

日米両国の非難の応酬は、アメリカの中国人移民にも影響を及ぼした。彼らは、「白人の優越」のために苦い経験をしていたから、日系アメリカ人とともに、日本に協力をした。

なかでもアメリカで悪名高かったのが、日本の香港占領下で拷問に関わった、ジョージ・ウォンだ。戦後の裁判証言によると、「ウォンは戦前、日本人《ジャップ》に何の縁もゆかりもなかったのに、戦争が始まると『白人と黄色人種の戦いだ。アメリカ人は嫌いだ』と言って、アメリカ市民権を放棄した」と、された。ウォンは広州出身の三十代の男で、以前、ネイザン通りで自動車修理店を営んでいた。彼には仲間がいた。香港のアメリカ領事のロバート・ワードは蔑んだように言う。「裕福な家庭の出のツァオという中国人の裏切り者だ。アメリカのウェスト・ポイント陸軍士官学校を卒業したものの悪事に手を染め、麻薬の密輸、ついには日本の協力者となった」。

中国人の対日協力は、早い時期から始まった。イギリスによって投獄されたB・ミシマは、日本軍が香港に進駐した時のことを、「今でも忘れない」と、スタンレー収容所における事件を回想した。日本軍が収容所に到着すると、投獄されていた中国人がみな親指を上にして、日本の勝利を喜んだ。

日本軍は香港のラジオ局を接収すると、まず中国系オーストラリア人のアナウンサーを、配置した。アナウンサーは日本人にそっくりで、オーストラリア人とは見えなかった。

ウィン・タク・ハンは、「日本の占領軍は、社会のあらゆる階層の人々を職につけ、イギリスによる統治よりも、はるかによいことを示した」と、語った。特に「中国人の富裕層は、反英感情が強かった」ので、日本への支持が強まった。

日本の宣伝は、カナダを含む北アメリカにおける中国人が、「差別」を蒙《こうむ》っていることを、強調した。I・Y・チャンは、改めて「我々アジアの大きな港町に住む者は、肌の色や人種の違いによる壁がまったくなく、開かれたものであるべきだ」と、気づかされた。

上海では、コロンビア大学卒の中国系アメリカ人のヒューバート・モイと、その愛人だったマーキータ・クォンが、日本に協力した。この二人のつながりで、エミリー・ハーンには「バブル」と呼ばれる中国人の友人が香港にいた。戦前から日本のスパイだった。彼女は色気に訴えて、美しい中国女を求めて引っかかる、若いアメリカの水兵や、イギリス兵を担当していた。アメリカ兵や、イギリス兵は、中国人の娘たちは蔣介石を愛し、日本を憎んでいると思うようになった。もちろん、間違っているのだが。

だが、収容所に入れられた、イギリスの将校ジョージ・ライトヌースは「不思議なことに、国民党より、共産党のほうがましだった。共産党は日本を激しく憎んでいたが、国民党のほうは金になると思えば、しばしば逃亡者を引き渡すこともあった」と語った。

エレン・フィールズの体験は、それを裏書きしている。戦時中、香港の近くでアメリカのパイロットが撃墜された。なんとか命は助かり、藪に隠れていた。すると、中国の農夫がやってきた。中国人ならイギリスの味方だと思って、助けを求め、お礼のつもりでアメリカ海軍の指輪を手渡した。だが、裏切られて、日本の憲兵隊に引き渡された。

南京をはじめ大虐殺が行なわれて、占領されたというのに、なぜ、中国人が日本につこうとするのか。理由は、中国人が日本を好きだからではなく、イギリスと、有色の民を差別しているることを憎んでいたからだった。中国で日本と対決する共産党のほうは、ヨーロッパ人やアメリカ人による敵意に満ちたネガティブ・キャンペーンの対象となっていた。

中国人が「戦前にはあり得なかった司法官や、管理職につくようになっていた」事実が、いかにイギリス統治が中国人を不当に扱っていたのか、証した。

日英でインド人の扱いに天地の差

日本軍はインド人の中に入り込み、イギリスの植民地支配への抵抗を広く喚起した。イギリスは味方でも、英雄でもないという意識を植え付けた。

一つ例を挙げると、アメリカの歴史家で、大統領顧問も務めたアーサー・シュレジンガー・ジュニアが、一九三〇年代初頭にインドを訪れた。イギリスの将校にヒンズー語で「ありがとう」を何と言うかを訪ねると、将校はそれに答えず、「白人はインド人に感謝などしない」と、吐き捨てるように答えた。

中国人著述家のハン・スゥインは、一九四二年にインドを訪れたが、「ホテルでは召使いや、何かの下働きのインド人にしか出会った記憶がなかった。客として滞在しているインド人は、皆無《かいむ》だった。そうした施設は、イギリス人か、私たちのような海外からの訪問客のみが利用できた。しかし「カルカッタのホテルのすぐ裏通りの壁には、『スバス・チャンドラ・ボース〔インドの親日指導者〕よ！　永遠に！』と落書きされていた」と、述懐した。

ハン・スゥインが目にした現実は、落書きを含めて、香港でイギリスがインド人と協力することの難しさを、示唆していた。インド人は母国の同志に呼応して、日本の香港占領を歓迎していた。

イギリス諜報機関は戦時下の香港で、「インド人は一等国人として扱われている」と報告していた。つまり、インド人は日本人から、丁重に扱われていた。占領行政にインド人代表が加わり、何人かが高給を得ていた。インド人警官は、完全に日本に肩入れしていた。

多くのインド人将兵が、日本による占領統治に協力していた。日本の諜報部の香港責任者は、香港のインド人を取り込むことに努め、反日抵抗運動に対抗する強力な味方をえた。

イギリスの著述家のフィリス・ハロップもこの見解に同感で、「インド人は特によい待遇を受けていた。彼らは『独立記念日』を設けることを、許された。むしろ、そう推奨されていた。このことが、日本のインド進攻を容易にした」と、推察した。

グウェン・デューは、「あるイギリスの老医師が、道路が一時的に封鎖されているという説明をよく理解できなかったところ、インド人警備員によって張り倒されるのを目撃した。また、インド人が白人の女性を蹴り、拳銃で殴りつけるのを目にした」と語った。

エミリー・ハーンは、「日本占領下の香港で、かつて駐留していたイギリス部隊から脱走したインド人を、そこらじゅうで目にした。イギリスに恨みを抱く元巡査や、警備員は、新たな征服者を喜んで迎え入れた」と語った。

日本軍はインド人を取り込むために、努力を惜しまなかった。日本人ジャーナリストのミシマは、一九四一年十二月八日の開戦日に逮捕されて、香港で収監された。彼は「自分に対するインド人看守の親切な態度」に、驚かされた。「インド人が日本人をアジアの同胞だと思っていると、痛感した」と述べた。

彼は「香港でイギリスが降伏した時に、イギリス人が道路に散乱した、多くのインド兵の遺体に、何の敬意も払わなかった」ことを、痛恨の思いで想い起こした。

ミシマは、「そうしたインド人の扱いを目にして、我々はアジア人への悲境に、涙を禁じえなかった」と語った。そうした態度は、長年、植民地支配のもとで苦しみを味わったインド人に、共感を呼び起こした。

日本の当局は、香港侵攻に先立って、インド人が「望まれぬ者として扱われている」と強調した。さらに「統治しやすくするために、イギリスが宗教間――ヒンズー教、イスラム教、シーク教――の対立を煽《あお》っている」と宣伝した。香港の新たな統治者となった日本は、「この対立が、インドの独立の達成の前に、最大の妨げとなっている。香港に住むインド人は、この障害を取り払わなければならない」と訴えた。

その直後に、『香港ニュース』は社説で、「イスラム・ヒンズー友好協会をマラヤに設立する」と報じた。インドが混乱の渦中にあった一九四二年八月に「(日本は) インド人捕虜を数千名釈放し、その全員が日本に協力し、共に働くことを希望した。占領された香港の新聞は、『何千人もが集会に参加し、初めて自由を要求』と、見出しを掲げた。シーク教徒のコミュニティーの長である『シン氏』は、『イギリスが香港を統治した一〇〇年の間に、インド人への辱めは酷いものだった』」と、述べた。

一九四二年七月に『香港ニュース』は社説で、「イギリスは統治下の香港で、中国人にインド人に対する偏見を植え付けた」と批判し、「イギリスはあえてここにインド人部隊と、インド人巡査を配置した。これは謀略だった。また、日本人に対する恐怖心を、中国人をはじめとするアジア人に植え付けようとした。日本人はインド人に同情をしていたが、中国人は違った。原因は、イギリスがつくったものだ」と、論じた。

インド人は戦場で、イギリスのために戦うよりも、捕虜となることを望んだ。

日本軍の捕虜の扱いは、イギリス人とインド人で違いがあった。日本軍は軍規定のなかで捕虜への尋問について、「証言を得る手段は、国籍によって異なる」と、明記していた。この規定は「イギリス人とインド人の扱いを対照的にせよ。イギリス人には、イギリスがインド人を奴隷としたことを、指摘せよ。インド人には、日本とインドがアジアの同胞であることと、INA（インド国民軍）の存在を強調せよ。イギリス兵とインド兵は分けて収容し、異なった扱いをせよ。インド兵は、日本の兄弟のように扱え。インド人にイギリス人より優れているという意識を、覚醒させせよ」と、命じていた。

日本の中国兵への扱いも、同様だった。「中国と日本の間に共通した民族性があることを、指摘せよ」と命じていた。イギリス人捕虜には「イギリス女性に対するアメリカ人の暴行を思い起こさせせよ」などといったもので、大雑把にいうと「インド人は殺すな、白人を殺せ。しかし、白人将校や、親日派は生かせ」というものだった。

他方、大英帝国もインド人に対して日本人が「人種的に傲慢である」とか、「狡《こす》い商業をする」とか、「女性への蔑視」をするなどということを、強調していた。しかし、イギリスは自国も、けっして高邁《こうまい》な思想や、高い教養があると言い難いので、「個人的な感情に駆られずに、慎重に表現しなければならない」と、戒めていた。

さらに「インドの国民議会が、イギリスを批判していることに留意して、好意的でない発言をしたり、そのような批判が行なわれたりする場面を避けるようにせよ」と、命じていた。

日本はヨーロッパで大国に対して不満を持っていた少数民族を、厚遇した。日本軍がボルシェヴィキ革命の難民となった白《はく》ロシア人と、中国をはじめアジアで協力していたことは、よく知られる。多くの少数民族が、日本に救いを求めていた。

ウクライナ人からの嘆願書は、ポーランドへの不満を表わしていた。マケドニア人はギリシャとセルビアによる支配と戦っていたが、日本の援けを期待した。オーストリア・ハンガリー帝国のガリシアは、第一次大戦後にポーランド南部に編入されたが、ガリシアの民であるウクライナ人への虐待を止めさせるために、日本が立ち上がってくれることを願った。

有色人種の大多数が、日本を世界の盟主と見做していたかたわら、これらの抑圧されていた民族は日本がヨーロッパへ踏み込むことを期待した。

女装をしたイギリス兵

小柄な日本人は、捕虜にしたヨーロッパ人やアメリカの白人に銃口を突きつけて、アジア人群衆の前を行進させた。この「辱めるための行進」は、捕虜に心理的な衝撃を与えるためで、アジア人に「白人の優越」の時代の終焉を実感させた。

そこには、もう一つ目的があった。それは「優れた人種」とされた者の優越感を打ち砕くことだった。

野生馬《ムスタング》を馴らすように、いや、白人が奴隷にしたアフリカ人の男たちを去勢したように、日本人は白人の捕虜を家畜として扱った。新しいご主人様は、白人収容者を「毛むくじゃらの猿」と呼んだ。これは、それまでは日本人が、「猿」と呼ばれていたのを、逆転するものだった。この侮辱が「白人の優越」を盲信してきた、収容者の精神を粉砕した。

ソロモン・バードは香港で収容されたが、収容者が「性」の観点からも変化しはじめたことを、体験した。「日本軍はイギリス陸軍の根性がなくずる賢いブーン少佐を、収容者との連絡将校に指名した」。ブーン少佐は、収容者から日本軍の協力者と見られていたが、それ以上に男のプライドを喪失したと思われていた。

ルイス・ブッシュは、少佐について、「女々しい奴で、髭を剃《そ》り、香水を使った上に、制服の下にコルセットをして細身《スレンダー》に見せていた」と、語った。収容者の間でのニックネームは、「女王ちゃん《クィーニー》」だった。

ルイス・ブッシュは、日本軍を聴衆に「女装した美青年の美しい合唱」を呼び物にした催しの司会も務めた。「女装は大いに受けました」。彼らは「とても魅力的に見えました。最後から二番目の場面で、『主演少女』が日本軍将校にブーケを投げました――どちらが赤くなったのか、二人ともなのか、は分かりません」。

レス・フィッシャーは、興ざめした。「主演少女」は確かに美しく、観衆から投げキッスを浴びていた。もちろん余興だったが「みなが精神を病んでいると思わずにいられなかった」。

ソニー・カストロは、「主演少女」として、もてはやされた。彼女は第一次大戦の終わりに生まれ、一九七八年に五九歳だったが、その時でも二〇歳ぐらい年下に見えた。カストロは「子どものころからスリムだったので、女装したが、それだけのことで、収容所では男の仕事をした」と、語った。収容所では「ソニヤ」「カルメン・ミランダ」「収容所の恋人」と呼ばれていた。レンガの粉をルージュに、墨をマスカラにして、藁袋《わらぶくろ》を鬘《かつら》にした。

舞台は「曲馬場《ヒポドローム》」と名づけられ、毎月新しい演目が披露され、それぞれ三カ月の公演だった。「日本軍の兵士がよく舞台裏を訪ねてきて、お菓子や、煙草をくれた」「一度は、パーティーにも誘われた」と、回想した。

魅力的な若い女性を演じる若い収容者には、「楽屋待ち」のみならず、お土産《みやげ》に煙草やキャンディー、よい香りのする石鹼をプレゼントする「追っかけの」日本人看守まで現われた。

性のモラルが低下しはじめた

収容所では、同性愛が増えた。ある収容所では、「一人のアメリカ人医師が、二五組の同性愛者のカップルのカウンセリング」をした。

アメリカ人のオットー・シュワルツは、二人のイギリス人と同じ房に入った。「一人は振る舞いが女のようで、内気だった。もう一人は、中国から来たセックスに飢えた水兵だったが、こいつがそのイギリス人を手ごめにした。俺たちは面白がって見ていたが、やられたイギリス人はかわいそうだったな。収容所から出られなかったら、死んでたろうな。そういうことは、他にもあったと聞いている。ショーの役者の中に、女装をしたオーストラリア人がいたが、最終回には『立ち席』まで設けられた」と、回想した。

アメリカもそうだが、オーストラリアでも「白人女性は、白人男性のみ相手にできる」という差別が厳しく続いていたが、黒人は男女の区別なく「セックスの超人」で、危険なくらいまで魅力的だとされていた。同時に、オーストラリア駐留の黒人部隊では、同性愛率が高いとされ、実際にそうだった。

香港の収容所では、当然、同性同士ではない、ノーマルなセックスも横行していた。「収容所のような環境では、セックスなど考えられないことだと思うだろうが、多くの血気盛んな若者と、健康でさみしい女性が多数いるのだ。夫が湾の向こうの九龍に収容されたための不倫が、数多くあった」

収容所では、墓地が「情事に最適の場所」だった。「新しく掘られた墓穴は、まさに最適な穴場」だった。

収容所の囚人が発行する『スタンレー・ジャーナル』には、「今日やれる男を、明日に延ばすな」という格言が紹介された。

劣等人種との接触を拒んでいた多くの白人の香港市民が、数カ月前までけっしてしなかった振る舞いをするようになったのは、特筆に値する。スタンレーには「赤線地帯があって、牛缶ひとつで女を買えた」。

スタンレーのジョン・ストレイッカー行政官によれば、「多くの場合、関係を持つ一方か、双方が、法的な伴侶を他の地に残して」いた。最初は問題とされたものの、ほどなくして容認された。二五歳の青年と六〇歳の老婆の結婚は、非難されたものの、少し時が経つと忘れられた。

変化する白人女性の地位

スタンレーの男たちの多くは、「モラルの低下、乱交《プロミスキュアティ》や、懐妊の責任が女性にある」と、考えていた。しかし、男なしに子どもを産めるはずもない。白人の地位の低下や、収容生活による必要性が、性の力学を根本から変えてしまった。

劣等なはずの日本人に従う男たちに、どうして女が従わなければならないのかと、女たちが強くなった。ある女性の収容者は「私の夫は『新しい私』に、なかなか適応できなかった」と語ったが、多くの女性の気持ちを代弁していた。

新たな現実を受け入れられずにいたのは、彼女の夫だけではなかった。スタンレー刑務所に収容された、カトリックのメイヤー神父は堕胎に反対で、堂々とそう主張していた。神父は堕胎が野放しになって、徳目が失われることを恐れて、女性たちが反対しても動じなかった。神父はこのような環境で、子どもを産むべきではないとの女性の声にも、信念を曲げなかった。「安易に堕胎が行なわれたら、乱交が横行するようになる」と、反論した。

一九四五年の春に、「七例を超える」堕胎が行なわれ、メイヤー神父は「安易な現実を深く憂慮する」と表明した。堕胎は野放しになっていた。

「外科委員会」が発足し、堕胎すべきか判断した。一九四五年三月に、「E・フィリッペンス夫人の事案」が委員会に提出された。「堕胎の必要を認めない」という数人の委員の意見に、一人の医師が、「栄養失調、飢餓に近い環境とビタミン不足の中で、出産するのは絶対に間違っている」と、反対した。後に「先の戦争中に生まれた子どもは、十代で永久歯を失い、精神発達が遅れた」とも、説明した。

女たちとその同調者は、神父のそのような説明を受け入れなかった。一九四五年夏までに、収容者のなかの医療担当将校が医師と話し、神父を医療行為を妨げようとしたかどで、糾弾する動議を提出した。

動議は反対多数で、否決された。男女を問わず収容者の中には、一部の女性が看守と必要以上に親しくなって、特別な配慮を受けていることに対する不満があった。

エミリー・ハーンは「多くの女性が『サビニ・コンプレックス』を持っていることに気がついた。サビニはイタリア中部地方の古代民族で、紀元前二九〇年頃にローマによって征服された。サビニの女性は、征服者であるローマ人と寝たい衝動を、抑えられなかった。ここの違いは、征服者が日本人だったということだ」と、語った。

「女性たちは必死だったのだ。安全が担保されたのは、日本人だけだった。容姿はどうでもいい。イギリス人を鞭打つ側にいるのは、日本人だ。日本人を保護者につければ、家族が食べてゆける」と、思ったのだった。

サー・フランクリン・ギムソンは、「日本人は多くの女性が収容されてきても、問題を起こさなかった。残念だったのは、幾人かの女性が日本人を執拗《しつよう》に誘惑しようとしたことだった」と、語った。エミリー・ハーンは、次から次へと男を漁《あさ》ったドロシー・マックリンという女性について、言及している。

ヨーロッパの女性や白人のアメリカ女性たちは、高い地位から引き摺《ず》り下ろされて、人種的特権を失い、中国人やインド人女性と競争を強いられた。バーニス・アーチャーは「香港のヨーロッパ人は収容されるまで、少なくても一人、多くは二人か三人の召使いを雇っていた。香港に長く住んでいた者は、洗濯、料理、買い物、家事など一切したことがなかったが、収容所で生活が激変した」と、回想した。

白人女性の地位の低下と対象的に、中国人女性の地位がまるでシーソーのように、向上した。中国人女性は、外界と収容所の橋渡しをした。煙草は重要な通貨であり、飢えの緩和剤だった。まず、この重要な必需品を独占したのは、収容された「イギリス人警官の中国人妻」だった。他の中国人妻たちも、その例に倣《なら》った。

エミリー・ハーンは、「日本人と中国人看守、後に仕事についた台湾人は、収容者のイギリス人や中国人妻と『友人』となった。中国人妻は社会階級の階段を、駆け上った。中国人女性が『市場の女王』となった」と、書いている。

白人の地位の没落と、下積み階層だったアジア人の勃興は、かつての裕福なビジネスマンが収容者へ転落した、アラン・ダドリー・コピンの姿に、象徴的に表われた。彼は「多くの中国人商店主が、日本人を相手にうまく商いをする姿を目にした。日本軍と商売をして、儲けていた。多くの中国人、台湾人、朝鮮人が手を組んでいるのも目撃した。そうした協力者が、戦前、香港でスパイ活動をしていたことに衝撃を受けた」と、語る。

そして、「一九四五年に終戦で、戦争によって仕事も、不動産も、富を全てを失って、失意のうちにイギリスに帰国した」。アジア人の男や女たちが、全てを乗っ取っていった。

一部のヨーロッパとアメリカの白人女性は、新しい環境に順応できたが、古い慣習はそう簡単に変わらなかった。グウェン・プリーストウッドは、日本軍や国民党軍から逃れた時でも、エリザベス・アーデンのコンパクトと口紅だけは、肌身離さず持って逃げた。プリーストウッドは社交界の華から、自暴自棄な境遇に落ちぶれた自分のありさまに、苦しんでいた。彼女の恋人は「なんで、そんな古びたズボンをはくんだ。そんな落ちぶれた姿を、労夫《クーリー》どもに見せてはならない」と、怒った。

彼女は収容所から脱走し、何週間もかけて中国本土まで逃走し、空爆下の重慶まで着いたが、白人女性としてのプライドを捨てられなかった。風呂に入った後に、鏡に映った姿を見て、満足げに「日本軍の食事のおかげで、細身の姿になれたわ」と、つぶやいた。

スタンレー収容所の女性のプライドが地に堕ちたのは、カーキ色の作業服を着せられた時だった。着替えることがほとんどないので、雑巾のように汚れた。しかもその服は中国製で、アフリカへ輸出され、底値で売られる代物《しろもの》だった。かつての香港でもてはやされた社交界の女たちが、その服を争って奪いあった。

収容所での女性のありかた

それでもサー・フランクリン・ギムソンは、女は男よりましだったと語る。女性には家事という役割があり、病的な自尊心から、多少は離れられたからだ。男は権威の喪失によって苛《さいな》まれたうえ、支配者から暴行を受けた。男たちは大英帝国の誇りを持っていたために、その帝国が揺らいだ衝撃は、言語を絶するものだった。

大英帝国では、白人だけに権威があった。スーク・ウォルトンはジョージ・オーウェルを引用し「法の支配という正当性は、たとえ荒れ狂う象を相手にしても、白人であるという特権と密接不可分」と言った。それは、帝国だけの特権ではなかった。一八九六年に『ロンドン・タイムズ』は、エチオピアでムッソリーニのイタリア軍が敗北を喫した時に、遺憾だとして、全ての白人の問題だと論じた。ヨーロッパ人全体が敗北したと、嘆いたのだった。

女たちも、戦った。自警団を結成して、スタンレー収容所の外から、収容された夫たちを守ることに、全力をあげた。エミリー・ハーンは「男性収容所の掟《おきて》を破った外界の全ての女性に、我を忘れて、怒りが向けられた。悪い噂のある全ての女を、監視対象にした。鉄条網の向こうから微笑《ほほえ》み、自分たちの夫に手を振るのは、いつも同じ女たちだった。監視しなければ、すぐに手を出すことは、お見通しだった。私たちはそんな女たちに、非情だった。私も例外ではなかった。笑みを浮かべるポルトガルの売女《ばいた》たちを、皆で罵倒した」と、語った。

日本軍は時に、「全体責任」をもって、全ての女性が罰を受けた。そのことがさらに女性たちを、男を誘惑した女たちへの復讐を、過激なものとした。

こうした緊張から、一九四二年四月にイギリス婦女団《ブリティッシュ・ウィメンズ・グループ》が結成されたために、「オランダ婦人会」と「メリノール宣教会の修道女たち」が、事情聴取に呼び出された。

イギリス婦女団は一九四三年の初頭には、「一年前に女性の収容が懸念されたが、今では、そうした不安も聞かれない。収容所のなかで、女性による貢献が役立ったからだ。女性は医務室や、共同厨房、教室で働いている」と、報告している。

収容所での女性のありかたは、さまざまだった。ひとつには日本兵が出たとこ勝負で対処したのと、収容所の運営に一貫した計画がなかったことが、背景にある。

スマトラ島では、四〇〇人の女性と子どもは、男性と別に収容された。オーストラリア人看護婦のジェシー・エリザベス・シモンズ婦長は、同僚ができるだけ醜い姿に見えるようにして、男の関心をそらしていたと、回想している。

一方、インドネシアで収容されたシャーリー・フェントン・ヒューイは、収容された女性たちが必要に迫られて、男たちと情を通じていたと、語っている。

ヒューイはアジアの他の地域にいた男性の収容者と同様に、収容所の体験によって、貧しく恵まれない人々について、理解を深めることができた。「人夫がいつも一枚の薄いゴザを、持ち歩いていた。私の母は彼らがいつもゴザを巻いて抱えているのは、なぜだかわからないと言っていたが、実際にそんな生活を体験すると、とても便利だとわかる」と、回想した。「どこでも顔、手、首、腋の下まで拭ける。物を包むこともでき、特にタバコや薪《まき》を盗む時に、重宝する。ゴザを落として物を隠し、いったんその場を去り、人が見ていない時を見計らってゴザと一緒に持ちさる。怪我をした時には、包帯がわりにもできる」と、いった。

植民地支配のもとで、劣等であるのが当たり前だと見下していたアジア人が、収容所体験によって、そうではないのだと実感された。これにより、結果的として植民地支配を支持する気持ちが失われることになった。

ヒューイは「私たちには、収容所の体験は役に立った。戦前のインドで、私たちは堕落しきった生活を送っていた。収容所の生活は、新しい視点を持たらしてくれた。人種による階級の間の壁が人為的なものだとわかった」と、語った。

収容者のモラルは、子どもたちの扱いで判断できた。「スタンレー収容所に女性と子どもたちが入って来たことは、それがいかに不幸なことだとはいえ、収容所が外の社会に近い状況となることに貢献し、収容者に精神的な安定をもたらした。結果として、深刻な精神障害は一件のみ」だった。

それでも、白人の子どもたちには、何世紀にもわたって奴隷とされたアフリカ人の子どもたちと似たような症状が、見受けられた。

一九四八年の報告書は、「収容所で過ごしたヨーロッパ人児童は、歴史、科学、地理において、他の児童より一年から三年の遅れが見られ、年齢が上の子どもは、知恵遅れ、集中力の欠如、知識の応用能力の欠如が顕著に見られた。その遅れは、おそらく取り戻せない」と、結論づけている。

サー・エイソル・マックグレガーは、スタンレーで離婚に関する問い合わせが多かった、と語る。

一九四二年六月に一方的に離婚した夫の場合、妻が結婚の正当性を主張したために、もとに戻された。だが、その後さらにイギリスで結婚をした。彼女は重婚者なのだろうか。

マーガレット・サムズも、同じようなジレンマを抱えていた。彼女はフィリピンのサント・トマスに収容されていたが、日本人よりも、同胞のアメリカ人との間に問題を抱えていた。アメリカ人収容者たちが彼女に「好意を寄せ」、彼女はアメリカ人収容者たちと情を通じるようになった。彼女の夫は、近隣の収容所に収容されていた。

後日談になるが、日本人は戦後になって、男性と女性の立場の逆転を味わうことになる。日本の男性は、言葉づかいや、性の面で、女性に対して、従順に振る舞うようになった。占領という誇りを失わせる体験が、男らしさを失わせたのだった。

第七章

真白い太平洋

——南太平洋諸島での人種差別変革

「大英帝国臣民」でもヨーロッパ人から差別される

イギリス人は十八世紀後半にオーストラリア大陸を侵略すると、太平洋に白豪《はくごう》主義として知られる「白人の優越《ホワイト・スプリーマシー》」社会を創り上げた。太平洋戦争が近づくと、白人による圧政によって虐げられてきた人々が、立ち上がる絶好の機会が訪れた。

ニュージーランドにおいても、同様だった。先住民のマオリ人は、ヨーロッパ人による侵略と戦い、ついに十九世紀に現状凍結《スタンドスティル》する停戦合意がもたらされたが、白人によってインクが乾かぬうちに破棄され、隷属を強いられるようになった。

ニュージーランドには、多数の中国人も居住していた。対日戦争が切迫すると、中国本土が日本軍に進攻されていたというのに、中国人はニュージーランドの支配者の白人のために、日本と戦おうとはしなかった。

一九四一年七月に、「ニュージーランド生まれの中国人協会」は、首相に対して政府が「大英帝国臣民としての特権を伴った『臣民権』を、平時に旅行も居住の自由も与えられていないのでは、中国人臣民に保障しない限り、ニュージーランド外の帝国領土の保全のために、派兵されるいかなる措置にも従うことができない」と述べ、「帝国臣民として生を受けながら、中国人を『ヨーロッパ人』と異なって扱うのは、明らかな人種差別だ。人種差別を行ないながら、もう一方で帝国のために命を捧げろと言うのは、公平ではない」と、申し入れた。

この主張は、ニュージーランドから北アメリカまで広がり、戦後の人種差別撤廃運動をもたらした。「純血の白人の子孫」でない者たちは、犬死にすることを拒んだ。「我々ニュージーランド生まれの中国人は、ここでは帝国臣民としての名目だけの権利を有しているが、帝国の他の地域で『ヨーロッパ人』が有しているような権利を保障されていない」と、訴えた。

高名な小説家のパール・バックは中国で、神父が中国人に「キリストを受け入れないと、地獄で焼かれる」と説教したところ、即座に「天国が白人だらけだったら、地獄に堕《お》ちたい」と切り返されたと、語っている。ニュージーランドの多くの中国人も、同感だったにちがいない。

こうしたことがあって、人種差別を緩和すべきだと、初めて指摘されるようになった。恨みによって、「白人の世界」が揺らぐことがあってはならなかった。

大英帝国は人種偏見に揺らぐ、砂上の楼閣のようなものだった。帝国内部から人種差別に対して戦いを挑まれると、帝国の存立だけでなく「白人の世界」そのものが終焉を迎えるか、立て直すことを余儀なくされてしまう。

ニュージーランドは一九三〇年代に、日本が日本人の入国と移民に対する差別政策に抗議して以来、アメリカの白人に対し極秘裏に優遇を続ける一方、日本人に対するあからさまな差別を行なうことができなくなった。もちろん、日本大使館は日本人が白人と同等の扱いを受けているか調査し、厳しく監視した。

このような偏見が日本の国民世論を、「白人の優越」に対する戦いへ向かわせた。太平洋戦争の結果、日本の敗戦にかかわらず、このような人種差別政策が撤廃されることになった。

ニュージーランドの日本大使館は、状況を正しく把握《はあく》していた。特に、一九〇五年の日露戦争における日本の勝利の後は、ニュージーランドは神経過敏とならざるをえなかった。日本の標的となることを恐れ、このために、第二次世界大戦後、ニュージーランドは外交政策の基軸を没落した大英帝国から、隆盛をきわめるアメリカへ、移すようになった。

二十世紀初めだったが、一人の議員が「黄禍」に言及して、「私は猿《モンキー》（日本人）の配下になるよりは、まだ合衆国《アンクル・サム》の下で、人として生きたい」と発言した。当時、イギリスは日英同盟《ロンドン・トウキョウ・アライアンス》によって、日本をアジア地域における番人と見做《みな》していた。ニュージーランドはこのことが気に入らず、一九〇八年に「アメリカのほうが太平洋における白人の血をひくチャンピオンとして、イギリスよりはるかにオーストラリアと、ニュージーランドの利益を、代表できるはずだ」と言明した。

しかし、先住民のマオリ人は他の少数のアジア人と比べると、違っていた。いうまでもなく勇猛な戦士であり、数も相当なものだった。マオリ人は引っ込み思案な移民や、女々しく白人に媚びる中国人と違った。白人によって侵略された上に、「北方」から「非白人」の日本人によって侵略されてたまるものかと、闘志を燃やした。

ニュージーランドを建国したイギリス人は、この新たな故郷に、「白人の優越」世界を建設しようとした。白人以外の者を柵を築いて囲い込んだ。一九二一年の調査によれば、パンジャブから来たインド人が六七一人、広東からの中国人が三二六六人とある。人頭税《ポール・タックス》があって、税金を納めなければ投票できず、実質的に投票から排除された。この人頭税は日本が先頭に立った有色人種の力によって、一九四四年に撤廃された。

このような政策は、大英帝国の要請によったのではなく、現地の利益のために行なわれた。中国人は入国時だけでなく、出国にあたっても、指紋をとられる唯一の少数民族だった。もっとも、ニュージーランドでは、反ユダヤ主義も根強かった。

日本と結びつくラタナ運動

原住民であるマオリ人に対する偏見が「ラタナ運動」を引き起こしたのは、一九一八年のニュージーランドだと言われている。一九三四年の時点で、「七万四〇〇〇人のマオリ人のなかで、四万人がこの運動に加わって」いた。集会では、キリスト教による神霊治療が行なわれた。一九二五年には、教祖が日本を訪れて、日本の支持者《シンパ》となった。それ以前に「マオリ語を学びたい」という日本人に会っていたことによって、日本に関心をもったのだった。

この教祖の名が「ラタナ」だった。ラタナは「私は日本に公式に招かれ、日本政府にマオリ人の悲惨な状況を訴えた。日本はマオリ人を護り、その恨みを晴らすことを約束した。私はマオリ人を代表して日本と結び、日本政府から記念として短刀を贈られた。短刀は約束を血を流してでも実行する証しだった」と、語った。

大英帝国には、この発言を「重大な裏切り」とした人々のいたかたわらで、「マオリ人が大英帝国の臣民だとしても、その臣民を不当に扱ってきた大英帝国に、なぜ忠誠を示さねばならないのか」と、指摘する人も多かった。

ニュージーランド当局は次第にラタナと日本との繋がりを、潜在的な脅威と見るようになったが、逮捕するには難があった。

一九二六年に、白人のオーストラリア人で、「先住民相《ネイティブ・ミニスター》」を務めた、J・G・コーツは、日本から資金が提供されていると見られた「ラタナ銀行」について、資料も見ずに「ラタナ運動の支援者のなかで、銀行経営ができる者はいない」と、鼻で笑った。他の者も同様だった。

ニュージーランド人の一人は、ラタナが日本と結ぶことによって、「霊的な向上を隠れ蓑《みの》にして、人心を乱す種をまき」、「日本とのパイプによって、無限の物的利益がもたらされるような盲信を植え付けている」と感じた。後に、アメリカにおいて全員が黒人で、親日のイスラム国家を築こうとしたときに、糾弾した手口とも同じだった。

法務大臣のサー・ジェームズ・パーは、「ラタナは、マオリ人と日本人の縁を結んだ、と述べた」という報告を受けた。「ラタナは若い日本人を連れて来て、支援者の集会で、イギリス国王がワイタンギ条約でマオリ人の土地はマオリ人のものという要求への支援を拒否したが、日本が軍事力をもってマオリ人を助けてくれる」と語り、「日本はいずれ艦隊を差し向けてくる」と述べた。そして「ラタナはマオリ人が日本に忠誠を誓うように、全力を尽くす」と、宣言した。先住民相にとって、衝撃的なものだった。

これは、ラタナ運動が日本とつながりを深めるなかに、日本による軍事行動が含まれていることを示していた。ラタナ運動のピーター・モコは、「アメリカ人とニュージーランド人に、ビンタを食らわせてやる。やつらはマオリの少女を凌辱し、全民族を辱めた」と訴えた。

同じような「屈辱」が、ローデシアを建国した白人によって、もたらされていた。マオリ人に対して、南アフリカのカファス〔真っ黒な黒人先住民への侮蔑語、主としてコサ族のこと〕に加えたのと同じ暴虐な扱いを、行なった。ラタナも、アメリカの黒人が、自分たちが「アジア人」で、日本民族に近いと主張するのと同様に、「マオリ人と日本人は、同じ失われたユダヤの部族だ。マオリ語の多くは日本語と発音も、語彙も似ている。東京大学のホワイトマン教授も一五年にわたる研究の末に、日本人、マオリ人、フィリピン人、ハワイ人、マレー人などの多くの人種がつながっていると、述べている」と、訴えた。

ラタナ運動は、「神霊治療」を、「パケハス」〔マオリ語で「白人」を意味し、特にヨーロッパ系ニュージーランド人〕に行なうことを拒否した。「パケハスは恩寵に与《あずか》れない」と、説明した。

南太平洋諸島での差別

ニュージーランド周辺の南太平洋でも、人種問題がひろまっていた。イギリス領南太平洋諸島でも、先住民が虐殺されてきた。一八七〇年代のフィジー諸島では、KKK団まがいの虐殺が横行し、「人種戦争《レイシスト・ウォー》」の様相を呈した。

フィジーの社会構造は、ヨーロッパ人が階層の頂点に立って、先住民と、インド人の上に君臨していた。インドは大英帝国の要だったが、弱点でもあった。

一九四一年春に、イギリスの戦時内閣《ザ・ウォー・キャビネット》が、クック諸島とサモア諸島の住民を軍務に服させると発表した。ただし「純血の白人のみ。ヨーロッパ人との混血《ハーフ》を含まない」とした。しかし、「西サモアではこの純血条件に不満があり、イギリスやヨーロッパ国籍を持って、現地で生まれた混血の男性、ポリネシア人との混血の男性は、この差別に憤った」と報告されている。イギリスは、彼らをマオリ人部隊に入れるか、それとも別の部隊とするか、迷った。

日本海軍はこの状況を熟知しており、「日本の作戦は、第一にマオリ人の支持を確保して、大英帝国に敵対するよう扇動し、そのうえで潜水艦から上陸する部隊と、空挺部隊によって、マオリ人居住地域へ進攻する」ものと、思われた。ニュージーランド人にとって幸運だったのは、この計画が実現しなかったことだ。戦後、ニュージーランドは急いで人種差別政策を緩和した。国防上への配慮からだった。

人種差別撤廃を謳《うた》う日本

オーストラリアはアメリカ本土と同じ広さの国土をもつが、人口は南カリフォルニアとほぼ同じだった。先住民はほとんどが、虐殺されていた。まさに、日本にとって理想的な標的《パーフェクト・ターゲット》だった。

ある学者は、「オーストラリア軍人の採用基準には人種差別が明記され、『純血』のアボリジニは徴兵から除外されていた」し、「オーストラリアへの初期の移住段階では、アボリジニは『猿』と表記されていた」と、述べた。「日本人が『ヒヒ《バブーン》〔低能、不格好、粗野な人間の形容〕』、『類人猿《エイプ》』、『猿《モンキー》』などと称されていたのと、同じこと」だった。

オーストラリアのW・S・ロビンソンは、「オーストラリアとニュージーランドには、白人が九〇〇万人、その近くに一〇億人の有色人種が、航空機ですぐ到達する近い距離にいる」と、嘆息した。

しかし、オーストラリアはニュージーランド、イギリス、アメリカと同様に、「白人の優越」が永遠に続くものと、信じていた。

オーストラリアは、その政策がどのような結果をもたらすか、特に日本においてどのように受け止められているか、わかっていなかった。一九一九年春に、戦勝連合国《ヴィクトリアス・アライズ》が人種平等を戦後体制の原則とすることを受け入れようとしなかったことに、懸念した人々もいた。

駐日英国大使は、日本で怒りが沸騰《ふっとう》していることについて、本国に詳細にわたって報告した。「本件について、なぜ感情が突然に激昂《げっこう》したのか、理解し難い」、「どこまで本気で、どこまでが表面的なのか」、当惑した。「ベルサイユ会議で、日本の代表団が差別撤廃条項を国際連盟規約に挿入することを拒まれたことが、原因だと指摘されている」と、述べていた。

「日本外交の重鎮の石井菊次郎《いしいきくじろう》伯爵が、ニューヨークのジャパン・ソサエティーで講演して、人種差別撤廃が講和会議で採択されることほど、世界平和に貢献することはないと説き、国際連盟が人種差別をするほど、惨めな矛盾はない。安全装置どころか起爆装置そのものだと、訴えた」とも報告している。駐日英国大使はこの重要性を示すために、オーストラリア総督とアメリカ政府に複写を、送った。

総督は一九一九年二月に、「人種平等のための日本連合」について、「国会議員、学者など、日本の知性を代表する数百人が集った」と、報告した。

この大会は上野の精養軒《せいようけん》で開催され、長時間にわたった。二七の団体が参加し、登壇者の一人が「世界は、ヨーロッパだけのためにあるのではない。中国と日本の人口だけで、世界の他の全ての国を合わせたよりも、多い。人種差別が撤廃されるまで、国際連盟はありえない」と訴えた。佐藤鋼次郎陸軍中将は「海外に出ないと、有色人種がアメリカや諸外国でどう扱われているか、知ることができない」と述べ、ハワイの歴史に言及した。アメリカの有色人に対する非道な扱いについて、「アメリカの白人の食堂で、黒人が食事をする姿を見た者がいるか。同様のことが、ヒンズー教徒にも言える。日本人はひどい扱いをされないが、有色人種の兄として、日本が黙っていることはできない」と、訴えた。

副島道正《そえじまみちまさ》博士は、「人種差別撤廃を、日本が国際連盟に参加する条件とすべきだ。アメリカ人には、この点を強調せねばならない」と、語った。

やり玉に挙げられたのは、アメリカだけではなかった。憲政会の島田三郎《しまださぶろう》はドイツに言及し、「フランスとロシアが、日清戦争の時に、ドイツと組んだのは間違いだった。日清、日露戦争によって、人種の壁が崩された。他の人種の壁を壊すにも、力が必要だ」と、訴えた。

この大会で、外交官は及び腰だと、批判された。日本が「白人の優越」に対抗することが、対ヨーロッパ、アメリカ政策の重要な柱であるべきだと、訴えた。ところが、日本の外務省は取り上げなかった。

それでも、オーストラリアは盲目的に人種差別の道を進んだ。オーストラリアの高官は、当然、黒竜会について知っていた。明治維新の後に発足し、日本の世界征服の企みを推進した団体だった。

オーストラリア軍のＪ・Ｌ・ヒアールは、「この会の会員は宣誓し、敵を警戒して毎夜四時間しか睡眠をとらず、粗食に撤している。いったん命令されれば、切腹する」と、警告した。会員がオーストラリアにもいるとされた。

大英帝国は日本が人種カードを切って、イギリスを攻撃しようとしていることを知っていた。一九三七年に、リジナルド・クラリーは、将来の外務大臣であるアンソニー・イーデンに、日本でひろく読まれていた『反英の危険文書』を転送した。東京五大紙と英字新聞一紙とに広告が載っていたもので、アメリカ連邦議会にも提出された。

その内容は、イギリスがオーストラリアとニュージーランドで、先住民を「虐殺」し、アフリカ人「奴隷」を売りさばいていたと、非難していた。「日本を批判する前に、イギリスの歴史を振り返れ」と、訴えていた。

それにもかかわらず、オーストラリアは重症のアルコール中毒患者が、強いマティーニを手放せないように、「白人の優越」政策を守らざるをえなかった。過去数十年、習い性になっていたからだった。

避難民として認められるのは白人の大英帝国臣民のみ

一九二八年にアメリカの黒人ミュージシャンが、オーストラリアを訪れて、事件が発生した。五人の白人オーストラリア人女性が、黒人《ニグロ》と裸になって騒いで、逮捕された。裁判には一〇〇〇人の男性が傍聴に集まった。アメリカの黒人が、オーストラリアの女性を魅了する、性的魅惑を描いた翌日の地元紙は、お決まりのように黒人の入国を批判した。この騒ぎはギリシャ人や、ユダヤ人、中国人、アジア人に対する襲撃へ発展した。

オーストラリア人のなかには、「有色人種」の差別だけでは不十分で、ヨーロッパ人にまで広げるべきだとする者までいた。しかし、ヨーロッパから離れて、どうやって日本と対決できるのか。線をどこに引くべきかわからなくなった。

オーストラリアの有力な政治家で、ベルサイユ会議で人種平等に反対した、ビリー・ヒューズ首相は、「ダゴ〔イタリア人の蔑称〕に、屈せよと言うのか。白豪が、イギリスの白豪だったことを、誇ったはずではないか」と嘆き、「白人の優越」が大英帝国の優越と同義語だということが、判明した。イギリス人エリートの優越意識のことだった。

ウィンストン・チャーチルは、「オーストラリア人は、素性が悪い。囚人が植民地をつくって、そこにアイリッシュの労働者が大量に流れ込んだ」と、舌鋒《ぜっぽう》するどく批判した。

W・E・プレンティスは、そんなことは気にせずに人種の特権を謳歌《おうか》した。このオーストラリア人は、戦前、パプアニューギニアのポート・モレスビーに到着したが、「全部隊で、曹長と、将校に一人ずつ、それ以外の階級の者にも一〇人に一人、パプア先住民のハウス・ボーイがあてがわれ、炊事洗濯、アイロンかけから、伝令までやらせた。全部隊が午後の十二時半から一時半まで昼寝《シエスタ》を義務づけられた。これはインド支配の延長で、亜熱帯勤務《トロピカル・サービス》の特典だった。こんな優雅な軍隊が、戦意旺盛な日本軍から帝国を、防衛できるはずもない」と思った。「白人の優越」は、内部崩壊の種を播いていた。

香港の植民地当局は戦争が近づくと、段階的に防衛準備を行なったが、まさか人種まで視野を拡げて、どう対応すべきか考えていなかった。このために日本軍が進攻した際に、中国兵の戦意が低いことを、まったく考慮していなかった。当局は日本軍の進攻の数カ月前に、女性と子どもを避難させた。ヨーロッパ人でない大英帝国臣民の避難は、白人より後回しにされた。一九四〇年の避難は、人種によって厳しく差別したものだった。

当時、香港にいたアメリカ人ライターのエミリー・ハーンは、「イギリス国籍のユーラシア人とポルトガル人は、危険から救う必要がないと見做されたが、アジア人でない女性と子どもは避難対象だった。アジア人はひどく扱われ、爆発寸前だった」と、証言した。

これは、当局だけが原因ではなかった。オーストラリアが妥当な避難場所だった。戦場とならないし、また戻れる距離にあったからだ。

オーストラリア当局は一九四〇年十一月に、「避難民は白人の大英帝国臣民」のみ、「ヨーロッパ人の純粋な末裔でない者は、入国不可」とした。例外は「白人のイギリス人避難民を夫に持つ有色人か、一部の有色人の妻」のみだった。

住民は「白豪」政策を承知していた。逆に、直前に北の沿岸にあるダーウィンに居住していた少数の中国人が、香港に移住させられた。多くの中国人が、「そこにはるか以前に連れて来られ、ダーウィンから南へと向かう鉄道建設に従事させられていた」のだ。オーストラリアはそうした中国人を戦地に送り、代わりにヨーロッパ人を受け入れようとした。

イギリスの公使が、「白人の優越」が中国人のナショナリズムを刺激していると、訴えた。一九四一年十二月に、ダーウィンの「中国人居住民」が、「避難に当たって、平等を欠く扱いを受けている。オーストラリア人の妊婦、女性、子ども、老人、障害者がダーウィンから避難しているというのに、中国人は全員除外された」と、申し出た。当局の回答は、「中国人と他の住民の間で、差別はない」というものだったが、現実はまったく違っていた。

アジア人から「白豪」を守れ

他にも、オーストラリアを脅かす事態が発生していた。日本の諜報機関に関する「信頼できる情報筋」によると、香港で訓練を受けた中国人の工作員の一団が、日本の潜水艦によってニューギニア経由でオーストラリアに送り込まれる、というのだ。オーストラリアにはすでに七〇〇〇人近い中国人男性がおり、その中に工作員が紛れたら、検挙するのはきわめて困難だった。中国人と日本人の区別すら、つかない。オーストラリアはアメリカと違って、ドイツの諜報員の摘発もしていなかった。シドニーにあるオランダ領事館は、オーストラリア政府に対し、オーストラリアに来るオランダ市民は「全員の身元が確かで、ユダヤ人や好まれざる者は皆無だ」と、通告していた。ジーン・ギティンズはユーラシア人で、香港の名家の出身だった。一九四〇年の避難令でマニラへ向かったが、途中で「人々が分けられ、白人はオーストラリアへ向かい、ユーラシア人は香港に戻される」ことを、知った。

オーストラリアは、ヨーロッパ人の召使いの中国人の入国に、戦々恐々としていた。新聞が「香港から三〇〇〇人の女性と子どもがオーストラリアに避難して来る」と報じたため、様々な意見が噴出した。このため、当局は「香港からの避難民女性は、オーストラリアに有色人乳母を連れてきてはならない」と、決定した。

オーストラリア内務省は、シンガポール総督が「戦時中あるいは無期限に、白人がオーストラリアへ連れ込もうとする有色人乳母に、パスポート発給を控えることにした」と、説明した。「アジア人召使い」を白豪政策のオーストラリアに入れることは、まかりならなかった。

ニュー・サウス・ウェールズ女性評議会のルビー・ボードは、「白豪政策を持つオーストラリアは、有色人の召使いを入国させることに、絶対に反対だ」と宣言した。フェミニスト・クラブのP・A・キャメロンも、同様の理由で反対した。

内務省は戦端が開かれると、「有色人の召使いは、できるだけ早く母国へ戻ることが望ましい」と、通告した。雇用主は、あわてて召使いを解雇した。彼らが留まり、「白豪」政策が壊されることを懸念した。こうした使用人が激しい交戦地帯で危険な状況に置かれようとも、オーストラリアはアジアの有色人種の感情に屈することはなかった。

オーストラリアは、中国人召使いに加え、軍人の中国人妻も国外に退去させようとした。これらの将校にとって、「中国人妻たちをどこに住まわせるか、悩みの種」だった。オーストラリアの人口の九八パーセントが、イギリス人だったことと「有色との混血」がないことが、中国人妻にとっても、イギリス人の夫にも、気まずさがあった。避難兵の白人妻は中国人妻を嫌悪し、中国人妻は香港からこの地に避難させられたことを、悔いた。

将校だけではない。アリス・スタンダード夫人は香港から、ブリスベンに避難してきた。他の避難者同様、階級の梯子を転げ落ちたことに狼狽し、ひどく不安になっていた。「オージー（オーストラリア人）は、我々の心を痛ませる。なぜ、この国に移住させたのかと思っている。オージーは、イギリス人が好きじゃない。見ていてすぐわかる。子どもたちもそうだ」と、語った。

あるオーストラリア人将校は、「夫人は、部下たちの時間をえらく奪う。もっとも扱いにくい避難民だ」と、ぼやいた。「きっと香港では、悠々自適の生活だったろう。子どもにも召使いがいた。しかし、ここには召使いはいない」。香港でヨーロッパ人には、白人のオーストラリア人より、多くの召使いがいた。彼らは召使いがいないことで、パニックに陥った。

オーストラリア人の偏見は、日本のプロパガンダにつけ入るすきを与えた。一九四二年四月に、日本が操る『香港ニュース』の社説は、「イギリスは、ニュージーランドや、オーストラリアではなく、『有色人の故郷』で戦争をしようとしている」「白人の女性と子どもは避難させられ、戦争の犠牲となるのは白人ではなく、有色人種という算段だ。白人は最後までそうであって欲しいと、思っている」と糾弾し、なぜ、イギリスが、オーストラリアばかりを心配し、ビルマやマレーを気にかけないのか、と問いかけた。後者は「白人の郷土ではない」からで、イギリスは「白人の国だけを守ろうとしている」と、非難した。

オーストラリア人のデスモンド・ブレナンは、一九四一年十二月の日本軍進攻の前日に、マレーで将校と昼食をとった。彼らのうち三人がイギリス人で、コリンズ中尉が彼らの日本人に関する最新の認識について警告したのを、ブレナンは覚えている。彼らはみんな、日本兵は近眼で、出っ歯、銃は旧式で弾が出ないと考えていた。この夜は、いつものように白人の優雅な特権に浴していた。ブレナンと仲間の軍人はインド兵を召使いにしていた。

靴とソックスを脱がせるように命じて、マッサージを受けようとした。ところが、日本の爆撃機の爆音が近づくと、インド人召使いがナイフを突きつけた。ブレナンの召使いが、他の多くの召使いのようにご主人様を殺さなかったのは、幸運だった。

アジアへの日本軍の進攻の衝撃が、オーストラリアからニュージーランドまで、伝わった。ケビン・アイルランドは、戦争中にニュージーランドで育った。「国家の危機を痛感したのは、日本と戦争をしている時だった」と、鮮明に記憶している。

ニュージーランドでは、「近親相姦」も含め、多くの「タブー」が容認されていたが、日本の侵略だけは、考えないようにしていた。それだけ、恐ろしかったのだろう。

「奇妙なことに」とアイルランドは語る。ミッドウェイ海戦後は「再び生意気になっていた」。それは「われわれの傲慢さは、やっと解放されるまでの恐怖の深さに比例していた」からだろう。日本というファクターは依然として存在していたが。「われわれ子どもたちは、戦争ごっこでドイツ兵をやっつけた。日本は対象外だった。日本兵は類人猿《サブ・ヒューマン》か、凶々しい妖怪《マリヴォレント・フリークス》だった。その日本軍が侵略してくると聞いた時は、まさにホラーそのもので、子どもたちの人格形成にも影を落とした」と、語る。「ミッドウェイ海戦で日本海軍が敗れてからは、その恐れもなくなった」。

戦前から「日本侵略の悪夢」は、イギリスの植民地支配を受けたマオリ人が、復讐のために暴動を起こすという噂と一体となって、ニュージーランド全土を恐怖に陥れた。このために、ニュージーランドは、日本人の行動を厳しく監視した。一九三九年二月に、日本企業誘致に対する不安が高まった。それまでは、「サモア人の混血《パート・サモアン》」を雇って働かせることを、問題としていなかった。「これまでニュージーランドは、フィジーから流入する大英帝国のインド人臣民の受け入れを、上手に拒否してきた。日本企業を誘致すると、『サモア人の混血』ももっと受け入れざるをえない」ということになった。

日本人は、「白人」でない者を雇用することによって、意図的に既存の人種秩序を壊し、大英帝国と太平洋の先住民との関係を悪化させた。日本と戦端が開かれた数カ月後に、国営放送局のA・E・マルガンは、首相に「マオリのための放送時間」の認可を求めた。理由は、「マオリ人の態度がきわめて不穏だ」との情報からだった。「忠誠心に欠け、扇動されやすかった。忠誠心を殺《そ》ぐ考えや見解が、彼らの頭に意図的に刷り込まれて」いた。

マルガンはこのことを憂えて、「リグラン地域のジャングルに居住する先住民の代表に、部落の全員が日本による軍事進攻を、待望しているのか」、たずねることにした。

郷土防衛隊《ホームガード》は先住民からも志願兵を集めようとしたが、彼らはむしろ日本軍に来てほしい、そうすれば自分たちの土地を「パケハたち（マオリ語で白人のニュージーランド人のこと）」から取り戻せるからだ、と平然と断られた。それ以前の報告にも、「ニュージーランドで大きな暴動が起きたときも、マオリ人は宗教上の理由から兵役に抗議した」とあった。

ニュージーランドで最も影響力のあった、先住民女性の一人とされたテ・プエアは、戦時中に忠誠を疑われ、「反英親日」と思われた。彼女は他の原住民と同様に、ニュージーランドに忠誠を誓う値打ちがあるか自問し、その意義を見いだせなかった。多くのマオリ人は、侵略からニュージーランドを防衛すると誓ったが、国外での戦闘を拒絶した。

戦争が激化した一九四二年四月に、ニュージーランド政府は「破壊的傾向のあるアポロシというフィジー人が、日本の手先で反政府活動の中心として、利用されている」と、疑った。アポロシは純血のフィジー人で、フィジー人の一部に、危険な影響を与えていた。オーストラリアの警戒は、マオリ人やフィジー人による破壊活動の恐れから、アジア人全体に向けられた。中国系ニュージーランド人の存在は、「日本軍のために働いている」疑いを、強めた。

支那事変の初期の段階では、「ウォン・ア・ビュー」という名の中国人将校を装った、日本の諜報機関の大佐が、中国人のなかにまぎれ込んで情報収集に成功していた。広東語の他、四つか五つの中国語の方言も話せ、外見も中国人だった。彼は香港、後にはマレーとシンガポールで、諜報活動を行なったと、報告された。最後は、日本軍の香港の諜報機関で、活動をしていたとされる。オーストラリア領事は「日本はこの諜報員を、あらゆる手段を駆使して、オーストラリアに入国させようとした。中国人に化けて、活動させるためにだ」と、警告された。

日系のニュージーランド人は、黙示録級の恐怖の対象となった。ニュージーランドでは、アメリカ生まれの日系のアメリカ人水兵まで、敵のスパイであることを恐れられ、「敵性外人《エネミー・エイリアン》」として扱われた。アジア人は、全員がスパイではないかと疑われるようになった。たちまち日本が香港、シンガポールを陥落させたので、中国系ニュージーランド人の多くが、疑われた。「極秘」とされた日本側資料に、インド人は『第五列』として活用できるとあったことが、さらに恐怖を高めた。

多くのマオリ人が、国外での戦闘のために徴用された。一九四四年に復員した、マオリ兵のメジャー・ハラウィラは、「ニュージーランドは、イギリスよりも、人種差別が酷い。この前の戦争の時より、人種差別の度合いが増した」と、憤った。オーストラリアは、勇猛なマオリ人を日本との戦闘に使おうとしたが、上手くいかなかった。故郷で白人から差別を受け、どうして白人のために戦うものだろうか。

親日派になる先住民

戦争によって、特に人種差別が国家の安全を脅かしたために、「白人の優越」が危機に陥った。ニュージーランドとオーストラリアは、世界でも最悪の戦いを余儀なくされていた。先住民を敵のように扱った白豪主義の行き過ぎが、ヨーロッパからの移民の間にまで、親日派を急増させた。多くは、イギリス式の愛国主義が強まったために、不当に扱われた者たちだった。

戦時中、ニュージーランドもオーストラリアも、先住民に対する不信感によって、恐怖に駆られた。オーストラリア政府は広大な国土を防衛しなければならず、人種差別が激しかったので、ニュージーランド以上に憂慮した。当局者が「もっとも心配したのが、『不当な扱いを受けてきたアボリジニが、団結して立ち上がる』という噂だった。白人は先住民に対する傲慢極まる態度がもたらす危険に、もっと気づくべきだった」「白人は先住民を軽蔑して『ニガー〔黒んぼ〕』と呼んだ。これは先住民にとって、耐えがたいものだった。この態度が先住民を『第五列』へと向かわせたのだ」と、語った。

ある極秘報告文書は、真珠湾攻撃の数カ月後のオーストラリアが、パニック状態に陥っていたことを、示している。宗教者のE・C・H・グーテンクンストは、「日本軍が『この土地は、白人によって奪われたが、もともと先住民のものだった』と告げ、さらに『日本軍が先住民へ返還させる』、と呼びかけたと、先住民が信じている」と、報告した。オーストラリアの安全保障長官は、「ヨーク岬半島のアボリジニは、何年も前から日本の船乗りに食事や煙草を恵んでもらっている」と述べ、日本と結託していることを指摘した。もう一人の情報提供者は、「先住民は白人より日本人を助ける。日本人は何年にもわたって先住民にプレゼントをしてきた」と、述べた。

オーストラリアが積極的に先住民を徴兵したかといえば、ノーだ。日章旗の下に、先住民が大挙して集うことを、恐れた。香港と同様に、彼らに銃を渡すことを躊躇《ちゅうちょ》した。銃口が自分たちに向けられかねないからだった。

シドニー大学のA・P・エルキン教授は、「ニュー・サウス・ウェールズの混血の先住民の入隊を、軍当局が受け入れるかどうかについて、議論があった」とし、「日本軍が上陸すれば、アボリジニが日本軍を助けるのではないか議論され、その可能性は大だった。この一〇年ほど、アボリジニは日本人を親切だと思っている」と、語った。「先住民を武装させれば、凄惨なことになる」と、いわれた。最初の警告から数カ月後、ブリスベンである高官は、再度「ヨーク峰半島に住んでいるアボリジニが、日本軍上陸の際に連合国に味方をする保証はない」との報告を受けた。そこで高官は、「日本人は古くから、この辺りで漁をしており、先住民と親密だ」と、述べ、「白人への悪感情を改善し、日本に対抗するには、先住民に小麦、砂糖、煙草を与えるべきだ」と、説いた。

日本はオーストラリアの先住民の生活向上のために、長年にわたって尽力してきた。オーストラリアの沿岸のブルームでは、かなり前から日本の和歌山の海女《あま》たちが、真珠を採っていた。ブルームは、オーストラリア西部の過疎地で、東ティモールのポルトガル人入植地から、北へたった九〇〇キロの地点にある。「一九四一年までは、五〇〇人ほどの海女がブルームの経済を潤《うるお》し、活況を呈して」いた。

「諜報報告書」もまた、「先住民」の「忠誠心が疑わしい」と報告している。日本の努力は成功していたようだ。「それは最も注意すべき問題だ」と報告書は続く。先住民は「クイーンズランドの地勢を熟知しており、上陸する日本軍にとっては計り知れない価値がある。敵は多くの先住民を唆《そそのか》すことができる。学がない、土民《アボリジナルズ》たちは、長年にわたって共産主義者と反資本主義者のプロパガンダに大きく影響され、たいていいつも煽動者の言いなりになってきた。彼らは階級闘争を強く意識し、白人から不当な扱い《ローディール》をされたと考えている。こうした感情は、ふだんは白人に直接向けられないが、有色人が集まると際立ってくる。日本軍が彼らの多くに自発的協力者を見つけることはほぼ疑いがない」。

また、別な高官は「オーストラリア北方の土民は、白人によって長年にわたり貶められ、『報復』をしてくるかもしれない。日本人はトレス海峡の先住民を友人として扱い、彼らの家を訪問したり、自宅に接待したりして、対等に扱ってきた」と、いった。

著名なオーストラリアの法律家チャールズ・ローは、「メルヴィル島の先住民は、恐らく我々より日本軍のほうに、好感を抱いている」と、語った。

被害妄想者の妄想も、時には当たるものだ。

後年、あるアボリジニは、「戦時中、白人のなかに、アボリジニを安全保障上のリスクとする者もいた。事実そうだった。我々を大切にしてくれる日本人と、オーストラリア人のどちらを助けるか。当然、日本人だ。アボリジニを大切にしてくれる日本人と、力を合わせて当然だろう。いまでも、我々はオーストラリアにとって、安全保障上のリスクだ。この国が、アボリジニを二等市民ではないと認めるまでは、リスクであり続ける。親切にしてくれる人に、全てを売り払うよ。ありがとうとね。なにがいけないのだ?」と、訴えた。

実際、オーストラリアが答えを見出すのは、難しかった。オーストラリアと、アメリカなどの連合国は、日本の脅威に対して時間がかかろうと、少しずつ人種差別を緩和する施策を取り始めた。こんな質問をされないようにする唯一の方法だと認めたからだ。

有色人種の海に浮かぶ、「白人」の孤島

オーストラリアはニュージーランド同様に、中国人が日本に与《くみ》すること、あるいは日本人が中国人に化けて工作活動を展開することを、恐れた。「日本軍の作戦」に関する「極秘報告書」で、遅ればせながら渋々と、オーストラリアが「敵を過小評価していた」と、認めた。

「日本方式《ジャパニーズ・メソッド》」の分析は、日本軍が首尾よく香港を占領した後に、日本兵は「中国人の家から中国の服を奪って、中国人に化け、道で出会ってもわからないようにした」と報告していた。上海では、「サッパリと髭を剃ったシーク教徒」が、「日本人とともに、スバス・チャンドラ・ボースのもとで行動しよう」と主張し、インド人社会を扇動していた。オーストラリアがフィジー、ニュージーランドと共に、インドに隣接していたことも脅威だった。

今も昔も、この地域で最高の情報は、オーストラリアの諜報員たちによってもたらされた。もっとも、アジア人の「白豪政策」に対する敵意から、アジア人による扇動の危機感が多分に誇張されていた。

日本のシンガポールでの驚くべき勝利の数週間後、重慶にあったオーストラリア公使館は、「大英帝国の栄光《ブリティッシュ・プレスティージ》」が、「今日ほど地に堕ちたことはなかった」と報告した。公使館は遅ればせながら、「大英帝国は中国で数世代にわたり、人気がない」と報告し、「中国人には、内心ア

メリカへの好感がある」と、訴えた。大英帝国の足下で大地が崩れはじめ、危機的な状態にあった。というのも、「特に重慶政権の軍部に強力な親独派《プロ・ジャーマニー》がおり」、影響力を持っていた。中国は独自の道を歩みたかったのかもしれない。公使館は「中国人には堕落した性格《キャラクター》があり、腐敗を防ぐことができない」と、報告した。そして、中国におけるオーストラリア代表で誠実な人物だったF・W・エグルストンは、「ヨーロッパの帝国が、戦意の低い先住民を使って、彼らの土地であった植民地を防衛するのは難しい」と、説いている。

オーストラリアでは、中国人に対する恐怖と相まって、インドの存在すら不安に感じるようになった。オーストラリアは中国人を差別し、香港から中国人がオーストラリアへ避難することを禁じて、流入を食い止めようとした。

この二つの政策が、かえってオーストラリアをパニックに陥れた。偏見は消えなかった。オーストラリアは、扇動の拠点として中華料理店を、厳しく監視した。ブリスベンの安全保障副長官は「中国人グループが信じられない巨額の金で、カフェとケータリング業界を買い占めようとしている」、「全てのギリシャ・レストランの経営者が、買い占めのオファーを受けていた」と信じて、衝撃を受けた。

中国はオーストラリアの同盟国だった。ギリシャ共和国はファシスト政権が、支配していた。中国人がいったい、どこから買収資金を得ているのか。考えられたのは、「日本のスパイだった。飲食店は「親日派が船舶の動きなどを知るために使われ」、それらが並ぶ通りも怪しかった。オーストラリアでも、日本軍が南京を占領したことや、蔣介石政権が日本軍の蛮行を宣伝していたから、中国人が日本を恨んでいることは、よく知っていた。しかし、自分たちのほうが、日本よりも中国人に嫌悪されていると、判断した。

一九四二年に入ると、マレー半島が日本軍によって占領され、マレー総督はあわててオーストラリアに、「中国人とユーラシア人を半々で入国させるという当初の方針は、まったく非現実的な考えだったと言わざるをえない」と、伝えた。マレーの人口は「六〇万人」で、中国人がその「八五パーセント」を占めていた。総督は「本件について援助が不可欠だが、中国人の妻子を一時的に避難させる場所を確保できないなら、どうしようもない」と、付け加えた。オーストラリア政府は、「五〇〇〇人」の受け入れ希望は、五〇〇〇人多すぎると判断した。

しかし、マレー総督は引き下がらなかった。この数週間後に、マレー半島の防衛が風前の灯《ともしび》となった。総督は「大英帝国政府の再考」を促《うなが》した。「中国は我が方に立って、戦っている。マレーの中国人は資金や施設を、オーストラリア軍に提供している」と訴えたが、オーストラリア政府は応じなかった。

オーストラリアの内閣は、「マレーから中国人は避難させてもらえないのに対し、白人の大英帝国居住者は、特別の対応がされている」という中国人からの苦情に対処しなければならなかった。香港からオーストラリアへ避難したいという何百人もの中国人は、「ほとんどが高学歴の富裕層だったにもかかわらず、入国は限定された期間でさえ、許されなかった」。

理由は、「香港が日本軍の手に落ち、中国人をいったん入国させれば、白豪政策があるにもかかわらず、中国人がオーストラリアに残留することを余儀なくされるから」だった。ごく「少数」の中国人女性は認めても、「男性は一人として受け入れない」方針だった。

中国は、オーストラリアの同盟国だったが、戦争中、オーストラリアは、大量の難民の流入を恐れた。「中国人や他の有色人種」がオーストラリアへ入国すると、それまでの人種構成を変更しかねないからだ。

日本はアジアにおける「白人の優越」と戦うことによって、アジア人の熱狂的な支持を獲得していたが、オーストラリア当局は、「オーストラリアは白豪でなければならない」と叫ぶ新聞の見出しに、同調していた。

オーストラリアは、後にパプアニューギニア（PNG）として知られるようになる北の領土から、色黒のメラネシア人が入国してくることも恐れた。一九四二年のPNGからの避難について『シドニー・モーニング・ヘラルド』紙は、「パプア人はジャングルを案内して、日本兵を守った」と報じた。この地域について、白人のオーストラリア人が脱出して避難した結果、「パプア人が指導的立場につく」ことになった。戦争が人種の力関係を変えたことになる。

オーストラリアは、有色人種の大海に浮かぶ、「白人」の孤島となりつつあった。

大英帝国の辞書では、「ヨーロッパ人」でない者は、全員が「有色人種」だった。どのような状況におかれても、「有色人種」はオーストラリアの住人としてふさわしくなかった。

オーストラリアの中国人に対する見方は、右翼政権のユダヤ人に対する態度のようだった。「中国人は、飛び地《エンクレイブス》を形成し、同化しようとしない」ので、移民としてふさわしくないといった。現実には、オーストラリアは「人種問題で孤立」する危険を、知っていた。オーストラリアは戦争遂行にあたって、「〝白豪〟のスローガンを、避けるべきだ」と、考えた。「批判を高める」からだった。

そこで「セイロンはインド人を、タイは中国人を排斥し、日本は朝鮮人を差別している」と、問題をすり換えた。そのかたわら、東洋民族は「有色民族が一丸となって、オーストラリアを脅かすほどまで、同胞意識が高くない」と思って、安心しようともした。

オーストラリアが、「人種平等を曖昧《あいまい》に肯定」するようになったのは、「大英帝国の力が世界世論を無視して、オーストラリアをかばえるほど、強くなくなった」からだ。広告会社がするように中身はそのままにしても、包装を変えなければならなかった。「政策をまったく変えずに、『白豪政策』の看板だけを外す」ことだった。

戦争は、オーストラリアの歴史的なイギリス依存を、アメリカへ移した。しかし、このことがさらに混乱をもたらした。

米国黒人部隊との接触

大英帝国と異なり、合衆国は巨大な黒人《ニグロ》人口を抱えていた。彼らはオーストラリアのような

「白人の優越」に同調していなかった。

黒人のマイノリティーをなだめ、日本に与することを防ぐためには、アメリカも改革を求められた。アメリカは黒人兵に大きく依存していたので、さらに深刻だった。

このことが、オーストラリアに大きな問題をもたらした。一九四二年一月に、日本軍は快進撃を続け、香港を占領し、シンガポールの陥落も近いと思われた。オーストラリアは、日本のすぐ手の届くところにあった。だが、アメリカが加勢するとの申し出に、即答せずにためらったのは、自国の生存より「白人の優越」を守ることを優先するように見えた。現実に適応するのが、難しかった。

アメリカは、「深刻な問題を生じさせかねないくらい多くの黒人兵のいる軍隊の黒人比率を圧縮せよ」と、繰り返し求められてきた。オーストラリア政府の「極秘《モストシークレット》」文書には、明白に「戦時内閣の決定により、アメリカのいかなる有色人部隊も、オーストラリアに駐留させるべきでない」と書かれていた。だが、寛大なことに、目的地へ向かうために、通過するだけであれば、許されていた。

オーストラリアの、労働省と国家機関の「極秘」報告には、黒人の雇用について、「ブリスベンの積み下ろしの労務」であっても、「思わしくない状況を招く」と、述べられていた。一九四二年二月の「極秘」報告は、「出入国職員がメルボルンに到着したアメリカ部隊」の入国を、拒否したと、報じた。有色人部隊が入国しようとしたのだった。議論を経て、「この制限は撤廃される」こととなった。

一九四四年四月、オーストラリアは「新たに南西太平洋に派兵されるアメリカ黒人部隊は、ニューギニアに直行する」とのことに同意し、「オーストラリア本土に既に駐留する部隊も、速やかにニューギニアに移動する」ことになった。理由は、黒人部隊が偏見に反発したためだった。黒人は軍事法廷で、差別されていると主張した。

オーストラリアは黒人兵の数に、厳しい制限をつけた。一九四二年八月は、黒人兵が七二五八人で、その多くが船舶や、空港の舗装作業などを担っていた。この数字はポート・モレスビーで一五六一人、シドニーの二四二人、ブリスベンの一一六人も、含んでいた。

オーストラリアは黒人部隊を受け入れたが、もとより公平に扱う意思がなかった。大英帝国内にいた黒人は、白人から差別されていた。一九四三年初頭に、オーストラリアのイギリス高等弁務官は、同僚から「イギリス兵とその補助兵は、アメリカの白人と有色人の関係に対する態度に理解を深め、アメリカ人どうしでも、合衆国南部の出身かどうかで、また違う態度になることに配慮せよ」と書かれた覚書を、手渡された。

このなかには、「南部では白人は男も女も、黒人と親密になってはならないという掟《おきて》がある」ので、オーストラリア人は「アメリカの黒人兵に親しく同情を持って接すべきだが、祖国アメリカでは白人との親しい関係に慣れていないことを、弁《わきま》えるべきだ」と、勧告されていた。

「黒人は子どものように扱い、愛情と尊敬の念を抱かせるように」と、イギリスのリベラリズムを傷つける、黒人を見下した記述があった。

人種に関するリベラリズムは、オーストラリアの黒人に対する政策に、たいした影響を及ぼさなかった。「極秘」とされた報告書が「シドニーのアルビオン街にある黒人米兵《カラードアメリカンサービスメン》クラブ」について、強い警告を発していた。「アメリカの黒人部隊は市街のほとんどの地域に立ち入ることが禁じられていた」が、報告書は、ここでは「明らかに売春婦」と思われる「有色人女性と白人女性が、縄張り争い」を展開していると触れている。当局は、古くから問題である白人と黒人の異人種間性交渉《ミスジェネーション》を防ぐために、「クラブ界隈《かいわい》を売春婦《ストリート・ウーメン》が徘徊《はいかい》することを禁止」した。

黒人と白人の兵士との間で、「暴力的」な衝突が「頻発」した。ある黒人兵士はオーストラリアに来て、初めて「黒人《ブラック》」――当時では、一般的な表現ではなかった――と呼ばれたと、述べている。

オーストラリアにおける黒人《ニグロ》との初めての接触は、多くの教訓を残し、後にアボリジニ活動家に手本を提供した。

一九四二年に、オーストラリアは日本の侵略を蒙《こうむ》るかもしれない状況下で、「アメリカの有色人部隊とオーストラリア部隊が親しくなり、飲食を共にすることを禁じる措置」をとった。互いに命を賭して戦う戦場で結束するためには、そうした交流が欠かせなかったが、オーストラリアは認めなかった。

ロンドンと同じく、オーストラリアはアメリカの例を掲げて、「そうした友愛《フラターニゼーション》は、アメリカの白人部隊では許されておらず、想像できない。オーストラリア軍でも好ましくない」と、訴えた。「そのような交流は、アメリカ軍の軍紀を乱すもので、この措置はアメリカ当局の要請でもある」とした。

労働階級は二分された。オーストラリア、クィーンズランド州のイプスウィッチの「交易労働協議会」は、「こうした人種優越論は、ファシストのものだ」と首相に厳しく抗議したが、受け入れられなかった。その一方、二〇〇〇人の黒人労働者がクィーンズランドのタウンズビルに到着すると、労働組合はこれをきっぱりと拒絶した。

南太平洋における人種差別の変革がはじまった

クイーンズランドでは、「黒人《ニグロ》のアメリカ人は、基地内か、受け入れ地域にあるかの区別なく、居住も、業務についても、余暇についても公的な差別の対象」となっていた。

しかし、黒人とアボリジニはこの屈辱《ハラスメント》に耐えられなかった。戦争が終結する前に、このような軋轢によって生じた「変革の力」が大きな転機をもたらして、政府に移民を自由化させ、その影響は人種政策にまで及んだ。

その一因は、黒人部隊の存在感だった。彼らの「国際的圧力」は、アボリジニの処遇を改善させた。ある学者は「国際的圧力が、人種差別を変革した」と、説明している。

オーストラリアの先住民の一人は、「アメリカの黒人は、駐留したクイーンズランドの湾岸地帯で大きく貢献した。彼らと会ったことによって、学ばされた」と、述べた。他の様々な変革にも、道を開いた。

同様の変革が、オーストラリア北方のニューギニア島西半部のイリアンジャヤでも起こった。オーストラリアが戦前、戦後にわたって支配した地域だ。あるパプア人は、「アメリカ軍には肌の色が濃いが、白人とともに生活する者たちがいた。黒人の将校までいた。私たちだって、これまで生きてきたのと違う生き方をすることができると悟った」と、語った。

日本はこれらの地域で、民族が不当に扱われていると、宣伝した。親日の『香港ニュース』が、近隣のフランス植民地ニューカレドニアで、「クリスチャン・レイグレット知事が首都ヌーメアでのアメリカの黒人部隊の乱行が、ニューカレドニアの白人女性を恐怖に陥れたとして、正式に告発した」と、報じた。

「白人の優越」の手本となっていた地域だった南太平洋は、日本の謀略宣伝の標的となった。そこでは、大英帝国の「冷酷な支配」が行なわれていたが、日本が立ちあがったために、「白人たちが自らの迫撃弾で自爆する瀬戸際に立たされた」と、報じた。

日本の宣伝は、オーストラリア人や、ニュージーランド人を恐怖に陥れた。このために日本の宣伝班のT・コニシは、一九四二年に「日本がオーストラリアで、白人のオーストラリア人を人口比で追い抜くには、あと一世紀はかかる」と、述べなければならなかった。オーストラリアのような広大な土地を「アジア化」するなど「実現可能《フィーズイブル》」ではないが、大英帝国は「日本移民に理想的な場所」を提供してくれてはいた。「白人たち」が「中国人とインドネシア人と同等に扱われる」という約束はもはや保障の限りではなかった。「オーストラリアの開発のためには、中国の労働力の導入が唯一の解決策となる」と認められたためだった。

これらのことは、黒人兵士の存在感や、日本が広める、時に恐ろしいまでのプロパガンダと相まって、南太平洋での帝国の敗戦の衝撃を反映していた。

ニュージーランドの「公式戦史」は、「先住民省が戦時中に拡大され、戦争が変革を加速させた。そのことが、マオリ人の民族意識を高めた」と、報告している。一九四四年に、「マオリの全部族代表による会議が開催された。この種の会議は初めてのことだ」。そこでは首相が演説し、先住民がその後長きにわたりウェリントンを騒がせることになる土地の権利を主張した。

戦争の一撃によって、南太平洋における人種の地位が魔法のように、改まったのではない。ユーラシア人のピーター・ホールは、戦後、シドニーの学校に入学を許可された。「私は『中国』出身だったので、『トージョー』と呼ばれた。後年、オーストラリアで日焼けしたため、ニックネームが侮蔑的な『非白人《ウオグ》』となった。明るく笑って、耐えるんだ。そうでないと、やってゆけない」と、語った。

ホールの経験は、特別なものではなかった。差別が行なわれているこの国で、学ぼうとする

「非白人学生」のために、規則が設けられた。これはあらゆる手段によって、「白豪」政策の延命を図るためだった。

聖職者のウィルソン・マコーレー博士は政府に、日本の降伏の数週間後に、「オーストラリアを『白豪』と表現するのは、東洋人にとっては、ヒトラーの『支配民族《ヘレンフォルク》』と同じ民族的優越を意味し、反対を招く」と、訴えた。政府は反駁《はんばく》して、同盟国アメリカの同じような政策に言及した。アメリカ軍の従軍牧師が戦後すぐに、白人兵士を「フィリピン人と結婚する前に、フィリピン人がアメリカで受ける差別のことを考えなさい」と、諭していた。

しかし、アメリカは少し前まで同盟国だったソ連と、冷戦によって対決するようになったが、この戦いを有利に展開するために、人種政策を刷新した。他方、オーストラリアは人種調和《コンコルド》を装って笑顔を振りまく一方で、戦前の古びた政策を続けていた。船員がパースなどオーストラリアに寄港していたアメリカ海事組合は、黒人船員を差別し続けることに反対し、オーストラリアの白人女性が黒人を求める現実について、地元紙に掲載された記事をやり玉に挙げた。

その記事は、「黒人の愛人となった白人娘たちは、帰国しないでと泣き叫び、諭そうとしたが、理性を失っていた。我々の基準からすると、黒人《ニグロ》はセックス狂で、少しでも酒が入ると猛り狂う。アメリカから金を持ってやって来て、オーストラリアの白人娘に対して破廉恥に及ぶ。娘たちは黒人船員に心を奪われ、黒人男性に、ヒステリックに涙ながらに留まるよう懇願する。白人のアメリカ人によれば、白人女性が太平洋の他の港でそんな醜態を演じることはない。このためシドニーは、黒人にとって人気の寄港地となった」と、報じていた。

黒人船員のリーダーのファーディナンド・スミスは、この名誉を棄損する記事によってショックを受けた。それは結局、戦争で全てが変わったわけではなかったということだ。

第八章

「白人の優越《ホワイト・スプリーマシー》」と戦うアジア諸民族

――東南アジア、インドで始まる差別からの解放

アジアに広がる親日感情

「白人の優越《ホワイト・スプリーマシー》」は、南太平洋だけでなく、マレー半島からインドまで君臨していた。

日本が一九〇五年の日露戦争で勝利したことに、フランスの植民地支配に苦しむベトナムの愛国者も、アメリカの黒人《ニグロ》と同じように、歓喜した。この興奮は、大英帝国の心臓部にあたるインドにも伝播した。

日本と手を結んで大英帝国と戦ったインドの英雄だった、スバス・チャンドラ・ボースは、「一九〇五年に日本がロシアに勝利したことは、アジア再興の前兆だった。その勝利は日本人のみならず、インドを揺るがす歓喜を巻き起こした」と、東京で演説した。

後に、世界最大の民主国家の建国の父の一人となったネルーも同様に、日本の勝利を熱狂して迎えた。「日本に関する多くの本を買って読み」、叡智《えいち》の手本とした。日本の勝利は、「アジア諸民族を、日本に続けと奮起」させた。ネルーはアジア諸民族と同じく、日本へ留学する中国人が、一九〇二年の五〇〇人から、一九〇六年には一万三〇〇〇人まで増加したことに注目した。

もう一人のインドのリーダーだったR・ビハリー・ボースは、一九二六年に長崎で第一回「亜細亜民族会議《カンファアレンス・オブ・パンアジアニスツ》」を開催したが、中国人、ベトナム人、インド人などが参加した。会議ではインドの役割として、インドの海外離散者《ディアスポラ》が、アジアの親日感情の基地となることを提唱した。

といって、この親日感情を過大に評価してはならない。アジア全体を占めていなかったし、インドと中国を支援する共産主義者は、与《くみ》していなかった。大英帝国は日本より共産主義のほうを、脅威と見做していた。戦前の大英帝国は共産主義を弾圧するかたわら、一方で日本と同盟を結んでいた。この結果、日本のナショナリズムが強化され、共産主義が痛めつけられた。

大英帝国は反日感情を煽る方法がなくはなかったが、そうしなかった。例えば一九三〇年代に、ベトナム共産党のホー・チ・ミンを七カ月ほど住んでいた香港から、ベトナムへ強制送還した。大英帝国はアジア人の政治的意思表明を抑圧したが、そうすることで、日本の帝国主義に断固として反対だった共産党のような組織は弱体化された。

マレーでも同じことが起きていた。ムスタファ・フセインはイギリスの左翼本倶楽部《レフトブック・クラブ》の会員で、左翼本を愛読していた。「左翼の社会主義者」で、「楽天家」だった。もし、白人から民族差別を受けなかったとしたら、一生を楽天家として過ごしたかもしれない。民族差別が、マレーの不屈のナショナリストに育て上げ、彼の魂に怒りが憑依《ひょうい》した。日本がフセインの故郷を占領した後は、日本人とともに活動した。「白人の優越」が、フセインの怒りの根源となった。

大英帝国は日本軍が東南アジアで進攻を始めても、「マレーでは、白人と有色人種の差別《カラー・バー》を徹底させる」と、再確認していた。

マレー連邦政府の長官となったジョージ・マックスウェル卿によると、この差別は二十世紀初頭に実施されたもので、マレーと無関係なインド人が行政機関に溢《あふ》れるのを、防ぐためのものだったという。

それが、マックスウェル卿が言うように、「医療省ではマレーに居住し、教育を受けた多くのアジア人が学位を持っていても、肌の色だけによって『下っぱ』として扱われ、昇進できなかった。農業省では、ケンブリッジ大卒の中国人グン・レイ・テックが、ヨーロッパ人の部長や、所長以上の学位を持っていたにもかかわらず、低い地位と賃金に留められていた」。

こうした政策が、マレー半島に親日感情を生む土壌を育んだ。シンガポール建国の父となったリー・クアンユーは、「最高の学位を得た」一人だったが、それでもイギリス人より「ずっと低い賃金」しか得られなかったと、述懐した。

この保守政治家は後年、「白人の優越」が幻想であることを周知させるために、多くの施策を施したことによって、知られるようになった。

「問題があったり、放浪者のようなイギリス人、ヨーロッパ人、アメリカ人を、即座に追放したりした。人民に『白人の優越』に疑念を抱かせ、白人全体の地位を貶《おとし》めるためだ」と、語った。

日本の東南アジア占領が世界を一変させた

しかし、こうした幻想《ミスティカル・フェイス》も、日本軍の進攻によって粉砕された。

英国が白人だけを救おうとしたことが、アジア人には利己的に映った。リーは日本と協力したが、「日本が占領した三年半は、我が人生で最良な時だった」と、回想した。

占領の恩恵を受けたのは、リーだけではなかった。イギリス人とヨーロッパ人が要職から追放されたために、それに代わって権力を握った人もいた。リーは「最もラッキーで金持ちとなった一番いい例は、ショー兄弟だった。（日本によって）免許を与えられ、遊園地の中でギャンブル会社のフランチャイズを経営した」と、語る。

今日のマレーシア（マレー人が過半数）とシンガポール（中国人が過半数）は、様々なことで対立しているが、マレー半島の歴史で傑出した二人の人物である、マハティール・モハメッド〔元マレーシア首相〕とリー・クアンユー〔シンガポール初代首相〕が、日本の占領期間についての評価が一致していることは、特筆に値する。

マハティールは「日本による占領は、我々を一変させた」と言い、「日本軍は物理的にイギリス軍を排除したのみならず、我々の世界観を一変させた」と、語った。

マハティールは日本語を学び、親日政策を貫いた。「日本の学校に行き、日本語を身につけようとした者にとって、日本の占領は苦しみではなかった。もちろん中国人は、迫害され、殺されたり、捕えられたりした者も多かった」。

そしてマハティールは「今日も、日本人の中に、日本のアジア占領がアジア地域への侵略ではなく、アジアをヨーロッパの植民地支配から解放しようとしたものだという者がいる。この主張には幾分かの真実がある。日本の進攻によって、我々はヨーロッパ人が、絶対的なものではないのだと、知った。ヨーロッパ人も、負かせるのだ、彼らも同じアジア民族——日本人——の前で、卑屈になると、わかった」と、日本の右派の主張に賛同した。

日本軍は敵であるイギリス軍を蔑《さげす》んだ。日本軍の作戦を立案した辻政信《つじまさのぶ》は、後年「イギリス軍は橋を爆破し、対岸に残っていた数千人のインド兵を見捨てた」と、述べた。そして、「日本軍なら、最後の一人のインド兵が渡り切るまで、橋を爆破しない」と、付け加えた。イギリス軍はさっさとインド兵を見捨てたが、「イギリス軍人はまるで契約の仕事が終わった労働者のようだった。戦場の恐怖から解放されてほっとしていた」と、加えた。

アジアの新たな時代の夜明けを感じたマレー兵

英国のマレー半島に対する植民地支配が、日本軍の進攻を容易にした。

リム・チョク・フイは、一九三六年にシンガポールで生まれた。生活は「便所も、水道もなく、井戸水を汲む日常で、中国の農村部と変わらなかった」。家は「九〇〇平方フィート（八四平米）のバンガローに、四家族」が住んでいた。「一家族ひと部屋」で、そこに四人家族が暮らした。「共同便所は地面に穴をあけ、トタン屋根だけ」だった。一方、イギリス人は、国王様のような生活をしていた。ヨーロッパの植民地では、一握りの「優位を占めているスコットランド人」およそ八〇〇〇人が、「純粋な白人」ではない者の上に君臨していた。海軍軍人の家庭では、イギリス人の少年にまで給仕《ボーイ》や召使いがいた。

ハーヴィー・レイヴスは典型的な植民地主義者で、「アジア人は怠け者、特にマレー人にまかせると効率的な方法や、分担作業ができない」と、文句を言っていた。しかし、この「非効率」は、日本軍が侵攻してきたとたんに、どこかへ消えてしまった。マレー人の多くが、諜報員になりかわった。

「反英感情が強いケダ地区では、第五列の活動が活発」だった。日本の戦闘機に信号を送ったマレー人が数多く逮捕され、シンガポールでも同様の事例が報告されている。

大英帝国の堕落は、深刻だった。日本が香港を占領してからも、難攻不落とされたシンガポールの生活は、相変わらずだった。

一九四二年一月に、レイヴスは「いつもの、快楽主義のライフスタイル」を、楽しんでいた。海の見えるホテル、ラッフルズでは、夜な夜なダンスパーティーが催され、アデルファイ、シラノといった人気レストランは、昼夜を問わず客で溢れ、酔っ払ったオーストラリア人兵士が、千鳥足で道を歩いていた。痛飲乱舞の饗宴《バッカナリアン・フィースト》の世界だった。華美と虚飾の絢爛は、ポンペイ最後の日を彷彿《ほうふつ》させた。全員が酔いから、醒めなかった。

しかし、どんちゃん騒ぎ《レヴァルリー》は、長く続かなかった。マレー半島に駐留したオーストラリア兵のレイモンド・バーリッジは、「オーストラリア人は、シンガポールとマレーにいたイギリスの民間人に、好感を持たれなかった。イギリス人はオーストラリア人を、単なる『植民地人』と見做していた。一方で、我々はシンガポールのイギリス軍司令部を、一世紀時代遅れで、ゴルフとクリケット以外には役立たずと、見做していた。マレー人とインド兵は日本に憧れていた。シンガポール陥落後に、我々は日本人にではなく、なんとマレー人によって、行進させられた。前日まで自軍だったインド人部隊のシーク教徒と、マレー人によってだ」と、述懐した。

日本軍は敗北した白人兵に、強制的に街路を行進させた。植民地支配を受けていた人々は、「捕虜が連れまわされる間、『イギリスの犬野郎《ドッグ・ブリティッシャー》』と罵倒し、唾を吐きかけた」。

マレーの人々が目にしたのは、わずか数カ月前までシンガポールとマレーを統治していたイギリスと、オーストラリアの将兵が捕虜となり、先住民しか手を染めなかった単純労働に従事し、煙草を懇願する姿だった。そうした「感動的な光景」に、イギリス軍のマレー兵はアジアの新たな時代の夜明けを感じた。

彼らは新たな教官である日本人に、訓練を受けることになった。日本人はイギリス人と比べ、はるかに好感が持てた。訓練には四〇マイルの行軍もあった。マレー人にとって感動的だったのは、将校も、教官も、一緒に行軍したことだった。イギリス人の将校だったら、車で移動しただろう。

マレー人はイギリスの敗北を喜んだ

日本当局は多くの「白人」が、二十世紀最高の傑作と讃えたハリウッド映画『風と共に去りぬ』を見ることを、禁じた。黒人や「有色人種」が、アメリカの農園で奴隷とされる姿を、肯定的に描いていたからだ。日本当局は明確にヨーロッパによる植民地支配から抑圧された有色人種を救う方針を、示した。

ビクター・クルーズマンは、一九一八年にマラッカで生まれた。戦前はマラッカ義勇軍に加わったが、不満を感じていた。「白人で、自分たちを対等に扱ってくれる者はいなかった。我々先住民が怒りを感じ、日本軍を歓迎したのは、対等に扱ってくれたからだった。日本がついに我々を解放してくれると、思った」と、語った。この地域では、多くの者がそう感じていた。

K・M・レガラジョーは、インド人だった。クルーズマンと、同じ気持ちだった。一九一五年にインドで生まれ、一九二九年にシンガポールに移住した。インド人青年同盟を創設し、一九四一年には、一万人の会員を擁《よう》した。彼が大英帝国を支持しなかったのは、「イギリス人はアジア人に対して優越感《スーペリアー・フィーリング》を持っていた。我々を差別した」からだった。「インド人は、イギリス人の奴隷だった。それが全てのインド人の思いだった」と、語った。

タン・バン・チェン博士は、一九二九年にシンガポールで生まれた。玩具店の日本人オーナーのことを、覚えている。「たくさんの安いおもちゃを売っていた。とても礼儀正しかった」点が、イギリス人とまったく違っていた。

日本将兵は、とても人気があった。

イギリス人が日本軍を「残虐だ」と非難したが、キップ・リン・リーの眼には、それが「真実からかけ離れている」と見えた。

リーは「パラナカン」という、マレー半島で影響力のあった倫理団体のメンバーだった。彼の父も、他の人々と同様に「親英」だった。しかし、イギリスが降伏すると、父は「何の違いがある。主人が変わっただけだ」と、言って、意見を変えた。「日本はタイミングよくやってきた。日本の占領以降、シンガポールでは誰も、イギリスを尊敬などしなくなった」。マレー人は、日本人はイギリスのように酷いことをしないだろう、と思った。事実、日本軍はマレー人を収容するようなことはなかった。新たな占領者は、「インド人はイギリス人を尊敬していないと見たが、それは正し」かった。

イスマイル・ザインは一九一二年にマレーで生まれ、イギリスの敗北に歓喜した。「マレーの人々全員が、日本人を歓迎した」のは、それまでの植民地支配者と違って、「日本人は対等に親しく接してくれ、タバコをくれたり、全ての人に対して親切だった。冗談も言った」からだった。

一方、イギリス人は対照的に「タバコをくれることなどなく、親しく話しかけてくることもなかった。しかし、日本人は友人のように話しかけてくれた。そのことが、とても嬉しかった」と、語った。

さらにイスマイル・ザインは日本の占領で、物価が安くなったと感じた。その意味でも、

「イギリスの敗北を、喜んだ」。

　F・A・C・エラーズ博士も、同様の思いだった。一九二一年生まれで、ユーラシア人のオヘラーズ博士の弟は、戦後、シンガポール議会の初代議長となった。日本占領下でユーラシア人は、白人と異なり、「赤いバッジ」を与えられて、収容を免《まぬか》れた。しかし、博士も「東洋人の血」のために、他の同じ身の上の人と同じく、「奇異の目」で見られた。博士は日本語を身につけ、新たな統治者に親しみを感じた。「日本の統治者には、立派な人が多かった。よく家を訪ねてきて、同志として友情の絆を深めた」と、語った。

シンガポールでの日本占領によるプロパガンダ

　明らかにマレー人は、組織的な反英プロパガンダを、刷り込まれていた。イギリスに対する否定的な態度の一方で、日本に好感を抱いていることが、それを裏付けていた。多くの人が、「白人の優越」とは切り離せない植民地支配が、終焉することを願ったのも、日本の影響によるものだった。

　一九二七年に香港に生まれたショー・チュアン・ラムは、「（新しい統治者が）いかにイギリスが、アジア人を蹂躙《じゅうりん》してきたかを訴えていたのを、思い出した。我々はアジア人だ。アジアの文化文明は、中国人を含むアジア人が起源だと説いた。日本人の中には、日本人はキリスト教徒を嫌いだが、イエス・キリストもアジア人だ、と言う者もいた」と、語った。

パトリック・ハーディーも、同様の体験をした。「日本占領期間のシンガポールの映画館では、上映の前に『アジアをアジア人の手に、東亜のために共に働こう』というスローガンが流された」と、述懐した。

このような宣伝は、日本による占領の第一日目から始まった。香港では、敗北したイギリス兵士に街頭を行進させ、「白人の優越」の時代の終焉と新秩序の到来を、印象づけた。

ゲイ・ヴァン・グェイは、「チャンギー刑務所への長い列に、衝撃を受けた。痛々しい光景だった」と、述べた。人々は、かつての「ボスたちがみすぼらしく行進し、水を懇願する姿」を見た。シンガポール人は、「イギリス人に対し、もう『イエス・サー』などと、言わなくなった。むしろ、彼らの眼をまっすぐに見て話す。心理的な壁が取っ払われた」と、語った。

若者たちに独立の気概が生じたのは、発端にすぎなかった。年配者たちも、今がその時だと、感じた。「白人の優越」は神話でしかなく、独立を真剣に受け止めるべき時だった。今こそ政治的に覚醒すべき時で、イギリス人がそれまで考えられてきたような神や、スーパーマンではないと、思うようになった。

日本の占領統治の良い点

日本人は現地の住民を、組織的に取り込んだ。日本が実行した統治は、イギリスによる奈落《アビズマル》の底のような酷い政策と比べると、全てが驚愕に値した。

ザムロウデ・ザッバーは一九二一年にマレーで生まれ、戦時中は日本占領下の警察署で事務員をした。彼女は、「日本の占領統治の良い点」は、イギリス人と違って、「日本人がマレー語を、比較的話せたことだ」と、述べた。彼女は日本語を教わった。

メアリー・リムは一九二三年にマラッカで生まれ、「耳で日本語を学んだ祖母がいた。よく祖母の招待で、日本人が家を訪ねてきた。このためメアリーも、日本語が話せるようになった。日本人は、祖母にとても親切だった」。この親身な姿勢と、教育の機会の提供、先住民の地位向上などにより、日本の占領が大英帝国の植民地支配と劇的に違うことを、実感させた。

ロバート・チョンは「日本人と働いて感じたが、日本人は全ての知識を授けようとする。だから、私も日本人を信頼した。日本人は誠意を持って教え、何ごとについても応援してくれた」と、記している。

インド人のM・M・ピライ中尉は、英印軍の一員としてマレー半島にいた。彼でさえ、ヨーロッパの統治と比較して、「座りこんで、まったく対等に話すことで、日本人はアジア人の心に届くことができた。ヨーロッパ人がそんなことをしたら奇跡だ」と、語った。

さらに、「シンガポールの日本の小売店は、全てマレー人かインド人が、販売員だった。一方、ユーラシア人女子は、速記タイピスト、電話交換手、販売員として、日本人に雇用された。日本人は南部ジョホール州のイスラム教王《サルタン》から鉄鉱石鉱山を買い、多くのゴム園も所有していた。多くの日本人がイスラム教徒となったことも、マレー人によって大いに受け入れられた」と、述べた。

「九つの州の統治者が集って、アデルファイ・ホテルで行なわれた会議では、ジョホール州のサルタンが、『マレーのサルタンの何人かは、日本人の血脈だ』と語った」と、報じられた。

日本人は中国大陸における戦闘のために、インド人やマレー人とは親しいが、中国人を酷く扱ったとされている。しかし、一九一九年にシンガポールで生まれたチャーリー・ガンは、こうした見方に、反論した。

「日本人が我々に酷い扱いをしたかと言えば、そうした体験はない。特に日本の占領後、例えば一年後には、シンガポールで中国人は、実に平和な時を過ごした」と語り、マレー人とインド人だけが、特別だったわけではないと、断言する。

「私の知る限り、肌の色は関係なかった。有能だったかどうか、日本人の役に立ったかどうかだ」

占領後の記憶はどうあれ、戦時中の反日勢力の中核は、「ほとんど中国人」だった。

しかし、皮肉にも共産党によって主導された反日勢力は、戦後にイギリスから舞い戻った植民地主義者と、激しい戦闘を繰り広げることとなった。こうした抗争は、後のベトナム戦争を暗示していた。

日本統治が友好的だったとの記憶は、後づけの謀略宣伝ではなかった。一九四三年に、すでに連合国の「極秘」報告書が、「マレー人は、総じてイギリスの再統治を望んでいない」と、述べていた。

日本軍がシンガポールに残したもの

日本軍はシンガポールと周辺地域から去った後でも、圧倒的な存在感《プレゼンス》があった。「白人の優越」を覆《くつがえ》し、敗北したイギリス兵が、日本兵に牛蒡剣《バイオネット》を突きつけられた光景、大英帝国が崩壊し、マレー人が占めるようになった地位など、全てのことが、以前の状態を回復することを不可能にした。

アーサー・アレクサンダー・トンプソンは、一九二五年にシンガポールで生まれたユーラシア人で、日本の統治に批判的だった。

しかし、彼も「シンガポール占領で、日本軍は人々に、ひとつのことを教えた。それが独立だった」と、語った。そして戦後、「全てのイギリス人が故郷へ戻った後に、我々が彼らの占めていた最高の役職《ポスト》を、引き継いだ。それ以前に、そんな高い地位は想像すらできなかった。検査官はイギリス人で、現地人はほとんどいなかった。警察幹部は、全員が白人。病院も、そうだった。修道女もイギリス人で、現地人はなれなかった。それが現実だった。市役所も同様だった。市の幹部職員は、全員白人が占めた。現地人は管理職になれなかった。白人の下で、働くだけだった」と、述べた。日本の進攻によって、状況が一変した。

イスマイル・ザインは、戦後にイギリス人が変化したことに、気がついた。彼は「イギリス人にかなり変化が見られた。誇りを失い、以前のように傲慢でなくなった」と述べ、戦争は、「災い転じて福となした。この戦争がなかったら、アジア諸国は独立できなかっただろう」と、語った。

ナグ・セン・ヤンも戦後になって、「イギリス人の評価が、低くなった。理由は、失望したからだ。イギリスの宣伝で誤解していたが、イギリス人の優越などまったく事実無根であることがわかった。イギリス兵には戦意も、まったくなかった。日本の軍事進攻が東アジアの人々の運命を、根底から変えた。日本の戦争《ジャパニーズ・ウオー》がなかったら、いまだにイギリス人を『ご主人様《マスター》』と呼んでいただろう。日本の占領がなかったら、いまだに下働きのままで、今日はなかった」と、語った。

タン・バン・チェンも同感だった。以前は「多くのアジア人が、劣等感を病んでいた。しかし、日本人が私たちにも白人に負けない、という信念を植えつけてくれた」。そのお陰で、戦後アジア人は「白人に指示を仰いだり、アジアの問題に口出しをさせたりしなくなった」と、述べた。

F・A・C・エラーズは、「以前は、生まれつき『白人は王《ロード》だ』という観念や、私たちは二等なのだと思い込まされていた」と、述懐した。「有能なシンガポールの現地人が、イギリスで雇われた若者の半分の給与しか、与えられなかった」。現地人は「タングリン地区に入ることを許されず、水泳プールには、足の爪先を入れることもできなかった」。

しかし、日本の占領下で、「植民地時代に白人が、自負していたほど強くなく、誰とも変わらないことを、まざまざと目にした。そして、何よりも日本の占領の最大の恩恵は、独立だった。もし、戦争がなかったら、シンガポールだけではない、インド、セイロンも、独立などずっと果たせなかったろう。私たちは、大英帝国が無敵《インヴィンスイブル》ではないことを知った」と、述懐した。

タン・ウィー・エンは一九一九年にシンガポールで生まれた。戦後「イギリス人が謙虚になったと、感じた。以前は正に支配者だった」が、日本に敗北した後は、「真っ当な人間らしくなった。イギリス人が皆親しみやすくなり、私もイギリス人の同僚と、容易に友人となれた」と、述べた。

イギリス統治下では、「海軍造船所で行なわれたシンガポール杯のスポーツ競技」から、「中国人は排除」された。しかし、日本による占領後は違った。

以前は食事も、「裏口から入って、イギリス軍が『アジア人用酒保《カンティーン》』と呼ぶところでとらなければならなかったが、日本占領の後は、将校食堂で、食事をすることができた」。そこで、タン・ウィー・エンは「将校食堂に行き、ブリティッシュ・ランチセットを注文した。ステーキ、ポークチョップ、チキン、マッシュポテトなどの食事を、堪能した。日本占領後は、天国のようだった」と語った。

日本軍の進攻は、「たいへん良かったと、個人的に思う。私にとっては、『災い転じて福となす』だった。アジア人の覚醒の夜明けだった。アフリカ系アジア人の夜明けでもあった。日本人はアジア人も戦えることを、立ち上がって独立できることを、教えてくれた」と、述べた。日本

ビルマ人は日本人を受け入れた

U・M・ストリートフィールド夫人が述懐するには、一九三一年のバンコクには、「およそ一〇〇〇人の白人が住んで働いており、その半数の五〇〇人が、イギリス人だった。残りはデンマーク人、アメリカ人、ドイツ人、フランス人、オランダ人、スイス人などで、居住地域は重複していた。パーティー参加者の出身国は、いつも六、七カ国」だった。夫人は「驚くほど様々なパーティーが開かれ」て、「次から次へとパーティーに出席」しては、「トランプのブリッジをして遊んだ」と、楽しそうに回想した。

シャム〔現在のタイ〕人がこの虚飾《オステンテーション》の恩恵にあずかることは、ほとんどなかった。「夜にはたくさんの人が通りで眠っているので、またいで歩かなければならない」ボンベイには及ばないが、バンコクもまた楽園《パルハラ》ではなかった。

ビルマ〔現在のミャンマー〕で戦争が始まったとき、「自動車縦隊《モーター・コンボイ》」が「主にビルマ石油会社に雇われた白人、英国系ビルマ人あるいは英国系インド人のために」使われた。

「白人と英国系インド人が優遇されて」いた。ホー・ヤンチーは、「イギリス人のビルマ総督ドーマン・スミス」と彼の「絶対的な才能のひらめき」について皮肉っぽく話した。「この不

器用な総督は、難民を白黒で分けた。白人は早い時期に船に乗ってインドに避難したか、インド航空か中国航空集団の飛行機で脱出した。先住民は後に『ブラック・トレイル』として知られるところへ放り出された。約四〇万人の黒い難民が、このコースに沿って脱出を試みた。その途中で数万人の孤独な避難民が飢餓と病で死んだ」。

ビルマの「インド人」のみならず、中国人までもが、「白人避難路《ホワイト・トレイル》から、締め出された」。

その様子は、ビルマから発信された「サー・レジナルド・ドルマン・スミス」の秘密文書からも窺える。

一九四二年の一月に、サー・レジナルドは「敵の第五列の活動が、激しくなっている。彼らが日本軍を、我が軍の周辺まで誘導して、妨害活動をしている」と記し、「モラルは完全に崩壊した。特に、インド人コミュニティーで、顕著だった。召使いは辞め、白人は自分たちの安全だけに腐心し、運命に委ねている」と、報告した。それでも血気盛んなサー・レジナルドは、希望を決して捨てなかった。「人間の二つの本能は、愛と恐れだ。この地域は、我々を愛していない。ならば、彼らにジャップの恐ろしさを、たっぷり味わわせてやる」と意気込んだ。

しかし、悲観したことが即座に現実となった。一九四二年三月までに、サー・レジナルドも「日本による占領は、現地で大歓迎されている。日本軍も、さぞ満足だろう。現地の活動家が日本軍に協力し、ビルマ人を我々に対する戦闘に加わるよう説得している。我々の占領がビルマで長きにわたり続いたが、我が大英帝国臣民にあのような忠誠心を育《はぐく》めなかったことに、悔いが残る。だが、現実は受け入れねばなるまい。逆境《アドヴァースイティ》で翻《ひるがえ》るような忠誠心を、二度と育まないことだ」と、記した。

多くのビルマ人が、イギリスが善玉で、日本が悪役だとの見方を受け入れなかった。ナショナリストたちは、日本を「白人の支配を覆そうとするアジアの代表」だと、賞讃した。

イギリスはアフリカでアフリカ人を、中国で中国人を武装させることに躊躇した。それはビルマでも、同様だった。一九三九年にイギリスのビルマ防衛軍には、たった四七二名のビルマ人しかいなかったが、ミャンマーの少数民族であるカレン族、チン族、カチン族などが三一九七名もいた。確かに、同胞に銃口を向けるかもしれない軍に、ビルマ人が入ることは、考えられなかった。

他方、日本軍はあらゆる人種《オール・カインズ》を戦力に取り込んだ。動物までもが含まれた。一例を挙げれば、「訓練された」猿がそうだった。「長いひもを、木のてっぺんまで持って登り、しっかりした枝にひっかけ、さらにひもの先を地面まで降ろす仕事をした。ひもは丈夫なロープに結わえつけられ、ロープを木のてっぺんに掛けた。こうして日本兵がロープを使って木に登り、狼煙《のろし》をあげるための足場を造った」。

イギリスは、ラングーンの新たな統治者が現地で受け入れられる理由として、「政府の高位の仕事に、学校で英語を身につけなかった者が就けること、現地人と同じ宗教を信仰する日本人が、現地人に親しく接していること、また、イギリス統治がもたらした現地人の生活水準より、日本統治による生活水準のほうが高い、といった背景にある」と、気がついた。

イギリス人は「日本人はインド人と、ビルマ人を、まったく差別しない。ビルマでは、ヒンズー教徒とイスラム教徒の間に憎悪《アニモシティー》を聞いたことがない」と、ほとんど懐疑《インクレジュラスリイ》的に報告した。

日本人の泉谷《いずみや》達郎《たつろう》は、有名な「三〇人の同志」（アウンサンもその一人だった）の訓練など、ビルマの戦いに深く関わった。泉谷は「英軍は二万五〇〇〇人といっても、イギリス兵はわずか四〇〇〇人にすぎず、七〇〇〇人のインド兵とあとはカレン兵、カチン兵、そしてグルカ兵の混成だ」と、笑った。「イギリス統治の間に、カレン族やカチン族のような丘陵民族が傭兵として使われ、人口の七〇パーセントを占めるビルマ人は距離を置かれていた」。

ビルマ人は大英帝国が少数民族に頼ったことを不満にしていたから、日本軍を歓迎した。泉谷は「戦争が勃発すると、ビルマ人はどこでも歓喜して、日本兵を迎えた」と、述懐した。「日本軍が進攻すると、村々でアジアの同胞として迎えられた。実に親密な感情だった」と語った。ビルマ国民軍はインド国民軍と同じく、日本軍とともに大英帝国と戦った。

丁重に扱われたインドネシア

後のパキスタンや、世界最大のイスラム国家であるインドネシアに対し、日本はなみなみならない配慮をした。小笠原長生《おがさわらながなり》子爵の喜寿の祝賀が一九四三年に東京で開催されたが、多くのイスラム教徒が参加した。小笠原子爵が長年、イエメンなどのイスラム圏とよい関係を築いていたからだった。イエメンはイギリスの植民地だったが、戦略的に重要なエデン湾を擁していた。

世界最大のイスラム国だったインドネシアは、資源が豊かなため、侵略を受けてきた。しかし、日本のインドネシア占領は、オランダなど植民地支配者の先住民に対する扱いと、まったく対照的だった。

パトリック・ハーディーは、シンガポールで日本軍のために働いた。インドネシアの民族的英雄であるスカルノと、日本の板垣征四郎《いたがきせいしろう》大将を車で送迎したことがあった。その時、彼は「ラングーン」という地名を耳にした。板垣が親日勢力との協議へ向かったのは、疑いもなかった。

連合国はインドネシアと日本が関係を強めていることを、知っていた。インドネシアでは、「ジャワで黄色人《イエローメン》の政府が、白人《ザ・ホワイツ》にとって代わり、その後は現地人の自治に移行する」というのが、大方の予測だった。こうした様子を、オーストラリアが注視するのも、当然だった。

一九四二年の「極秘」報告書によると、「日本によるオランダ領東インド〔現インドネシア〕

への侵透工作《ペネトレーション》は、一〇年」に及んでいた。黒竜会は、一九三五年に「アラビアとエジプトへ留学する一四名の学生」の奨学金を、負担した。これは日本が「イスラムの保護者だ」と思わせるための、工作の一環だった。

オーストラリア人にしてみれば、インドネシア人を丁重に扱うなど、考えられなかった。「インドネシアの日本人店員が、現地人客と特に親しく接し、先住民を対等に扱うこと」を、嘲笑していた。日本人の行動は冷笑に値し、公正さ《アンフェア》を欠いて卑劣《ダーティー・プール》だ、と報告していた。

大英帝国は日本の占領が続くと、同盟国のオランダがインドネシアを再び植民地支配することに、悲観的にならざるを得なかった。一九四四年六月六日に、連合国がドイツ占領下のフランスへ、進攻を開始した。いわゆる「Dデイ」だが、その数日前に、「インドネシア人は、日本の宣伝《プロパガンダ》が功を奏し、オランダに敵対している」と、痛恨の報告があった。理由を問う質問に、「インドネシア人は、オランダ領東インドから日本軍を排除できないオランダを、役に立たない《インエフィシエント》と見做している」と、回答した。

かつては「白人の優越」、あるいは「ヨーロッパ人の優越」が、植民地をひとつに束ねていた。

しかし、日本がその「優越」が幻想であることを証すと、インドネシア人は騙されたと感じた。誑《たぶら》かされてきた先住民は、二度と騙されまいと決意した。日本の占領の遺産だった。

オランダ人に対する嫌悪は、日本人を喜んで受け入れさせることにつながった。超反日とされたオランダ人との混血《ハーフ・ブリーズ》を除けば、インドネシア人のほとんどが、華僑も含めて親日だった、との報告もある。

ユーラシア人と白人が駆逐されると、先住民の社会的・経済学的地位《ソシオ・エコノミック・ステータス》が、飛躍的に向上した。

オランダはインドネシアのナショナリストを弾圧したが、日本は住民とともに、白人と戦った。オランダはインドネシアで共産主義者を鎮圧したが、日本は共産党に近く、マルクス主義を教える講師とともに、学校を建設した。日本の前田精《まえだただし》少将と、「日本海軍の情報将校《インテリジェンス・オフィサーズ》は、共産主義を教える学校を経営するようになったのだ。国内生産向上の必要性も説いたが、反帝国主義、反資本主義を強調した」、だった。教育の目的は、ＰＫＩ（インドネシア共産党）と、オランダを含む反コミンテルン連合の「帝国主義者」の分断にあった。

この影響は、戦後数十年続いた。一九六〇年代に、当時世界最大級だったインドネシア共産党の大会で、反欧米の歌の数々が流されたが、日本占領下で一九四二年から四五年に、作曲されたものばかりだった。

インド人が親日の震源となる

大英帝国の中心は、インドだった。大英帝国はこの巨大な亜大陸なくして、成り立たなかった。それは富だけでなく、人的資源の面でもそうだった。労働力、兵などが必要だった。日本が初めから、インドに狙いを定めていたことは、驚きに値しない。

インドで、イギリスは人気がなかった。一九一二年の時点で、イギリスの「極秘」報告書は、「日本のスパイ」が、インドで暗躍していると、疑っていた。インドの愛国者ビハリー・ボースは、イギリスのインド総督ハーディングの爆殺未遂容疑によって手配されたが、日本へ逃亡した。

イギリス統治下のインドでは、検閲も厳しかった。黒人ライターのレスター・ワルトンは、イギリスは「インドにおいて、白人の優越や、植民地支配に疑念を持つ白人を描く映画を、全て上映禁止にした」と述べ、一九二一年の大英帝国の分析報告を基に、「インドで上映される九九パーセントの映画の俳優は、全員が白人。ヒーロー、ヒロイン、悪漢、悪女まで、全て白人だった。悪者も白人だったため、白人全体の品位を貶めた」と論じ、「全ての白人は天使で一点の汚れもないと、インド人を洗脳するのが目的だったが、徒労に終わった」と、結論づけた。

インド人も、この映画の歪曲《シネマティック・ディストーション》を無視しなかった。ヨーロッパで戦端が開かれる直前に、M・K・ガンジーはハリウッドに使節を派遣し、映画会社がインド人を「未開の野蛮人より少しまし」と描くのを、止めるよう訴えた。

大英帝国にとって問題だったのは、インド人が南アジアのみならず、南太平洋から南アフリカまで、さらには南アメリカのガイアナ共和国、トリニダード島から北米のアメリカにまでいたことだった。反抗運動に対抗するには、広域な防衛網を要した。

もうひとつの問題は、インド人が大英帝国内の親日の震源だったことだ。インド人労働者が多かったマレー半島では、南アジア以上に警戒を要した。

イギリスもこうした現実に、疎《うと》かったわけではない。サンフランシスコのイギリス領事は、戦前に小さな出来事を、アンソニー・イーデン外務大臣に、報告していた。ラム・モハン・バガイというインド人が、神戸から日本船に乗って、サンフランシスコに到着した。彼は「独立」に関するネルーからの書簡を、携えていた。バガイは独立運動への関与でインドの外へ離散《ディアスポラ》したインド人の一人だった。離散者の評判は高く、ドイツまでが「アメリカ在住インド人を、枢軸国のために活用できる可能性」を、考えたほどだった。バガイは二歳からアメリカに住んでいたが、南カリフォルニア大学とスタンフォード大学を、「優等」で卒業して、イギリスのインド統治を「ファシズム」と、非難していた。

バガイはインド人が精神的にも植民地支配されたことを、認めざるをえなかったが、彼のように高学歴な人物は、イギリス統治を批判した。

イギリスは、インドとそのパトロンと見做される日本の間に、問題を起こすことで対抗した。日本で「神戸モスク事件」があった後、インド国民会議（ＩＮＣ）に日本を非難する声明を出させることに失敗すると、イギリス政府が代わって非難声明を出した。仏教系イスラム教徒、あるいはヒンズー教系イスラム教徒には、それがどのような意味を持つか、わかっていなかった。大英帝国は近隣のアフガニスタンでは、さらに〔インド国民会議に対し〕日本を憎悪するよう仕向ける、謀略宣伝《プロパガンダ》の道具を準備していた。背景に、議会は日本支持派で、インド人が日本人を歓迎しているという、噂があった。

ロンドンには、日印関係を憂慮する理由があった。ある推定では、六万人のインドの捕虜が、マレー半島に進攻した日本軍によって捕えられ、約二万五〇〇〇人が、日本軍に支援されて結成されたインド国民軍（ＩＮＡ）に加わり、その多くは高い戦闘能力で知られるグルカ兵だった。ガンジーとネルーのインド国民会議は、戦時中に何とか独立を獲得しようとして、インド国民軍を徹底的に批判した。

人種差別がイギリス軍に以前いた、何千人ものインド人を集団《マス》脱走《ディフェクション》へ走らせた。シャー・ナワズ・カンは「インド人将校は、マレーにある数多くの倶楽部の会員に、なれなかった」と、言う。彼は、第一四パンジャブ連隊の将校だった。後にインド国民軍（ＩＮＡ）を率いて、ビルマでイギリスと戦った。

彼は「マレーの鉄道局の規則により、アジア人は白人と、同じ客車に乗ることができなかった。軍の階級、所属が同じでも、差別された」と、述べた。

日本は、インド人とマレーの人の支持をあっという間に勝ち取った。

ボースが目指した自由

インド人は、海外でも反英活動を組織した。一九四三年四月に、離散《ディアスポラ》したインド人の大会が東京で行なわれた。タイ、日本、満洲、ボルネオ、セレベス島、スマトラ、フィリピン、中国、インドシナ、アンダマン諸島、そしてマレーから、代表が出席した。

会議は、同志を投獄し弾圧していた大英帝国を、糾弾した。対照的に、日本軍幹部のひとりは、「私たち日本人は仏教や文化的な絆を通じて、二〇〇〇年以上も、インドを敬い、慕ってきた。大英帝国がインドを奴隷扱いする現状には、耐え難いものがある」と、強調した。

インド独立連盟の代表たちは、大英帝国が犯してきた罪を糾弾した。大英帝国は「自分たちのために、アメリカとオーストラリアの先住民を、根絶《イクスターミネート》した」と、訴えた。インド人は、「インドなどを除外」した大西洋憲章を、「アジアの奴隷に対する新たな契約」にすぎないと、嘲笑《スコッフ》した。後に日本が開催した、人種差別撤廃を強調した「大東亜会議」とまったく違っていた。

「白人の優越」と無縁だった日本軍の人道的な扱いが、インド人の心を引き付けた。日本軍の藤原岩市《ふじわらいわいち》少佐は占領後に、インド人将校と「インド料理」を共にした時に、「インド人将校が、共に戦ったイギリスの将校とも、一緒に食事をするなど、考えられなかった。インド料理をメニューに入れて欲しいと、度々申請したが、イギリス軍によって却下された」と、告げられた。情報機関を担った藤原少佐は、インド国民軍結成に、決定的な役割を果たし、日本の敗戦後、インドにおいて英雄とされた。

しかし、離散したインド人を感化した最も偉大な英雄は、スバス・チャンドラ・ボースだった。今日でも、ビルマで日本軍と手を組み、大英帝国とその連合国と戦ったにもかかわらず、「彼と肩を並べるか、若者たちに感銘を与えたことで彼を凌《しの》いだかもしれない唯一のリーダーは、ジャワハルラール・ネルーしかいない」と認めるのはインド人作家P・A・ナラシマ・ムルティだけではない。日本軍の香港占領後、インド国民会議は、インドを植民地支配し抑圧したイギリスと同盟するかどうかで、議論となった。「極秘草案」には、イギリスが植民地支配を「継続し、帝国主義を強化して、インドを搾取する」とあり、インド国民会議は紛糾した。「インド全域に、イギリスへの根深い敵対意識と、イギリス政府への不信が広がる」中で、どうしてインド人が、イギリス側につけようか。

戦時中、インドの共産主義者は反日で、連合国の側に立っていた。しかし、ボースは彼らとも「きわめて親密《イクストリームリイ・フレンドリイ》」だった。ゴータマ・チャトパディアイは、ボースを「枢軸国側の売国奴《クウイスリング》」のように捉えるのは、「まったく間違って」いると、言った。一九四五年に日本と敵対したソ連と戦うことを、ボースは「拒否《リフユーザル》」した。

「ビルマのアウンサン、そしてインドネシアのスカルノも、東南アジアの独立運動のリーダーは、全てボースの戦略に倣って、反帝国主義だった。唯一の例外が、ホー・チ・ミンだった」

「ボースの戦略」は、東南アジア全土に散らばるインド人に、強烈にアピールすることでもあった。大英帝国は親日のインド国民軍が、マレーにおいて推定一万六〇〇〇人から二万人の勢力であることを、把握していた。「マレーでは、多くのタミール人を含んで」いた。タミール兵は南インドとセイロンで敢闘精神を発揮し、大英帝国のために熾烈な戦いを繰り広げた。

タミール人やインド人は、かつては大英帝国防衛軍のアジアにおける主力だった。この謀叛《むほん》は、戦後もたびたび問題として浮上した。広島に原爆が投下された数週間後に、インドの「情報局《インテリジエンス・ビューロー》」の「秘密」報告書は、チャンドラ・ボースとその同志たちが日本の援助を求めたことは「間違った判断だった」とするインド国民議会の繰り返しの主張にもかかわらず、「意義を申し立てているインド人が急増している」と報告した。「(ボースは)日本を手段として使っただけだ。イギリスが有色人を、彼らの敵と戦わせるのと同じだ」と見るインド人もいた。インドでの大方の見方は、「ボースとINAは、日本の援助で自由を獲得したいと望み、誤った道をとったが、自由を求める至高な動機に駆られてのものだった」というものだった。INAに対しては、あらゆる層のインド人から広範な支持があり、無視できないものだった。

マレーのダモダラン・K・ケサヴァンは、一九一八年にインドのケララで生まれた。初期からINAに参加した多くの若者のひとりだった。一九八一年に取材を受けた折に、日本語で「アジア人のアジア!」というINAのスローガンを披露した。日本軍に感銘を受けて協力し、日本語も学んだ。彼は「日本語の構造は、我々インドの言語に似ている」と語った。東條《とうじょう》首相がシンガポールを訪問した時、日本語を話すケサヴァンは街路に溢れた「大群衆」に加わった。

チャンドラ・ボースがシンガポールに来た時も、出迎える群衆の一人だった。雨が降ってきたので、ボースに傘を勧めたところ、ボースは「ここにいる人たち全員に、傘をさしてあげられるか」と応じて断り、集まった人々は、ボースの愛他主義《アルトゥルーイズム》を前にして、感涙に咽《むせ》んだ。ボースは、英語とヒンズー語を、容易に切り替えて話した。ケサヴァンは日本がINAに参加することを勧めたのかと問われると、「違う、違う。絶対に違う」と否定した。INAに参加した者は、みな同じだった。「エンジニアをはじめ多くの専門家」がINAに溢れていた。インドの「あらゆる階層《フル・クロスセクション》」が集まり、まさに「インド全体《ザ・ホール・オブ・インディア》」が、そこにあった。

誰も他のメンバーの宗教的背景を、気にとめなかった。シーク教徒が多かったため、軍の主力となった。イギリス人と違って、「日本人からは、自由と風格を感じた」と、彼は語った。

一九一五年生まれのK・M・レガラジョーも、シンガポールにボースを迎えた雨の大会を、鮮明に記憶していた。土砂降りだったが誰一人気にも留めなかった。「富裕層も含め、あらゆる階層」のインド人が集まった。「インドのイスラム教徒」も、「全面協力」だった。メイヤー街六一丁目は、ボースがシンガポールを訪れた地だ。そこにはボース記念廟が、建てられた。ボースがイギリスに立ち向かった姿勢が、尊《たっと》ばれている。

ナラヤマ・カルッピアは、一九二五年にインドで生まれた。INAに加わり、日本語を学び、チャンドラ・ボースの熱烈な信奉者だった。リー・クアンユー首相とボースを「等しく」敬い、「もし、ボースが生きて、インドに到達していたら、ネルーは首相となれなかった。外務大臣だったに違いない」と、断じる。

シンガポールでボースと会った時、東京で訓練を受けるように勧められた。彼が東京に着いた日に、ボースも東京にいて、そこに米軍の空爆があった。「怪我がないように、我々はボースに身体で覆いかぶさった」。幸い、ボースに怪我はなかった。

INAの日本における訓練に、インド人たちは「全額」自費で参加した、とカルッピアは即答した。日本が資金を出しているとする、イギリス側の主張とは異なり、日本は「一セントもくれなかった」が、それでも軍事訓練には、タイ、ビルマ、満洲、フィリピン、シンガポール、インドから学生が参加した。

インド人や他の民族が、大英帝国を見限ったのは言わずもがなだった。それでも、現実を受け入れられないイギリス人もいた。ヘンリー・ロバート・ムーア・ブルック＝ポップハム卿も、その一人だった。一九四二年にオーストラリアという安全な場所にあって、「インド兵の戦意の低さが、マレーでの最大の敗因だ。アジア民族は、現代戦争のストレスに弱い。それに比べ、白人の任務を遂行する能力は、高く評価される」と、述べていた。

マレー半島を越えて散らばったインド人によって、大英帝国は複雑な状況に追いやられた。一九四三年に、将来首相となるクレメント・アトリーに宛てた「秘密」文書は、南ローデシアには、わずか二五四七人のインド人しかいないのに、「インド人問題」が発生していると、報告していた。

離散《ディアスポラ》インド人の大英帝国に対する憎悪《ディスアフェクション》に満ちた感情は、特にアフリカで激しさを増した。大英帝国に多くの兵力を提供していたからだった。一九四五年初頭に、植民地局が「南アフリカ、南ローデシア〔現ジンバブエ〕、ケニアの植民地で、白人コミュニティーと先住民との間で、軋轢《あつれき》が起こっている」と、報告した。これら三つの植民地で差別に直面していたインド人の「態度」が、軋轢の原因だった。植民地局は、インド人が「喜望峰からエチオピアまでの白人コミュニティーが、インド人の政治的その他の権益を侵害している」と訴えていることを、問題視した。

香港のインド人も、脅威だった。一九四四年のアメリカの報告書は、この地のインド人の「ほとんどがシーク教徒で、前回の戦争からイギリスを憎んで、上海の中国国民党活動家の影響を受けて、革命運動を起こそうとしていた」と報じた。

実際、「東アジアでインドの愛国活動家の拠点となっていたのは、日本だった。日本の統治よりイギリスの統治を望むインド人は、ほとんどいない」状況だった。

報告書は、チャンドラ・ボースについて、「元国民議会の議長で、インドに多くの支持者がいる有能なリーダー、誠のある愛国者と広く認められている」と、記していた。「ガダル・ソサエティー」は、アメリカの西海岸の組織と連帯し、インドでイギリス統治の転覆を画策した。インド人は他の有色人種と同様、日本をアジアの盟主と仰いでいたと、述べている。このアメリカの報告書は、アジアでイギリス植民地政策に喘《あえ》ぐインド人に同情し、イギリスに深い憂慮を示していた。

大英帝国が憂慮していた有色人種

大英帝国は中国にいるインド人と、インドの中国人に憂慮していた。一九四四年に、「上海では、インド人をまったく収容しなかったし、腕バンドをさせる必要もなかった。自由インド運動は、初めレース場で頻繁にパレードをすることから始まり、反英デモへと発展した。イギリスの捕虜は、インド人看守によって乱暴に扱われた。ほとんど全てのインド人が反英で、彼らは全力で日本を支えた」のだった。日本の高官によると、香港でインド人コミュニティーを代表して選出された政治家は、戦時中に日本で多くの研究会に出席していた。

大英帝国は、中国の国民党政府と同盟していたが、中国人がさまざまな地へと移住することには悩まされていた。一九四四年に、イギリスの重慶公使館は「中国を『植民地』と見做すことはできない」と、認識していた。中国の膨大な人口を考えると、当然のことだった。

看過できなかったのは、インドで「中国人が経営するレストランが、増加していた」ことだった。中華料理が、イギリス人や軍に人気があったことが原因だった。しかし、「中国人が銀行を経営する問題」からすれば、瑣末《さまつ》なことだった。

アメリカの情報機関には、別な問題があった。「極東でのナショナリズムの台頭」が、イギリスと日本に起因することだった。一九二〇年代に、アメリカは日本においてさまざまな「アジアの会」が結成されていることを、察知していた。日本人が主宰するこの会では、白人嫌悪の空気がつくられ、排日（移民）法などを梃子《てこ》に、「アジア民族」の連帯が叫ばれた。秘密報告書によれば、「こうしたグループに、インド人が必ずいた」のだった。白人世界と対決するために、アジアの全ての民族を覚醒させ、アジア諸民族をひとつにすることが、目的だった。超愛国主義的な団体として恐れられた黒竜会が中核になって、「白人支配へ対抗」することを決意して行動した。一九四三年に東京で行なわれたアジア人の大会は、「人種差別撤廃」の実現を訴え、インド人も数多く参加した。アメリカの諜報機関は、それを脅威として捉えた。

マレー、シンガポール、アフリカ、中国にも不穏な動きがあったものの、大英帝国が最も憂慮したのは、他ならぬインドにいるインド人だった。大英帝国軍のＬ・Ｈ・ランドンも、そう痛感していた。

戦端が開かれた時に、ランドンは東インドで休暇を取っていた。「日本への抵抗を話題にすると、インド人の反応はいつも同じ」だった。誰もが「一〇〇年前、我々は戦う民族だった。君たちは治安を回復するために、何度も軍を送ってこなければならなかった。しかし、この一〇〇年で、インド人は去勢された。君たちは我々に兵器を持たせず、軍事訓練もさせなかった。もはや、我々は戦う民族ではなくなってしまった。それなのに今、君たちは我々に、槍と弾を先詰めする銃で、日本軍と戦えと言うのか。君たちの戦車や航空機や近代的な武器による戦闘でも、日本軍を前にビルマから追い出されたというのに！」と、憤った。ランドンは、「当然の言い分で、まったく言い返すことができなかった」。

　長い年月にわたって、植民地にされ苦しんできたインド人に、いまだ知らぬ相手と戦えと口説くのは、容易ではなかった。

　イギリス国営放送BBCは、「日本の謀略宣伝放送の検証」をした番組で、戦前に日本はヒンズー語のラジオ放送で、インド独立運動を煽動していたと訴え、「極東で悪の権化とされているのは資本主義で、それはイギリスとアメリカだと訴えている」と、伝えた。日本は明らかな資本主義国だったが、狡猾《こうかつ》にも矛先を資本主義に向けさせた。大恐慌の嵐が吹き荒れる中で、日本はモスクワと合唱もしてみせた。

「白人の優越」に対抗する弁舌の才が、あった。一九四〇年九月には、日本のヒンズー語放送は、インド人に「日本は中国を統治下に置くことはない。日本は白人支配《ホワイト・ドミネーション》から、中国を自由にしたいのだ」と、訴えた。日本は、「その声を届けるあらゆる工夫」を、凝らした。

　この反英謀略宣伝が効果的だったことは、戦時中にインドで大規模に行なわれた、ストライキなどによる「イギリス撤退《クウィット・インディア》せよ」との抵抗運動からも、明らかだ。「秘密電報」によると、イギリスは「ほとんどのインド人が、日本軍によるインド進攻を求める」ことを恐れていた。

「全インド議会委員会《オールインディア・コングレス・コミティー》（ＡＩＣＣ）」は、植民地支配者から、常に「傀儡政府《パペット・ガバメント》」として位置づけられていた。

インドの人々は、「イギリス撤退せよ」運動が時機尚早ではないか、と自問したが、ＡＩＣＣは、動じなかった。一九四二年十月のことで、日本軍の進攻が確実視されていた。ＡＩＣＣは「八方美人《ミーリイ・マウスド》で臆病《チキン・ハーテイッド》な一部の人間は、このような状況で自由のために戦うことは、やめたほうが良いと、言うだろう。しかし、日本軍が進攻してくるこの時こそ、自由のための戦いを、一層推し進めるべきだ」と、判断した。

「ラングーン陥落」が、「イギリス撤退せよ」運動を、さらに後押しした。「イギリスは、イギリス人の男たちを、ビルマからあらゆる移動手段を使って避難させ、文字通りインド人を見捨てた」として、脱出してきた多くのインド人が、イギリス人の裏切りを痛烈に、非難した。それが、インド国民全体を怒らせた。

なぜインドは連合国の側に立たなければならないのか

アメリカではインド系アメリカ人社会が、ホワイト・ハウスに向けて、警鐘を鳴らしていた。ロサンゼルスのスワミ・プラバヴァナンダ師は、「英領インドの臣民」のいとこが、アメリカに留学したが、徴兵を受けたと、ホワイト・ハウスに書簡を送った。戦争に行かなければならない理由を知りたい、という主旨だった。自由のための戦争ではなかった。なぜなら、そもそもインド人には、自由を求める権利さえ、与えられていなかった。ホワイト・ハウスは、回答に窮《きゅう》した。

M・K・ガンジーは、一九四二年の七月初旬、フランクリン・D・ルーズベルト大統領に「連合国の掲げた、個人の自由と民主主義が保障される世界を創るために戦うとの宣言は、虚《うつ》ろに響く。インドもアフリカも、大英帝国に搾取され、またアメリカは自国で黒人を差別している」と告げた。

ガンジーの発言は、日本の主張を反映していた。何億人というインド人から自由と民主主義を奪っておきながら、自由と民主主義のために戦うと訴える、イギリスの矛盾を激しく批難した。

戦時中、インドは戦略上、重要な拠点だった。インドでは「イギリス撤退せよ」運動を展開していたが、アメリカのヘンリー・A・ウォーレス副大統領が、連合国が日本に勝利する戦略において、インドがカギを握っていると述べたのは、正しかった。連合国はビルマを取り返すには、補給するにも戦闘をするにも、インドを経由するしかなかった。連合国にとってインドは、大英帝国とオーストラリアの間にある、唯一の工業地帯だった。

イギリスとアメリカの間には多くの亀裂が生じつつあったが、インド問題も確かにその一つだった。アメリカは、イギリスが「特恵」方策により帝国の巨大な市場を束縛していると異義を唱えた。ルーズベルト大統領の「個人的代理人」のウィリアム・フィリップスは、ウィンストン・チャーチルから「インドについていかなる権力も、委譲するつもりはない」との回答を受けた。大西洋憲章は「抑圧された人々に自由を与える」と謳っていたが、白人だけに適用された。

アメリカの使節《エミサリー》のフィリップスは、毎日、大英帝国に批判を加えた。「インドで高まる反英感情」に、正当な理由があったのだ。インド南部のマイソール州では、ゴムが生産されていたが、「自動車タイヤの生産は、許されなかった」。ゴムは、「イギリスが所有していたタイヤ会社・ダンロップへ渡された」。

イギリスは「競争」のために、インドの一貫生産を許さなかったと、インド人が訴えたのは、正当なことだった。フィリップスの訪問先は「どこも」、不満、落胆、絶望感に溢れていた。インドは、日本の手中におちる寸前だった。

一九四三年四月に、全世界が枢軸国と連合国との死闘に固唾《かたず》をのむ中で、フィリップスは「インドでは、戦争に関心が低い」ことに、気がついた。インド人は、「戦う目的を見いだせないでいた。チャーチル首相が、大西洋憲章の原則はインドに当てはまらないとしたことがあった。二万人のインド国民議会のリーダーは、裁判なしに投獄された。議会派の影響力は失われたが、一方でイスラム連盟の勢力は拡大」した。

このことが、その後の紛争の元凶だった。それは、イスラム国家のパキスタンの建国にいたることになる。

他の外交官の報告は、より深刻だった。

「マレー、タイ、フィリピンどころか、インドのデリー等の地域でさえも、日本に対する戦闘意欲を持ったインド人を、捜すことすら困難だった」

インド人は連合国の高邁な美辞麗句を、無視した。アメリカの掲げる、抑圧された人々の自由回復という福音《ゴスペル》も、まったく信じられなかった。むしろ国境を越えて、中国に友人を見つけていた。中国人の無関心な態度や、リーダーシップの欠如、そして何よりイギリス嫌いなところが、インドで好感を持たれた。フィリップスは「有色人種の自覚が高まっている」のみならず、「西洋人への嫌悪と不信も含め、東洋人がブロック化している」と、報告した。

インド人の対イギリス敵対感情は無視できない

一九四三年五月ごろには、インド国内に厭戦気分、無関心、辛辣な批判が高まっていた。アメリカはイギリスに問題を提起したが、「貴国には関わりないこと《ナン・オブ・ユア・ビジネス》」と、突き返された。しかし、戦争の負担をほとんど背負っていたのは、アメリカだった。イギリスの政策を、質《ただ》すのも当然だった。ルーズベルトの側近であるフィリップスは、大英帝国の念頭にはなくとも、「何億人の反白人感情」があることを、感じていた。大統領は、こうした見方を外交官や軍事専門家から聞いていた。そして、この戦争をシニカルに「ファシストと帝国主義者の戦い」と、見做した。

フィリップスの報告もあって、アメリカは、大英帝国の妄想から覚めることになった。

戦争の最大の悲劇——否、犯罪——のひとつは、節目の年の一九四三年に起こった。何万人もの死者を出したベンガルの大飢饉だ。ベンガルでは、反英感情が強かった。「常に動乱の地」で、飢餓が親日感情を高めていた。日本がビルマから米をもたらしてくれると信じて、多くの農民が日本の進攻を、期待した。

フィリップスが大英帝国を批判したことは、イギリスとアメリカとの関係をこじらせた。

高名な小説家のパール・バックも、同じ認識だった。ルーズベルト夫人に「インドは、イギリスへの激しい批判に、満ちています。マレーやビルマ以上の規模で、白人に対する復讐のための虐殺が、起こりかねません。私にはわかるのです」と手紙を出し、さらに、「インドのアメリカ部隊は、復讐に備えなければなりません。アメリカはインド人が嫌悪する白人を、手助けしているからです」と、予見した。

爆弾のような手紙と自覚していたパール・バックは、大統領しか読まないように断った上で、「私自らタイプをし、控えもありません。読んだら破棄してください」と、書き添えていた。大統領は、「パール・バック女史に、『手紙を読んだ。興味深いので、私のファイルに保管している』と伝えなさい」と、夫人に告げた。

アメリカは即座に、大規模な軍事力を展開させた。ひとつには、イギリスとは違うことを示すため。もうひとつの理由は、アメリカの巨大な軍事力を、アジア人、特にインド人に誇示するためだった。

大統領は一九四二年の春に、日系アメリカ人部隊を、インドの戦略的な港に派遣すべきと、提案した。日本とそれに同盟するインド人の謀略宣伝《プロパガンダ》に、対抗するためだった。「アングロ・サクソン部隊」が展開するより効果的だと、考えられた。

アメリカの大英帝国批判は、目新しくはない。そもそもイギリスを批判し、イギリスと戦って建国された国だった。太平洋戦争の四半世紀前に、ウィリアム・ジェニングス・ブライアン国務長官は、「イギリスのインド統治は、私が想像した以上に酷い。あまりにも過酷で、正義に反する」と、記していた。しかし戦争の温床は、緊張を悪化させた。

アメリカを失望させたのは、「有色人種の差別」に関し、イギリスが寛容さを欠いていたからだけではなかった。問題だったのは、アメリカの白人とインド人の関係に、亀裂が走ることだった。それはイギリスに有利、アメリカに不利にはたらいた。そして、閉鎖された取引と通貨のこのシステムは、植民地にとっても不利益だった。ここに植民地とアメリカ、そして皮肉にも、日本の利益は一致した。「特恵」体制を破壊することはアメリカ、日本とインドにとって共通の狙いとなったからだ。そうした状況下で、特に財政的領域で、帝国は急進的な改革を迫られていた。

チャーチルは一九四二年八月に、「イギリス撤退せよ《クウィット・インディア》」運動がインドで急速に拡大する中で、「ガンジーが日本と交渉することで、日本軍にインドを自由に通過させようとしている」

と、ルーズベルトに告げた。チャーチルは、蔣介石が日本と裏で結んでいる事実を、見落としていた。なぜガンジーが日本と結びつくことが、中華民国政府で警戒を引き起こすのか？　これは大英帝国にとってのジレンマだ。「有色人差別」をアジアに課すことで、アジア人同士を不和にした。これは、帝国の将来にとって良い前兆でなかった。だが、「人種特権」システムを放棄することは、アジアで帝国を支えた「三等」クラスの白人たちに敵意で応じられた。

　加えて、インド共産党はアメリカと同様に、連合国側だった。一九四一年にドイツがソ連を攻撃した後は、そうだった。しかし多くのインド人は、イギリス支持とはならなかった。このためインド共産党は一九四二年のインド国民軍の蜂起を、「愚挙《フォーリイー》」と非難したものの、チャンドラ・ボースを非難することができなかった。

　ある研究者は、共産党については「愛国者に対抗する政府を支持する格好となり、居心地の悪い立ち位置に置かれた」と、述べた。

　多くのシンガポール人がいうように、日本による進攻がアジアにおける大英帝国の植民地支配を、終焉させた。戦後の世界が、一九四一年以前にあった諸民族のあり方と、まったく違ったものになったのは、確かだった。

第九章　戦争で変わる人種の構図

——黒人兵士の差別撤廃に向けて

日本はアメリカ黒人兵に友好的に振る舞った

一九四〇年のアメリカの総兵力は、およそ五〇万人。そのうち四七〇〇人が黒人で、独立した黒人部隊として編成された。

黒人将校は片手で数えるほどで、従軍僧三名に、大佐、大尉が一名ずつだった。海軍は黒人をコックか、給仕兵としてのみ採用した。海兵隊と航空隊は、黒人《ニグロ》を完全に排除した。この軍での悪名高い人種差別は、輸血の血液も区別していた。海軍人事局は「『黒人《ニグロ》』は海に馴染《なじ》みがないので、水を怖がる」と、信じていた。白人は、黒人がシャワーを浴びるのを怖がり、悪臭を発すると、都合よく解釈した。

こうした差別は、日本との「人種戦争《レイス・ウオー》」を戦わせるのに、都合が悪かった。日本軍は激戦地へ投入される黒人兵を、寝返らせることもできたから、黒人差別はアメリカの安全保障上の脅威となった。黒人と白人の差別を取り除くことは、情けや博愛からではなく、冷厳な必要性に迫られたものだった。

「二〇〇〇人以上のフィリピンのロス・バノス収容所の捕虜のうち、二〇名が黒人だった。解放された黒人捕虜は、白人を非難するのに協力すれば、日本軍に優遇されたと語った。捕虜になる前にも、黒人は日本軍から優遇されていた。日本軍が兵員輸送車を攻撃した際も、黒人兵だとわかると攻撃を止め、捕虜として船に乗せた。ＦＢＩは『白人至上主義者《ホワイト・スプリーマシスト》』の巣窟《そうくつ》だったが、『日本軍は黒人の機嫌をとり、友好的に振る舞っている』と、怒りを露《あら》わにした」

ＦＢＩの怒りは、「白人の優越《ホワイト・スプリーマシー》」を維持できない、切迫した戦況によるものだった。フィリピンのある収容所では、白人と有色人の捕虜の間で、喧嘩があった。発端は、黒人の差別だったが、平時だったら、後に黒人がリンチされただろう。しかし、日本軍がこの騒ぎを知って、利用する懸念があった。そこで、捕虜による裁判が行なわれ、両者とも六〇日の観察処分となった。

全米黒人地位向上委員会のウォルター・ホワイトは、「イギリスにいるアメリカ兵は、黒人には尻尾があり、無学で、肌の色は病気によるものだと、公言していた」と知って、呆れた。その一方、黒人側が「敵」を、海峡を隔てたナチスではなく、味方であるはずの「アメリカの白人」だといったのを聞いて、日本は大喜びし、「アメリカが自国の黒人をどう扱ってきたか、わかっただろう。連合国が勝てば、君たち有色人種が世界中でそう扱われるのだ」と、触れまわった。

一九四二年七月、「南アジアの兵士はミシシッピ奥地のニグロと同じように、インド人や中国人を扱っている。それは罪に問われない、やりなれた扱い方だ」という「不穏な噂」に、ホワイトは日本の信念を確信した。

白人でなければ劣等な人間として扱う長年の行動様式は、世界大戦が起こったからといって、すぐには改まらなかった。

一九四五年二月に、ダグラス・マッカーサー元帥の司令部から、歩兵九十三連隊の白人将校に、『諸君と現地人』と題した小冊子が、配られた。「アジア人は子どものように、白人を尊敬している。文明力を持つ白人が電気をつけたり、飛行機を飛ばしたりするなど、つまり諸君を畏怖している。諸君は子どもに対する大人のように、現地人と接するべきだ。諸君に自信がなくとも、常に優越した態度で接するようにせよ」と、書かれていた。

日本を憎んでいるアジア人でさえ、この小冊子を見たら、日本と手を携えて白人と戦おうと思うだろう。

人種差別は軍隊の士気や、黒人の士気を低下させる要因となった。オランダ領ニューギニアでは、黒人兵が日本軍と出くわすと逃げてしまうと、苦情が出ていた。前述のホワイトは、黒人の戦闘能力を調査したが、黒人の能力に懐疑的な見方に、賛同せざるをえなかった。戦闘中に動揺し、逃げる黒人もいた。ヘンリー・スチムソン陸軍長官は、戦闘能力の疑わしい黒人兵の問題は深刻で、大いに懸念していた。

南太平洋から黒人部隊が、日本との戦争に熱心ではないと、報告が入ったことは、ホワイトの懸念を証明した。ジャングルと山岳地帯ばかりのオランダ領ニューギニアに派兵された黒人兵の「俺の墓には、『白人を護るために黄色人と戦って死んだ黒人、永眠す』と彫ってくれ」という言葉には、太平洋戦争での黒人の思いを露《あら》わにしている。

太平洋戦争に疑問を感じていたのは、黒人だけではない。アメリカの先住民のインディアンは、「この国は白人に乗っ取られた。だから、白人が侵略や攻撃を受けても、手助けすべきでない」と、語った。アメリカ先住民兵は、「沖縄戦で私は、洞窟から出てきた時に、敵と間違えた味方の兵士から撃たれそうになった。あわやという時に、顔見知りの白人兵が来て、助かったと思ったが、その戦友は、『そこから出てこい、ジャップ』と、叫んだ」と、述べた。

追い立てられて、促されて、アメリカ合衆国は非常手段をとった。それは、実質的に神から与えられたと以前は認められていた白人優越論と戦うためだった。特別な人種差別を批判する映画がつくられ、反人種差別という新しい概念を兵士たちに教え込むことを目的とするパンフレットが、戦争出版として義務的に作成された。

あるフィリピンで捕虜となっていた日本兵は、後に「アフリカは優れている」という記事を目にするようになり、「黒人の優越性」の指摘に感心した。彼は「この記事に賛成はしなかったが、黒人が世界で二流人種と思われていたなかで、この記事を書いた者の人種偏見に対する挑戦を、称賛した」と、回想した。

だが、この日本兵はアメリカの白人が、黒人をどう扱うかを目にし、黒人への同情を禁じ得ず、白人のアメリカ人看守に、黒人をどう思うか、尋ねてみた。看守は「黒人は戦闘では弱虫だ」と吐き捨てるように言い、「戦争が終わったら、黒人と様々な問題が起きることに賭けるよ。軍隊で黒人にずいぶん乱暴をしたからな」と、付け加えた。

日本兵は、白人と黒人は同じアメリカ市民なのに、両者の間に差別があることに愕然《がくぜん》とした。収容所で黒人はその役割にかかわらず、下を向いて黙々と仕事をする一方で、白人は、白由気ままだった。彼は「黒人はいまだに奴隷のようだった」と、述べた。

しかし、何世紀にもわたる「白人の優越」を覆すには、新聞や映画だけでは不十分だった。一九四四年春に、戦争が長引くなかで、南太平洋の黒人部隊を指揮していたレオナルド・ラッセル・ボイド准将は、人種差別の構造そのものが、戦闘を妨《さまた》げていると結論付け、「中隊の中に白人将校と黒人将校がいることによって、混乱が増している」と述べた。さらに「人種問題は、戦地においては問題にならない。ウールの毛布に包《くる》まって眠りたいというような南部の白人兵が、二人用の蛸《たこ》ツボに入って、黒人将校と寝ている。人種など関係ない」と、語った。二人用の蛸ツボは、日本軍に対して掘られたのではなかった。戦死者が出ることを前提として、掘られていた。

ボイドの所感は、楽観がすぎたのかもしれない。軍の内部で、戦時中ずっと人種間の軋轢《あつれき》があったからだ。一九四三年六月には、暴徒が海軍の武器庫を襲う事件が起こった。翌月、第八十建設大隊所属の七〇〇人あまりの黒人が、カリブ海の任地までの輸送で、人種差別を受けたと抗議し、デモをはじめた。たいしたことではなかったが、日本軍との激戦地となったグアムは、「海兵隊員《マリーン》の白人と、海軍《ネイビー》の黒人水兵との、女性をめぐる紛争の島となっていた。許されないことだったが、黒人水兵は小銃と銃剣で武装した」のだった。

日本は敵の人種差別が、日本軍に完全武装の一個大隊を戦力に加えるようなものだと、認識していた。日本では黒人部隊に関する情報についても、名前、階級、各州による人種構成と、情報を詳細に得ていた。

アメリカ本土に進攻する際には、大いに役立っただろう。日本はリバプールの黒人人口が多いなど、人口増加の記録もとっていた。黒人の非識字率、死亡率、職業、教育、出身地などのデータもとっていた。

問題の一つは、黒人兵は白人だけでなく、中国人に対しても不信の目を向けていたことだ。尊敬される黒人作家で、ロサンゼルス在住のシャーロッタ・バスは、蔣介石夫人が一九四三年春にロサンゼルスを訪れた時に、この点について質問した。「アメリカのような人種偏見が、中国にもあるか」、との問いへの蔣夫人の反応に、シャーロッタは驚いた。

まさか質問が、強い反発を招くと思わなかった。蔣夫人は即座に踵《きびす》をかえし、立ち去り際に「それは国内問題だ」と、文句を言った。それればかりか「南部訪問で蔣介石夫人が辱《はずかし》めを受けた」と伝えられたことに、シャーロッタは衝撃を受けた。

中国は日本ほど熱心に人種平等を訴えなかったので、黒人の支持を失っていた。このことは、中国人が黒人を追い出そうとしたとの報道とも、通じる。「中国軍による黒人差別政策《ジム・クロウ》」や、「黒人兵《ニグロ・ソルジャー》への人種差別的な態度」に対しても、つねづね批判があった。

結果、従来からの中国系アメリカ人に対する不信を、さらに増幅させた。黒人のひとりは、「黒人街のハーレムで、レストランや洗濯屋を営む中国人は、人種の問題が俎上《そじよう》にのぼると、まるで自分たちが白人であるかのように振る舞った。ところが、『中国への援助』の問題となると、我々に協力を求めてきた」と、憤慨した。サンフランシスコの中国語新聞は、地元の黒人を頭から侮蔑していた。

多くの中国人は、自分たちが黒人と一緒にされることを嫌った。そこで、人種差別については、国内と国外の二正面で、キャンペーンを展開していた。中国人は、自分たちの窮状と、彼らより色の濃い黒人たちの窮状とが、相身互《あいみたが》いなことを、あきらかに無視していた。

ハリー・トルーマン大統領は、「黒人《ニガー》やシナ人《チャイナマン》〔ともに蔑称〕でなければ、人は正直で、きちっとしており、いい人である。神は塵《ちり》から白人を創り、泥から黒人を創った。その残りを捨てると中国人になった。神はシナ人と、日本野郎《ジャップ》がお嫌いだ。私も嫌いだ。人種偏見だろう。だが、私が強く主張したいのは、黒人はアフリカに、黄人《イエローメン》はアジアに、そして白人はヨーロッパとアメリカにいるべきだということだ」と、語った。

白人は日本兵の遺体を残虐に扱った

黒人は心の底では、日本兵と日本人に向けられているアメリカ人の人種憎悪が、自分たちの体験と似ていると、思っていた。黒人メディアにとって、アメリカ軍が戦利品として日本兵の遺体から歯や骨を強奪するありさまが、南部でリンチの犠牲となった黒人がどう扱われてきたか、思い起こさせた。日本人の頭蓋骨が戦利品として陳列されているのを見て、つい最近までのアメリカ先住民の大虐殺を、思い出す者もいた。

一九四四年に、アメリカ海軍の黒人水兵のアドルフ・ニュートンは、フィリピンを航海していた。この黒人は、日本人パイロットの死体が、操舵室の背後のデッキに、転がされているのを目にした。

「白人たちが罵《ののし》り、ついに一人が短剣を抜いて、息をしていない日本人の体に刃を突き刺した。すると他の白人も、それに続いた。私は恐怖のあまり茫然自失となった。人間の体をそのように扱うことに、戦慄させられた」

繰り返し死体を刺すことに飽き足らず、誰かが死体から歯を抜き、口汚く罵った。

「私は、彼らが自分にも同じことをするのではないか、不安になった。するとどこからともなく『そうだ』と、答えが聞こえてきた。その瞬間に、南部でリンチされた黒人の数々の写真を思い出した」

日本は自国の兵士が白人から残虐に扱われていることを、知っていた。虐待の原因を黒人と同じように、「白人の優越」と結びつけた。

「二十世紀にアメリカの蛮行がその絶頂期にあったことが、ルーズベルトが大統領執務室で日本兵の遺体から切り取った骨からつくったナイフで封筒を開けるという、気の滅入《めい》る写真が象徴していた」、との報告がある。

このことは、「白人による無辜《むこ》の黒人に対するリンチや、その他の差別に現われる暴力、残虐性」に、通じる。これは、「もし、アメリカが勝ったなら、東アジアに住む人々は、アメリなって、アメリカの野蛮な支配の犠牲となるのを免《まぬか》れない」ことを、意味していた。

「単に肌の色の違いだけで、同じ市民をリンチするといった、残虐行為ができる人々が、兵となっているから、日本人に対するアメリカ軍の残虐行為は、少しも驚くに値しない」

アメリカにおける黒人と白人の衝突

一九四二年に、何千人もの黒人が職業差別に対して、マンハッタンで抗議行動を起こした。親日の『香港ニュース』は、「ルーズベルト大統領は、他国にとやかく言う前に、自国でその信念を実践してはどうか」と、皮肉った。これは、アメリカの人種差別の醜さを浮き彫りにしようとする、日本のプロパガンダであった。

ある社説は、正義の側に立つかのように装うアメリカ軍で戦うことを強制される、黒人兵の悲劇を取り上げ、「残酷な差別や虐政《ティラニー》を世界から消し去るための戦いをしているはずの軍隊が、差別を行なっている。白以外の、黒や茶、その他の肌の色に生まれることは、アメリカ人には許されざる罪と見做される」と、論じた。

アメリカの黒人兵が人種暴動を起こすと、大英帝国にも広まり、新聞の一面を飾った。『香港ニュース』は嘲笑を込めて、「アメリカの政治家が黒人に対して酷い扱いをするのは、いつものことだ。平時はこき使い、戦争となると徴兵する。労働力と戦力の対価は、いつも空手形だった」と、結んだ。

大勢の黒人が立ち上がった「デトロイトでの黒人と白人の衝突」は、一九四三年のトップニュースだった。この衝突は、アメリカにおける「黒人と白人との全面戦争の前哨戦」だと、香港の新聞は報じた。

高名な黒人法学者のウィィリアム・ヘイスティーは、人種を理由に、ワシントンにあるナショナル・プレスクラブに入れなかった。『香港ニュース』は、当人よりも激昂したかのようだった。ミシシッピ州選出で、人種差別で悪名高いセオドラ・ビルボ上院議員は、「黒人をアメリカから追放」することを主張し、日本では同議員が、「有色のアメリカ人に宣戦布告をしろ」と、訴えていると報じられた。「アメリカの黒人が、大統領選挙から排除された」時にも、ニュースを賑《にぎ》わせた。日本のプロパガンダは、「レッドインディアンで、デラウェアの酋長だったワウブノ」の発言を長々と引用して、「白人は他の種族の絶滅者だ」と、訴えた。日本の戦争は酋長の願いを世界に広めるもので、「解放のための戦争を超えた、イデオロギーの戦争でもある」と、論じた。

そのような報道では、大日本帝国における、黒人《ニグロ》の活動も紹介された。一九四三年に、黒人ボクサーのロイ・ブルックスが、日本統治下のフィリピンでウェルター級チャンピオンとなったことが、報道された。リサール・スタジアムの九〇〇〇人のファンの前で、ジミー・ヴィラヌバに圧勝した。セミファイナルでは、黒人のジェフリーズ・ウェアが、勝った。一方で日本の新聞は、ヘビー級のチャンピオンで『茶色い爆撃機《ブラウン・ボンバー》』の異名を持つジョー・ルイスの税金問題を、書きたてた。彼がアメリカ政府の熱心な支援者だったからだ。

アフリカとアジアの同志の連帯

大英帝国もアメリカに劣らず、人種問題によって板挟みになっていた。インドやビルマの領土を守ろうとすればするほど、いっそう問題化した。そこには英国人《ジョン・ブル》に敵対感情を持つ先住民は言うに及ばず、アフリカ人やカリブの黒人兵士が何万人といた。加えて、マーカス・ガーヴィーの唱えた、全アフリカ諸民族の政治連合を目指す「汎アフリカ主義《パン・アフリカニズム》」思想が、広まっていた。それはロンドンに逆らって、植民地の人々を組織しようとするものだった。ガーヴィーが現われる前から、イギリスはアフリカからの脅威を監視していた。このため一九一三年に、イギリスはイギリスの植民地だったゴールド・コーストから来て、オクラホマに居住していたアルフレッド・C・サムズを、見張っていた。現地の黒人をアフリカに「移住」させようと、そそのかしていたからだ。

イギリスはガーヴィーを、厳しい監視下に置いていた。一九二六年に、ベテランの植民地当局者は、極秘報告書で「マレーで政治情報部にいた経験から、私はこのジャマイカの狂信的な黒人扇動家が移住してきたことがもたらす結果に、不安を感じる」と、述べた。

その前にも、イギリスの在ニューヨーク領事館と在ワシントン大使館にも、マンハッタンで「大きな黒人集会」が行なわれ、「狂信的な黒人扇動家」がインドの状況について長々と話したと、報告が入っていた。こうした報告は、いかにロンドンが懸念しているかを表わしていた。

一方で、大英帝国の「臣民」だった有色人種も、海を越えて連帯する動きがみられた。

このため、一九二八年にガーヴィーがアメリカからジャマイカへ強制送還された後も、イギリスの現地当局は、監視を続けた。連絡は冒頭に「これは極秘だ。内容を洩らしてはならない」と、記されていた。

R・E・スタッブスはアフリカとアジアの同志の連帯について、恰幅《かっぷく》のよいジャマイカ人から、「孫文とガーヴィーには、共通する思いへの献身を感じた。孫文にとっては中国の統一と独立。ガーヴィーは黒人の地位向上だった。二人とも子どもっぽい虚栄心があり、『私の組織』『私の党』『私の理想』について、飽くことなく自慢話をした」と、伝えられた。そこでスタッブスも、「ガーヴィーの『虚栄心』が、ガーヴィーを『不条理』へと追いこんでいるのだ」と、延々と持論を展開した。

しかし、「不条理」という表現は、むしろ大英帝国の人種政策にこそ当てはまる。というのも、イギリスは「白人の優越」政策を護るために、白人ではないものに、依存していたからだ。すでに一九二一年に外務省は、大英帝国と同盟国のアメリカが、人種差別という問題を話し合うことを避けていたと、報告している。

人種差別が問題となったのは、最前線で戦う兵士の頭の中だけだった。外務省は「これ以上に根本的な課題は他にない」と認識しつつも、「人種差別問題に解決策はまったくない、白人と有色人種とは、融合できないし、することはない」としていた。

外務省は一九四一年三月まで人種平等の原則に対して、曖昧《あいまい》に反対しつづけた。そんな時に、勇気あるイギリス人が「白人と有色人種は平等であることを、明確にする」声明を発表するように提案した。日本のアピールが広まるのに対して、機先を制することができると、訴えた。

しかし、大多数の人が、この提案を「木星に引っ越せといわれているようなものだ」と受け止めた。ホラス・セイマー卿が、オーストラリア人は決してそのような提案を受け入れることはないと、外交的な立場から却下した。

しかし、一九四四年までには銃弾飛び交う戦場において、人種平等の原則が受け入れられた。繰り返すが、人種問題の改善を推進するような、まともな政策論議は、まったく行なわれなかった。ただ、この問題を深く研究する歴史学者は、単に「『有色人種』だと切り捨てられた、大英帝国の大部分をなす臣民が、復讐《リベンジ》を招くことへの積年の恐怖」――それこそが、心変わりさせた要因だと、結論づけることができよう。

安売りで市場を独占する日本製品に対して

ジャマイカ人とアメリカの黒人は、一九〇五年の日露戦争の日本の勝利以来、日本と協力することによって、大英帝国のアフリカ統治に抗議してきた。大英帝国はアフリカ大陸で、日本企業がイギリス企業よりも安売りをすることを、恐れていた。日本の影響力を、さらに高めるからだった。

一九三六年にトーマス・スタンウェイは、ダーバンから植民地担当次官に、「日本製の安い綿や絹が、植民地でダンピングによって、大量販売されている」と、書面にして送った。彼は「モンバサとザンビア、さらにダル・エス・サラーム」を訪れ、かつてはランカシャーやヨークシャーが独占していたのに、「我々の商品の代わりに、港に大量の日本製品が積まれているのをみて、今では情け容赦ない強敵に、市場を奪われてしまったことを知った。すでに勝ち目はない」と、悔しがった。

大英帝国が一九三九年に、戦争にまさに突入するころ、グラスゴーの幹部は「東アフリカでの大英帝国の地位は、あったにしても、かつてよりも悪化している。日本は商売にならない値で、安売りを仕掛けている。特に基盤産業の『綿織物』でだ」と、述べた。

一九三四年から一九三六年にかけて、洗面器やボールなどのほうろう製品が、爆発的なヒットとなったが、日本は大英帝国の製造原価では太刀打ちできない低価格で売り、市場は日本製品の独占状態となった。

ドイツは日本の同盟国だったが、地理的、歴史的にアフリカで、大英帝国と協力していた。一九三六年は転換点の年で、ドイツの外交官はイギリスに対し、安い日本製品を締め出すよう打診した。

「我国は主にイギリスの会社を通じて、特にナイジェリアなど西アフリカに輸出された安い焼き物やほうろう製品を、常時大量に購入していたが、今や日本の安い製品によって追い出される危機にある」と通告し、さらに、「かつて布製品にかけたような輸出入割り当てを、このような日本製品にも適用すべきではないか」と、提案した。

ドイツはイギリスにとって地理的に、明らかにより大きな脅威であるものの、イギリスは日本を排除することによって、ドイツの貿易を保護することに前向きだった、というきわめて複雑な関係にあった。

多くのアメリカの黒人は、日本製だったら何でも欲しがった。しかし日米戦が始まると、日系アメリカ人が強制収容され、それもできなくなった。

イタリアのエチオピア侵略を日本はどう見たか

イタリアがエチオピアを侵略すると、日本も原則と「より大きな目標」の狭間で、似たようなジレンマに陥った。キリスト教とイスラム教は、黒人世界では手をつないでいた。日本はエチオピアの首都アディスアベバの重要性を熟知して、同国を何年にもわたり贔屓《ひいき》にした。この事実は、アメリカ軍情報機関によって充分に認識され、注意深く監視されていた。

日本からの経済的挑戦が脅威なら、社会的影響はより甚大だと考えられた。アメリカの高官は、アディスアベバの貴族と日本の娘が結婚を通して結びつこうという計画があることを、驚きをもって報告した。

「一九三二年、エチオピア王の甥《おい》（または従兄）のリイジ・アラヤ・アベベ王子が、日本を訪問し、多くの日本滞在者と同様に、日本女性に好感を持ち、魅《ひ》かれた」

話はとんとん拍子に進み、「一九三三年六月に新聞は、リイジ王子が日本の弁護士に、自分にふさわしい日本の伴侶を見つけて欲しいと依頼したと、報道した」。

そのような依頼は、イギリスなら笑いの対象となったことだろう。アメリカ南部でも、考えられないことだった。しかし、東京では六〇人ほどの若い女性が、結婚を申し込んできた。懐疑的なアメリカの評論家は、「日本が、有色人連盟《リーグ・オブ・カラード・ピープルズ》のトップとして、汎アジア運動《パン・アジアティック・ムーブメント》を構築しようと策動している」と、この驚くべき展開を分析した。アメリカはイギリスと同様に、困惑して眺めているだけだった。一方、アメリカの黒人は、日本の振る舞いに喜び興奮していた。

しかし、一方で多くの黒人は、イタリアのエチオピアへの侵略に対する日本の反応に、困惑していた。ムッソリーニの侵略を、「白人の帝国主義の直近の事例」と位置づけて最初に抗議集会を持ったのは、人種問題に敏感で、影響力が大きい日本の黒竜会《ブラック・ドラゴン・ソサエティ》だった。黒竜会には、極右勢力、愛国者、軍や政権内部の同志が馳せ参じた。イタリアの日本大使館は、警察の警備下におかれ、イタリアの新聞各紙は、日本のエチオピア政策を一面で報じた。日本は「白人」の大多数が、不合理な「白人の優越」を掲げて、日本の台頭を敵視していたことを懸念し、日本打倒の機会を狙っていると、推測していた。

日本はイタリアの反共政権を攻撃することを躊躇《ちゅうちょ》し、エチオピアの主権を守ることから、手を引いた。世界の汎アフリカ主義者たちは、落胆した。

イスラムに友好的な日本

日本は、「白人の優越」に対抗する力として見られていた。戦場で日本軍が後退しても、世界中の黒人が日本によせる熱情が、冷めることがなかった。アメリカの情報局は、この現実にかつてない警鐘を鳴らしていた。

イスラム教徒たちは「イスラムの国民《ザ・ネイション・オブ・イスラム》」として知られることになった組織の出現によって、北アメリカで重要な足場を固めた。イスラム教は一〇〇〇年以上も続いていて、アフリカや近隣地域に拡がっていた。アメリカの高官は、「日本は世界的にイスラムと親善を深める絶好の立ち位置にあり、その計画が着実に成功している兆《きざ》しがある」と述べた。

イスラム教徒はきわめて民主的で、人種的、社会的偏見にとらわれない。例えば、現代アラビア世界で最も力のある、サウジアラビアの建国者イブン・サウドの参謀長を、ナイジェリアから来た黒人が務めていた。

イスラム世界の激しいナショナリズムは、西洋の帝国主義に必然的に敵対していた。そのため、全ての西洋人が猜疑《さいぎ》の目をイスラム教徒に向けていた。日本は反西洋の訴えを、イスラム教徒に向けてさかんに発した。アジア、あるいは有色人種の一員としてのプライドに訴えた。反共主義の方針も、イスラム教徒に気に入られていた。日本は神道とイスラム教に共通点があると訴え、日本の狂信的な愛国主義と、イスラムとの連帯を促した。それが、眩惑《げんわく》されそうな「ジャパニイズラム」だった。

日本はその目的を追求するために、学生に奨学金を与えていた。また数名の有名な日本人が、イスラムに入信した。アフガニスタンは、大英帝国の心臓部であるインドに向けられた匕《あい》首《くち》のようで、戦略的な位置にあった。日本はアフガニスタンを、巧妙に利用した。日本人は狡《こう》猾《かつ》にも、反ヒンズー教徒であることをカブールで訴え、親ヒンズー教徒であることを、デリーで伝道していると、言われた。アメリカの情報局が懸念したのは、イスラム世界で成功したこのやり方が、黒人の少ないカトリック勢力圏のラテン・アメリカに、輸出されたことだった。

イギリス政府は香港が占領されるまで、香港が人種戦争の前線にならないことを、願っていた。フランキー・ザンは、アメリカ合衆国の黒人だった。ライターのエミリー・ハーンによると、「極東ではあまり黒人系の顔を見ないので、彼の顔は忘れがたかった。ザンは黒人と中国人の混血（西インドの黒人だと彼は主張した）だが、黒人の特徴と肌色が勝っていた」。彼は日本統治下の香港で、宗主国であるイギリスに逆らって、利敵行為を行なった。ハーンは「日本人は白人以外の、世界の全ての有色人種を好んでいた。日本人は、アフリカも含む全ての有色人種と、大きな約束をしていたからだ」と、述べた。

ザンは、アメリカの白人と結婚していた。日本の占領者は、白人女性が黒人と結婚したことに喜んだ。北アメリカでは白人と黒人の結婚は、死刑になりえた。日本軍は何も咎《とが》めることがなかった。

ハーンとザンは、かつて「東洋の真珠」と形容された香港の緩やかな坂道を、歩いていた。「誰も私たちが一緒にいるのを見ても、驚きませんでした。戦前だったら、金髪の妻をもつことに驚かれたでしょうに」と、ザンが語れば、ハーンも「戦前だったら、もしザンが金髪の妻と一緒に歩いているのに気づいたら、私だって驚くわ」と、語った。さらに「日本は香港で、人種の壁を取り払うのに成功した。香港島のヴィクトリア・ピークは、かつては白人居住区でしたが、今ではフランキー・ザンのような人々が住んでいる。変革はフェア・プレイだった」「この戦争で勝っても、人種差別が残ったなら、有色人種の憤りが再燃します。『アジア人のアジア』の訴えは心に響きましたから、日本にとっては好機でした」と、語った。

肌の色が黒い者は拒否せよ

英国が戦後遅ればせながら、残酷な「白人の優越」の現実を切り捨てたのは、「アジア人のアジア」を実現させないためだった。古い考えを身もだえしながら、変える必要があった。

パーシー・デービスは、西インド出身の黒人《ニグロ》のハーフ、ジャマイカ系中国人で、並はずれて背が高く、肩幅が広くてがっしりして、アジア人というより黒人の特徴が目立った。彼は、

「黒くて縮れた髪」をしていた。

　デービスはかつて香港の九龍《カオルーン》で、「ワールド・ラジオ」という会社のオーナーをしていたが、その後、国境を越えたところで日本への抵抗運動《レジスタンス》を展開していた。彼の兄弟のリーは、「共産ゲリラ」で、デービスは中国労農赤軍のアー・ティンによると、「赤軍のトップ」で、議長の立場にあるボスだった。

　デービスの日本との戦いは、香港在住の大英帝国臣民にとって典型的なものだった。自分の中の疑いを捨て、大英帝国でより良い日を迎えられることを信じ、イギリスに運命を託した。

　ビリー・ストレーチャンも、同じだった。一九二一年にジャマイカのキングストンに生まれ、戦争の気配が感じられるようになると、イギリス空軍のパイロットになろうと思い立った。しかし、故郷のジャマイカには、イギリス出身の白人のエリートの一団がいて、官僚を目指していた。ジャマイカでは、この小さな一団が全てを牛耳っていた。大きすぎる贅沢な家で、使用人を何人も使っていた。「白人は金持ちで傲慢、黒人のことはおかまいなしで」、絵に描いたような人種差別が存在した。

　母国は臣民であるストレーチャンに対して、不親切だったが、それでも大英帝国を護るために、パイロットとして訓練を受けた。一九四三年に、西インドで多くの補充兵が採用されたが、人種間の緊張が高まった。それまでは彼は「黒ん坊《ダーキー》」と呼ばれることはなかったので、直面した「憎悪」と「嫉妬」に、困惑した。それは彼が捧げた犠牲への皮肉な感謝だった。

ストレーチャンの故郷のある地方では、この「大量の補充兵徴募」は、歓迎されていなかった。ジョージ・ポーは、キングストンのあちらこちらで、戦争についての議論が湧き起こり、「英国のためになんか戦えるか。やつらは何年にもわたって、俺たちを奴隷にしてきた」と、憤っていたことを思い出した。戦争が終わって何年も経ってからも、ポーは「戦時中、英国の偏見に出くわさなかったという黒人兵がいたら、そいつは嘘つきだ」と、怒りを露わにした。

ポーの怒りはよくわかる。一九四四年六月のノルマンディー進攻は、新たな局面をもたらした。サー・フレデリック・レジェットによれば、「リバプールのダンスホールは、西インド人には開放されておらず、マネジャーは率直に『白人のアメリカ兵が反対しているため、有色人種の入場を禁止する』と、言っていた」とのことだった。アメリカ兵が「俺は黒んぼとなんか、同じ屋根の下で、酒なんて飲めない」と、言っていた。

戦争終結が迫る一九四五年でさえ、アメリカ兵とクラブの有色人スタッフとの喧嘩が、報告されていた。黒人のローレンス・シルバーによると、ある夏の真夜中少し前に、白人の同僚が、「見ろ、あそこに黒んぼがいる」と、言ったという。当然のように、「やっつけちまおう」と、数人が言った。シルバーは、それ以来、白人の同僚を避けるようになったが、ある日、三〇人か四〇人の仲間を集めて、そんなことを言った奴らを叩きのめした。

一方で、ビリー・ストレーチャンのように日本と戦いたかった人間には、イギリスが彼のようなジャマイカ人を、イギリス兵士として拒まなかったことは、かえって「幸運」だった。しかし、レオ・マーチにとっては、それは板挟みだった。

一九三九年九月に戦争が勃発すると、マーチは英国軍に従軍した。「私はきちんと資格のある歯科医で、ロンドンの王立空軍歯科病院で訓練を受けた」と述べた。彼は空軍に加わりたかった。だが「私は英国民で十分に資格があったにもかかわらず、白人の子孫ではないという理由で、相手にされなかった」。

この例が示すように、日本軍によって大英帝国が窮地に追いやられる瀬戸際になっても、イギリスは、白人でない者に助けを求めることを躊躇した。特に有色人は将校にはなれなかった。これは「ダートマス士官候補生・特待制度」や、他の士官候補制度に応募する場合も、同じだった。委員会の方針は、「肌に色がついているものは、拒否」だった。

優秀な応募者であっても、肌が黒い者は排除された。それゆえ、マーチは選ばれなかった。だが、民主主義の外見は、維持されなければならなかった。委員会は秘密裏に、「肌に色のついた青年に注意をするのが、委員会の役割であるが、デリケートな問題なので、文書に残すことは、望ましくない」と、通達した。

大英帝国は同様の根拠で、モントリオールから大英帝国に飛行機を運ぶ「フェリー・パイロット」（工場や基地から飛行機を移動させる）の採用でも、アメリカ黒人の応募者を拒否した。「パイロット資格があっても」黒人はワシントンの英国購買委員会によって採用を拒否された。ニューヨーク出身の黒人医師も、外科医が不足していることを知ってボランティアとしてロンドンにやってきたのだが、厚生省によって拒否された。戦争によって需要が増してから、イギリスが人種差別を中止する動きが出た時も、「戦時下限定」が条件で、戦後の在り方には一切、言及しなかった。

アメリカの影響で「肌の色の壁《カラー・バー》」政策が強化された

アメリカの黒人が、イギリスに協力した理由の一つに、アメリカが大英帝国よりさらに、人種問題では偏狭だったことがある。

アメリカでは、人種差別主義者に影響を受け、「白人の優越」政策を、黒人が増えているにもかかわらず、破棄できずにいた。

異様な「人種の純血」テストまで、行なわれた。ドイツがユダヤ人迫害にあたって、同じことをした時には、世界中の怒りが噴出したものだった。「極秘」覚書によると、委員会は黒いちぢれた髪、カフェオレ色の顔色、突き出した唇等、外見を基準にしていた。

「肌の色の壁《カラー・バー》」は、英国が必死で戦っている状況下でも、変わらなかった。特に英空軍は、そうだった。白人でない者を、入隊させることを拒否していた。コーンウォールのヴィオダ・スミスの息子は、わずかに有色だったが、「純血の白人でなければならない」と、告げられた。彼の母親は彼には知性があり、外見もよかったが、ほんの少し色がついているだけで、英空軍には入れなかったと、感じていた。

一九三九年にヨーロッパで戦端が開かれると、植民地省は英国軍への採用が植民地の人間を「排除《イクスクルージョン》」していることが、反発を高めていることに、気がついた。「この傷口に対する不平不満は、英国の戦時プロパガンダにとっては深刻な障害となるだろう」と、警告されていた。将来を見すえた高官は、「人種に対する偏見は、私自身もないとは言えないが、いつか植民地帝国が、瓦解することになろう」とまで、言及した。

大英帝国からすれば、重要な同盟国でライバルでもあるアメリカの存在によって、「肌の色の壁」支持へと、いやいやながら引き込まれているとの思いがあった。

カリブ人として人種を超えて協力しようという、アメリカの黒人パイロットと医者を、大英帝国は拒絶した。イギリスの解決策は、大英帝国臣民の黒人を、アメリカの黒人から区別することだった。後にイギリスの首相となったハロルド・マクミランは、これは素晴らしい考えだと思った。各方面からの抗議にもかかわらず、戦時を通して、大英帝国では人種差別が行なわれた。日本のプロパガンダにとっては、ありがたいことだった。保守派コメンテーターのジョージ・シャイラーが、「現代の人種差別の基は、大英帝国にある」と言ったことに、誰も違和感を覚えないだろう。

一九四二年九月に、イギリスの戦時内閣は、「アメリカが大英帝国に送ってくる有色人兵の数を、できるだけ減らすように圧力をかけることは正しい」と、主張した。イギリスは人種政策を総合的にみて、「白人の優越」が揺らぐことはないと、判断していた。平均的なアメリカ白人兵は、イギリス人の有色人に対する感覚を、理解できなかった。イギリスは、イギリスが白人と有色人種を区別しなくなったなら、アメリカの白人兵が大英帝国に対する尊敬を失うだろうと考えていた。

アフリカにはアメリカ黒人兵を派兵するな

また、イギリスはアメリカの黒人が、大英帝国の黒人のあいだに、反人種差別感情を掻《か》き立てていると感じ、両者を分離すべきだとした。この考えは、新しいものではない。一九二〇年には、後にマラウィという国となるアフリカの植民地から、極秘の公文書が届いていた。それは「黒人のアメリカ人が二人、やってきた」という内容だった。一人は司祭で、後に彼が引き金《がね》を引いた反乱が、アフリカにある大英帝国を震撼させた。

戦況が緊迫してくると、アメリカ軍の少数民族をどう扱うか、問題となった。一九四三年秋に、「極秘」の交信で将校たちが、「英領アフリカの兵士が、アメリカの有色人部隊に入るのを避けるべきだ。理由は、もし英領アフリカの黒人部隊が、アメリカの白人部隊の指揮下に入れば、問題は永久に続くだろうと、語った。イギリス当局は、アフリカの黒人とアメリカの黒人の「主要な相違点」は、後者が「高い教育を受けている」こと、「黒人将校《ニグロ・オフィサーズ》」が存在すること、「アメリカの政治的な理想」があることであり、アメリカから来る黒人が、アフリカの黒人に危険な考えを焚《た》きつけることを、懸念していた。

とりわけ、イギリスは西アフリカの英国領にアメリカ黒人部隊《ニグロ・トゥループス》が展開することを、憂慮していた。その存在が、大英帝国を崩壊させかねなかった。イギリスはアメリカに対して、ガンビアやフリータウン、シエラレオネには黒人部隊《カラード・トゥループス》を送らないように要請した。黒人部隊の配置は、イギリスや現地当局のみならず、アクラのアメリカ軍司令官によっても、断固反対された。なだめすかすように、ワシントンの陸軍省は極秘裡にイギリスに対して、「西アフリカにアメリカの黒人部隊を投入するつもりはない」と、伝えた。しかし、この決定が世界中に展開する部隊が、地球規模で生き残りをかけて戦う上で、どのような効果をもたらすかについて、述べていなかった。

チャーチル首相は「黒人部隊は、アメリカ軍に重要な貢献をしている」と、告げられた。「我々がこれまでアメリカに対し、部隊編成時に施設部隊《コンストラクション・トゥループス》の比率を増すよう要求してきたので、黒人が含まれているという理由で、比率を減らせと頼むのは難しい」というわけだった。そこで、イギリスは黒人種を受け入れざるをえなくなった。

しかし、受け入れるとはいっても、面倒をみることを意味しなかった。ほどなく「極秘」の事実が公開され、「イギリスで逮捕されたアメリカ兵の三五パーセント」が、「黒人」だった。「マリワナの所持」が、主な理由だった。

当局はマリワナを、重く受け止めた。「もし女性に中毒者が増えれば、性欲を高める」恐れがあった。いずれにせよ、イギリスは黒人が起こしたとされる犯罪を列挙し、他の人種は犯罪を起こしていないと、強弁した。

イギリスはアフリカで黒人を統率できない

メルボルン公によれば、黒人がもたらした問題は、犯罪だけではなかった。一九四三年十月に、「この国には、現在三万四八七五人の有色人種がいる」と、発表した。

「黒人は我々二つの国の関係にとって、たいへんに好ましからざる事態をもたらす危険な要素を、持っている」

黒人は喧伝されたこの戦争の民主的な目的、アメリカの最強の同盟国であるソ連によるレトリックと、日本が宣言する人種平等の訴えによって、影響を受けていた。白人の優越に基づく命令に、黒人はもはや従うことがなかった。

「明らかに、時代が変わって」いた。以前なら英国では問題にならなかったことが、次第に植民地政策の脅威となってきた。ベルギー当局がレオポルドヴィル〔コンゴの首都キンシャサの旧名〕の黒人運転手の問題を提起する事態となり、アメリカは現地から撤退を余儀なくされた。この「有色人」兵の一団は東アフリカにも展開し、問題を起こしていた。

イギリスにとって南アフリカ〔今のボツワナなど〕にいたバスト〔ソト族〕兵も、悩みの種だった。ある報告によれば、バスト部隊は西アジアでイギリス兵とともに戦わされたが、バスト兵の給与は同じ仕事をしても、イギリス兵より安かった。不満だらけのバスト兵は、役に立たなかった。

アフリカの黒人兵は、パレスチナにも送られた。ユダヤ人とアラブ人は、英国の撤退を予見して、張りつめた緊張のなかで、陣地獲得にせめぎあっていた。バスト兵はいざという時にあてにならず、いつストライキをするかもしれないと、考えられた。したがって、このような兵隊はコソ泥の番をさせるしか、役立たないと判断した。このように中東での危機は、「白人の優越」政策によって、悪化した。

アフリカでイギリスが直面していたのは、バストの問題だけではなかった。一九四五年初頭の「極秘報告」によると、軍はアフリカ各地で困難に直面していた。「平等を主張するアフリカ人が、多くなった。敵と対峙した時は、イギリス兵もアフリカ兵もお互いを認め合って同じ条件で動く。休む時も、アフリカ兵はイギリス兵と同じに扱われることを望んだ。しかし、白人用の宿舎や娯楽施設に入れない」。こうしたことが、不公平感を強めた。

イギリスはアフリカの黒人に対して、大英帝国のために命を犠牲にすることを、求めていた。アフリカ人は代償として、敬意を求めた。英国は「もし南アフリカのベチュアナ族を、『黒人《ブラックス》』とか『黒んぼ《ニガー》』と呼び続けたら、攻撃してこよう」と、恐れていた。こうした慣習は、すぐになくならない。アフリカの黒人はイギリス人を「疑い、不信感を抱いて」いた。それ以上に、黒人たちは白人の不甲斐なさを目にしていた。

「白人の優越」が地に墜ち始めた

このことが、「白人の優越」への畏敬の念を、地に墜《お》としていた。アフリカ人は、「白人を身近に見てきた。そして、白人に対する尊敬の念を失った」。全ての白人に威厳があって、堂々としていたわけではなかった。シチリアとイタリアでは、白人が貧しく不潔な暮らしをしていた。こうしたことが、イギリス人だけではなく、大英帝国、さらには「白人の優越」の威光を失わせた。

「白人男性の威厳が失われたのは、アフリカの黒人が初めて、白人の売春婦を買うようになったこともある。黒人の目に、白人も自分たちと同じように見えるようになった」

そうであろう。しかし、大英帝国にとってこのことは目の前の戦争を戦うという中期的な展望もさることながら、長期的にはどういう意味を持ったのだろうか。

一九四四年の中ごろまでには、「最高秘密《トップ・シークレット》」報告が、多くのアフリカ人部隊では、「疲れから、士気が目に見えて低下していた」。これは一方で「白人の優越」を掲げ、他方で「民主主義」を掲げた戦争を戦った結果であった。しかし、イギリスは「黒人は教育を受けていないので戦況がわからず、戦闘にともなう物心の負担を克服し、白人に協力できない」と、説明した。

アメリカ人もイギリス人も西アフリカでは、黒人兵のために義手足をつくるイタリアの白人を、監視していた。アフリカで収容されたイタリア人捕虜が、黒人の代わりに働かされたからだった。

アフリカ人はこうした白人の姿を目にして、白人が自分たちよりも優れていると、思い続けることはできなかった。

イギリスは、この問題に敏感だった。ケニアのナイロビでは、「有色人捕虜」と「ドイツ人捕虜」は、収容所が別だった。そればかりか、後者には女性用施設もあった。植民地の高官によると、ドイツ人捕虜は他の捕虜収容施設からは完全に隔離されており、黒人に惨《みじ》めな境遇を強いられている「白人」を、見られてはならないとされた。いかなる時も、有色人種の囚人と白人の捕虜を一緒にさせることは、許されなかった。

同じように、ジャマイカの植民地当局者も、ドイツの民間人収容者の監視に、有色人種を使うことには、慎重だった。だが残念ながら、白人部隊を配置することができなかった。外務省は、黒人を看守にすることに強く反対したが、その方針は無視せざるをえなかった。イギリスが、あえて越えようとしなかった「一線」だったが、現実はそうはいかなかった。

太平洋戦争は、アフリカにおいても「白人の優越」に大打撃だった。白人に勝った日本人の優越性が、アフリカの黒人に刷り込まれていた劣等感を、ぬぐい去った。アフリカの黒人へのメッセージは、明確だった。

アフリカ人は「強ければ、植民地支配の下で苦しむ必要はない。いまは白人に管理され、自分たちのためではない戦いを、押しつけられているが、もし、イギリス兵がビルマのジャングルで、自分たちより小さな日本兵にやっつけられているとしたら、イギリス兵がアフリカの黒人と向き合ったら、どうするだろうか。恐れおののくにちがいない」と、思い始めた。

このような考えが、白人至上主義者の心をよぎった。あるローデシアの分析官は、「戦争は、奴隷貿易以降の植民地支配にとって、最大の挑戦だった」と、憂慮した。一方でローデシア人の一人は、「白人の威光は、〔政治家がどう考えようと〕黒人よりましなことができるという思い込みに、大きく依存していた。だがこの威光が、戦争によって根底から崩壊しはじめた」と、語った。

アフリカ黒人兵の貢献度とは

東南アジアとインドのイギリス軍部隊には、最大で一〇万人以上の西アフリカの黒人兵がいた。シエラレオネ、ゴールド・コースト、ナイジェリア、ガンビアだけでも、総勢一六万七〇〇〇名の兵士が、連合国と大英帝国のために戦っていた。ビルマとアッサムで激戦を戦い、その貢献度において英国人部隊より、優《まさ》った。それにもかかわらず、黒人部隊はほとんど評価されなかった。

というのも、黒人部隊は公式記録にほとんど記載がないためだった。黒人部隊の貢献が反植民地活動の論理的根拠となることを、恐れたからかもしれない。

ただし、大英帝国も最も過酷な戦いにおいては、アフリカの黒人部隊への称賛を、惜しまなかった。ある分析者《アナリスト》は、インパールの壮絶な戦いにおける西アフリカ部隊の活躍を、惜しみなく評価した。一九四二年の「極秘」報告書で「イギリス首相官邸」は、「ビルマにいた西アフリカの黒人部隊は、密林戦にも慣れていたが、東アフリカの黒人部隊は、高度に機械化された戦闘に従軍し、ジャングルには慣れていなかった」「東西アフリカの黒人部隊は、アフリカでよく戦ったために、日本軍に対して投入された」と付け加えた。

だが、大英帝国の存続のために貢献した兵士たちは、侮蔑や暴力とも戦わねばならなかった。東アフリカ部隊司令部の記録には、日本軍に対する人種蔑視的な言葉と併《あわ》せて、黒人兵への侮蔑や典型的な挿絵も、含まれていた。

西アフリカからインドに移動する間、白人将校に指揮された多くのアフリカ黒人兵が、ダーバンに立ち寄った。P・B・プーア大尉は、アフリカの黒人は「字が読めない」ので、「『白人限定』席に座ってしまい、『人種差別法』を完全に無視していた」と、回想した。しかしイギリス人は、このような人種規範を逸脱した暴挙を、見て見ぬふりをした。戦争が継続しており、黒人兵の貢献の度合いが高いとわかっていたからだ。

プーア大尉もそうした状況を把握しており、「私の隊に、いつも黒人兵を叩き、懲罰を与えていた軍曹がいた。日本人との戦闘には、黒人兵の協力が必要だった。私は軍曹の虐待を止めさせた」と、述べた。戦争が黒人をいじめから救った、一例だった。

F・K・セオボールド大佐は、「西アフリカでは、規則によって体罰として棒で一二回まで撲《なぐ》ることが、許されていた。インドに到着すると、インド人はこの体罰に文句を言った。結局、インドではこの規則を実行しないことになった」と、語った。

英国が戦術的に「親切」を選択したのは、賢明だった。アフリカの黒人兵は、ビルマでは不可欠だった。プーア大尉は「黒人兵に、ビルマ人と会話をさせた。すると私では得られないような情報を、得ることができた」と、語った。

一方でアフリカの黒人は、作戦遂行の鍵であるにもかかわらず、白人以下の待遇だった。プーア大尉と部下のイギリス兵は、インド製の快適なパトロール・ブーツや運動靴を履いていたが、アフリカの黒人兵は、裸足だった。

大英帝国が日本に勝てた理由の一つは、人間性を無視したやり方で、アフリカの黒人兵とインド兵を、戦闘に大量に投入できたことにあった。日本は、韓国人と台湾人の数を考慮しても、イギリスと比較して不利だった。

しかし、アフリカの黒人兵を投入したことで、日本軍と比べて白人兵の軟弱さが際立った。

F・K・セオボールド大佐は、「黒人兵とともに森林戦の渦中にあるほうが、イギリス兵といるよりも、将校たちにとっては、ある意味で快適だったかもしれない。私の黒人兵ボーイは、毎日、私のエアテックスの戦闘シャツや、デニムのズボンを、洗濯してくれた。炭火のアイロンを運んでくれたので、私のデニムのズボンは、いつもシミ一つなく、折り目がついていた」と、語った。さらに、「黒人兵ボーイが、四〇ポンドの装備を運んでくれた。白人の当番兵やボディガードは、運んでくれなかった」とも、語った。イギリス軍はずる賢い敵と戦争をするよりも、サファリでのピクニック気取りだった。

シエラレオネ大隊には、多くのポーランド人将校がいた。彼らは英語が話せなかったので、イギリス人部隊を指揮することができなかった。そこで、西アフリカに送られた。ポーランド語を話す将校が戦場で、どのようにアフリカの黒人兵を指揮したかは、定かでない。

プーア大尉は、「アフリカの黒人軍曹」が他の兵士と違い、大学レベルの教養があり、地図を読むことができることを知った。イギリス人軍曹は全員、黒人軍曹より年上だったが、教育を充分に受けていなかった。黒人軍曹は、白人軍曹より知力で勝っていた。プーア大尉はアフリカの黒人兵の知力を、子ども程度と思い込んでいたが、実際には白人より優秀な黒人兵がいた。

「黒人兵のカラダンの戦いでの不甲斐ない結果」に、黒人兵たちの間には、「二度と使ってもらえないだろう」という噂が広まった。しかし、プーア大尉は黒人兵を投入する方針を変えなかった。

「二度と使われない」ことに、糠喜《ぬかよろこ》びをした黒人兵も多かった。「白人兵の犠牲者を減らすために、白人の指揮官は黒人軍曹にパトロールの先頭に立つよう命じた。だが、黒人を犠牲にして、白人将校を生かすためだと、解釈される可能性があった。そのために、アフリカの黒人兵がひとり残らず、敵前逃亡することがよくあった。小隊が一発も撃たずに逃げ、戦死者ゼロという例もあった」

戦争で人種の在り方が変わった、典型的な事例がある。イギリス兵は顔を黒く塗り、黒人の歩き方やマナーを真似るように、命令された。白人兵は黒人兵によって殺されることを、警戒していた。白人将校は日本軍の射撃手《スナイパー》から身を守るために、自分の顔を黒く塗ることはなかったとされるが、ジョン・ナーニリーは、否定した。「黒人の中にいる白人は、常に日本軍の標的だった。白人は将兵全員が顔と手に黒いクリームを塗り、階級章を外した」と、述べた。

劣悪な状況で反乱寸前の黒人兵

特筆すべきは、一九四二年に英国軍がビルマから、インドへ退却した時のことだった。ビルマ独立軍（ＢＩＡ）は、イギリス軍の敗残兵の掃蕩《そうとう》を行ない、多くの将兵を捕らえて殺した。アウンサンと作戦を指揮したバー・モウは、「白人《ホワイト・ブラッド》どもを容易《たやす》く撃破したことに、大喜びだった」と語った。

ビルマからの撤退は、「白人の優越」そのものが崩壊してゆく姿を、大映しにしたものだった。

酷い扱いを受け、安い賃金で働かされ、粗末な制服を着た、何万人もの黒人部隊が反乱する瀬戸際にいた。日本軍はこの状況を活用した。

一九四四年に、「欧米軍による、黒人部隊への残虐行為」、つまり西アフリカの黒人兵に対する衝撃的な行為が、明らかになった。西アフリカの黒人兵の遺体が、至近距離で撃たれたように頭も内臓も裂けていた。イギリス人部隊を救出するために命令された西アフリカの黒人兵だった。無慈悲にも背後から銃を突き付けられ、日本軍の前へ進ませられた。日本軍による一人の捕虜の証言によると、この黒人兵はセイロンからインドに送られたが、タンガニーカで、イギリスの奴隷貿易人に捕まったことがあったという。

英国は「これは誇張されている」と、反論した。しかし、アフリカ人部隊が酷い扱いを受けたとする、他の黒人兵の証言と一致したので、事実だとわかった。

インドの南にセイロンがある。現在のスリランカだ。そこで一九四三年に、二人のシンハラ族の女性と一人の男性が、東アフリカの黒人兵に火をつけられ、怪我を負った。事件は、コロンボの最高裁で激しい論戦となった。セイロン人のA・ラトナヤクは、「いったいなぜ、アフリカ兵がセイロンにいたのか。セイロンにアフリカ兵がいる必要があるのか。アフリカ兵がセイロンを守るために、派遣されたと言うのか。中国人が、英国を護るために派兵されるようなもので、そんなことがあるなんて信じ難い」と問い質した。彼は英国が植民地の臣民に、武器を持たせていることを、まったく知らなかった。

なぜアフリカの黒人を「悪魔」に仕立てあげたのか

自分の国にアフリカ兵がいることに怒っていたセイロン人は、ラトナヤクだけではなかった。アビィウィックラマも、「ある日、女性たちの行列が、内陸に向かって歩いているのを見た。どこに行くのか尋ねると、アフリカの黒人が赤ん坊を好物として食べると教えられたので、家を出たのだと言う。黒人の好物は生まれたばかりの赤ん坊の肉だと、信じていた」と、語った。彼は女性たちに、黒人兵は人肉食い《カニバリスト》ではないと説明した。

しかし、この噂はなかなか消えなかった。

アビィウィックラマは、「私は女性たちに、アフリカ人は人食い人種ではないと説明したが、彼女たちは信じなかった。女性たちは、『黒人は日本軍がセイロンに上陸した時に、日本兵を食べるために、ここに連れてこられたのだと言われた』と、とりつく島もなかった」と、述べた。

アフリカの黒人兵の宿営所は、当局が監視できるように、五重にも六重にも有刺鉄線が張りめぐらされていた。人々は黒人を人食い人種だと信じた。それに黒人が話す言葉が、理解できなかった。

矛盾が矛盾を生んだ。英国はアフリカの黒人を、日本人と最前線で戦わせるために、派兵した。日本はイギリスの最も根源的な弱点である人種差別を、攻撃した。どうしたら被支配者の「セイロン人」は、彼らを征服した一見知的で力のある人々による支配を、断つことができるだろうか。植民地支配された者どうしが激しく戦っている状況で、東南アジアへの日本の進攻を、どうやって防ぐことができるのだろうか。

インドでは、アメリカ白人兵、アメリカ黒人兵によるインド人の殺害、暴行が頻発していた。アメリカ兵のジープを使ったインド人少女の誘拐も、頻発した。一九四三年と一九四四年に、アメリカ兵の一般市民への殺人が四件、発生した。これはアメリカ軍が起こした問題の、ごく一部だった。インド当局は、「アメリカ人が関わっているという、証拠がある。特にカルカッタでのアメリカ人の非行については、証拠は膨大だ」と、主張した。興味深いことに、検挙されたアメリカ兵の中で、アメリカの黒人のみが人種によって特定されていた。

大英帝国は戻ることのできない坂を、滑り落ちていた。大英帝国は火に油を注ぐように、意識的に、アフリカの黒人を悪魔に仕立てあげた。F・K・セオボールド大佐は、「我々の謀略宣伝チーム《プロパガンダ・ピープル》は、カリカリという骨をかじっている音を録音することにしていた。『人食い人種』が日本人捕虜を食べている音の録音とするためだった」と認めた。連合国が日本が標榜《ひょうぼう》する反人種差別の挑戦に対抗するために取った手法は、連合国の戦争の大義として掲げる高尚な文言と、一致するものではなかった。

アフリカの黒人部隊は、いつも裸足だったから見下され、「よく言って」も砲弾の餌食《キャノン・フォダー》の消耗品にすぎない存在で、反乱しなくとも、不満でいっぱいなのは、当然だった。

一万三〇〇〇人のアフリカの黒人部隊が、フランスからアフリカに送還された後、西アフリカで解散しようとした。その時、問題が起こった。彼らは一九四四年の終わりに解放されるまでフランスにあったドイツ軍収容所に捕らわれていたが、その間、何人かのフランス女性が、

「性的な暴行を受けた」と告発した。黒人兵が「西アフリカに上陸した際に、武器を盗み、現金も所持していた」との報告もあった。騒いで、暴動を起こした。

　戦争が終わって半世紀以上が過ぎても、ガンビアのベイカリー・ダイバは、当時のことを鮮明に思い出す。

「白人のために、自分の意志で戦争に行くアフリカ人なんかいない。だから、彼らイギリス人は、われわれを無理やり拉致《らち》して連れていったんだ」

　彼はこうして、インド行きの船に乗せられた。

　しかし、大勢の違う人種の男たちが集められて働かされた体験は、戦後に始まる反植民地主義へのリハーサルとなった。ダイバはなぜ自分が戦ったのか、思索した。

「みな同じだった。イギリスも日本もみな自国のために、戦ったのだ。私は植民地支配国のために戦ったことを、後悔しない。しかし、アフリカの黒人にとっては、大英帝国のためだろうと、日本のためだろうと違いはない」

　香港で生まれたアフリカ人宣教師のロバート・ハモンドは、戦時中に日本に捕虜として捕えられ、精神的苦痛に耐えた経験を有していた。一九四二年初頭に解放され、中国から長い航海を経て、東アフリカのモザンビークで、自由の身になれた。彼は感動して祈った。

「大いなる愛。神の素晴らしき愛は、私たちを包む。神の子は、私たちの代わりに死をもって償ってくださった。神を信じる者は全て、滅びずに永遠の命を得る。アフリカ人にも幸あれ！」

第十章

アジアがつくる新しい人種の世界

――イギリス撤退後の植民地

孫文が目指した大アジア主義

人種の問題は、戦争のあらゆる段階において、連合国を複雑で困難な状況へ巻き込んだ。日本がアジアを席巻する中で、人種がかつてなかった問題として浮き彫りになり、中国人の大英帝国に対する敵対感情を高めた。メキシコもまた北にある巨大な隣国に、疑いの目を向けた。

中国では一九二〇年代後半に、「反英」ムードが高まって、愛国者の孫文や、多くの同志が登場した。孫文は条約港《トリーテイーポート》〔欧州列強によって日本やシナが開港を強いられた港〕の白人の居留民にとって、まるで共産主義者《ボルシエヴィキ》のように見えた。

孫文は一九二四年に神戸で行なった演説で、「大アジア主義」を論じた。孫文も、ネルーやドュ＝ボイスと同様、日本が日露戦争でロシアに勝利したことが、「白人の優越《ホワイト・スプリーマシー》」から脱却する出発点となったことを、指摘した。そして「ロシアが日本に負けたのは、西洋が東洋に負けたことだ」といって、日本の勝利を称えた。

孫文と日本の同志たちの最初の目標は、フィリピンの独立を目指した。両者の協力は一八九八年から始まった。孫文の人種問題に関する立場は、日本の同志と同じ明快なものだった。マリウス・B・ジャンセンは「日本のリーダーシップのもとに、西洋の帝国主義と戦う大アジア主義は、単に日本だけが夢想したことではなかった。孫文とその同志にとって、日中には多くの共通点があった。協力しないわけはない」と、述べた。

実際、二十世紀の最初の一〇年間は、何万人もの中国人の留学生が、日本で教育を受けていた。当時は、遠く離れた英国やアメリカに行く中国人は、ほとんどいなかった。一九〇五年に、中国人留学生はアメリカの中国人移民の酷い扱いに怒り、日露戦争に勝った日本に鼓舞されて、反米ボイコットを展開した。これは、中国史上初の持続的な民族運動だった。

孫文も、若き旅行者の一人としていやがらせを受けないように、しばしば日本人を装った。私は孫文は、「日本人への尊敬がどんどん増して、日本人ならまったく問題なく通過できた。私はその恩恵にずいぶん浴した。そうでなければ、危険から逃れられなかっただろう」と、述べた。

日本では一九三四年に「大亜細亜協会」が松井石根《まついいわね》大将によって創立された。下中弥三郎《しもなかやさぶろう》〔労働運動の指導者で、平凡社の創業者〕は協会の「血は水よりも濃い。日中は兄弟である」との理念が、孫文の影響によるもので、「孫文はこの理念の生みの親だった。松井石根は、それに共感したのだ」と、語った。

山本熊一《やまもとくまいち》〔外務省東亜局長、アメリカ局長、駐タイ大使〕は、「大東亜共栄圏の信念も、大アジア主義も、すべて孫文から発した」と、語った。

ソ連の作家も、黒竜会と孫文の密接な関係を指摘した。孫文は長年にわたり、黒竜会と協力してきた。共通の目標は、アジアからヨーロッパとアメリカを、追い出すことだった。ヨーロッパ人やアメリカ人へ向けて書かれた孫文の自伝には、この点は隠蔽されていた。孫文は死ぬまで、日本だけでなく、ソ連とも、反ヨーロッパ・反アメリカという目的のために協力していた。

勃興する中国のナショナリズム

日本の右翼が、中国における民族意識の高まりの背後に、いた。黒竜会の頭山満《とうやまみつる》会長が、外務省を説得して孫文を日本に入国させ、匿《かくま》っていた事実が、よく物語っている。頭山は、蔣介石も匿った。

黒人世界におけるナショナリズムのあり方と、中国のナショナリズムは似ていた。孫文の例のように、全員が日本に憧れていた。もうひとつ、国を超えて影響を持ったのが共産主義だったが、日本が魅せられることがなかった。

しかし、イギリスとアメリカによる迫害を集中的に受けたのは、共産主義者たちだった。ナショナリスト勢力を中国から排除することによって、日本が勢力を拡大する機会を得た。日本の夢が広島と長崎で灰と帰したとき、共産主義者は中国の当然の遺産継承者として台頭した。彼らは正統性を主張するために、反日運動を展開した。

しかし、戦後の一九四九年に登場した中国共産党政権を崇《あが》める人々も、日本の果たした役割は、認めざるを得なかった。マルクス主義の代表的知識人だったフー・シェンによると、日本にいた中国人学生は、孫文を熱烈に迎えた。

アメリカのアジア研究の第一人者といわれるオーウェン・ラティモアは、一九四五年に「アメリカ人がいつも見落とす重要な点は、日本で学んだ中国人学生のほうが、アメリカで学んだ中国人学生よりもはるかに多いという現実だ。そうした学生が力を発揮した。政治、行政、ビジネスのほか、特に軍事で影響力を発揮した。陸軍士官学校《ウエスト・ポイント》やヴァージニアの軍養成所を卒業した中国人は、本国で成功しなかったが、日本で学んだ学生は中国で団結し、政界で力をつけた」と語った。

第一次世界大戦後にドイツが統治していた中国の土地を、日本が強引に奪ったために、中国において日本に憧れる「日本主義」は、衰退した。それにもかかわらず、反共産主義と反大英帝国感情が、中国人エリートを日本人とともに働かせていた。

多くの中国人は日本に憧れ、イギリスに不信の目を向けたので、太平洋戦争が始まると、連合国の大義に適わなかった。

リー・イゥ・ワは、「第一次大戦後、中国のナショナリズムの主要な標的となったのは、日本ではなくイギリスだった。『白人の優越』が、日本と中国との間に友好関係を生じさせる産婆《ミッドワイフ》役を果たした。中国と日本の代表団は一体となって、人種の平等を認めるよう、パリ講和会議《ヴェルサイユ》で国際連盟規約の改訂を求めた」と語る。

「白人」とひとくくりにされると、イギリス人、アイルランド人、スコットランド人、ウェールズ人も、互いに違うと憤慨しようが、日本の人種提案は物議を醸《かも》した。他のアジア人、特に中国人も同様だった。「白人」と「白人の優越」は、日本の人種問題をめぐる努力に、エネルギーを吹き込んだ。

孫文の後継者、蔣介石

大英帝国における中国人の扱いは、彼らの敵意の炎に油を注ぐようなものだった。一例を挙げると、彼らは水夫組合に入れなかった。イギリス人は黒人移民と水夫たちを、アジア人よりはるかにましに扱っていた。他の「有色人種」同様、水夫たちも第二次世界大戦が「自分たちの」戦争だとは思っていなかった。ある学術研究は、「第二次世界大戦が人民の戦争であったと裏付ける証拠はほとんどない。むしろ逆の例証を指摘することができる」と、論じた。

大英帝国にとって、戦前、中国が日本に傾いた時代に、孫文の後継者を自認する蔣介石が登場して、国民党が少々暴れても、「想定内」だった。

一方、日本の帝国主義が救い主とならないことが明らかになった時に、日本を崇めた中国人がどれほど失望したか、過小評価してはならない。

総じて中国人の親日感情は、反共によるものではなく、「白人の優越」に対する反感によるものだった。日本語を話し、日本で軍事訓練も受けた蔣介石は、早い段階でドイツに関心を示し、ドイツでも軍事訓練を受けようとしてドイツ語を学んだ。

蔣介石の国民党政府は、一九二八年から一九三八年の間、他のどの外国政府よりドイツと親密な関係を結んでいた。もちろん、この同盟には矛盾があった。蔣介石はドイツが「異人種間の結婚」を禁じていることに反対し、それを「許しがたい」と見ていた。

蔣介石は、超愛国的な黒竜会の会長を「よく知っていた」。日本で士官学校の生徒だった時に、知遇を得ていた。さらに、彼は多くの黒竜会会員の将校を知っていた。国民党が日本好きなのも、当然だった。

イギリスは「中国は一九三〇年代に、大英帝国を東アジアから排除する日本の政策を、支持するかもしれない」という国民党の発表に、「衝撃」を受けた。大蔵大臣だったジョン・サイモン卿は、「重大事」だと認識した。「黄禍《イエロー・ペリル》」が抽象的な概念ではなく、切迫した現実となるからだった。大英帝国は中国を支援しはじめた一九三八年に、中国が日本の庇護下《イージス》に入る可能性を考えなかった。それ以前は、国民党政府と日本が中国共産党と敵対していることに、好感を寄せていた。

アメリカは一九四〇年代に入ってから、国民党に一〇〇万ドルを拠出した。これは、自発的なものではなく、蔣介石が日本に降伏することを恐れたからだった。中国人の学者でさえ、国民党が日本に同調し、連合国と袂《たもと》を分かちたいと望むのは当然のことと考えていた。

ソ連は中国の呼びかけに応えられる、唯一の外国勢力だった。ソ連の中国共産党への協力は、よく知られていた。エドモンド・クラッブは、「イギリスとアメリカが日本との有益な取引を続ける中、ソ連の中国支援は大きく重要なものだった。二〇〇名以上のソ連人パイロットが出撃し、戦死した」と記した。

大英帝国は板挟みにあった。共産主義との戦いを有利に運ぶために日本を黙認するか、日本との戦い有利に運ぶために共産主義者を受け入れるか選択を迫られた。ロンドンは最後的に、最小限ではあるが、後者にしぶしぶ応じた。

イギリスの思想家は、「一九三〇年代の初頭に、ロシアと日本は別々に同じゴール、つまり東洋から白人の影響を排除することに向かっていた」と、述べた〔イギリスからは、ロシアはアジア人と見えた〕。国民党もまた状況に窮していた。日本そしてイギリスの敵対者であるドイツと付き合うことは、見返り以上を約束する贋金《にせがね》のようなものだった。共産主義者と結ぶのは、国民党の弱点を晒《さら》すようなものだった。

南京に樹立された日本の傀儡《かいらい》政権を率いた汪兆銘《おうちょうめい》は、高名なナショナリストだった。東京に留学したインテリで、蔣介石が国民党「右派」を率いていたのに対し、国民党「左派」のリーダーだった。共和主義運動の立役者で、孫文に近かった。徹底した反共主義者で、「白人の優越」への憎しみによって動かされていた。その思いが、彼を親日にした。

イギリスの作家セドリック・ドーバーは、汪を「重要人物だが、白人と、『肌の色の壁《カラー・バー》』を憎んだ」と評した。ドーバーは、「日本が少なくとも中国を国家として尊重《リスペクト》していた」と、考えていた。ティエン・ウェイ・ウーは、汪兆銘に対しきわめて批判的だった。「中国の裏切り者であって、許されない」と、非難した。

蔣介石と汪兆銘によって率いられた反共勢力は、日本と様々な理由から繋がった。

ベトナム共産主義リーダーのレ・ドゥアンは、一九五二年に初めて訪中した。彼が衝撃を受けたのは、「訪れた地域（おそらく広西《こうせい》か広東）では、膨大な人口にもかかわらず、日本占領下で反日ゲリラ闘争が見られなかったことだった」と語った。

レ・ドゥアンは、ホー・チ・ミンも同じ印象を受けたと言っていたと、述べた。香港の反日闘争のリーダーだった、サー・リンゼイ・ライドは、中国本土で「戦時中に延安《えんあん》の情報機関で働いていた日本人に会った」と、語った。その日本人はサー・リンゼイ・ライドに、「諜報活動《インテリジェンス》の元は、ほとんどが噂にすぎなかったが、ほんとうに良い情報元《ソース》はひとつだけ。それは国民党軍司令官だった」と、語った。

戦時中、蔣介石と汪兆銘は思われているほど、激しく敵対していないのではないかと、思われた。チョホン・チョイは、「中国で、日本が確固たる地位を築けた最大の理由は、蔣介石が日本と対峙することよりも、共産主義を排除することに熱中していたからだ」と、いった。

太平洋戦争のほとんどの期間、「中国大陸の各地で行なわれた日中の戦闘は、本気のものとはいえなかった。国民党の主力部隊は、日本ではなく共産軍と闘うために、アメリカの援助に頼っていた。日本にとっては、歓迎すべきことだった。国民党首脳部は一九四二年初頭から、周仏海《しゅうふつかい》と極秘裡に無線によって、定期的に連絡をとっていた。周仏海は上海における汪兆銘の支援者だった。戦後、周は裏切り者扱いされることなく、蔣介石政権の中心人物となった。「蔣介石は、汪兆銘の行動を、暗黙に了解していた」との噂が、広まった。多くのイギリス人高官は、「中華民国政府と日本の間に、『暗黙の平和』があった」と、感じていた。

イギリスは戦前、日本と同盟を結んでいた。戦前、上海にあったイギリスの通信社は、アメリカのメディアよりも親日だった。

さらには、戦前、日本とイギリスは協力して、「中国人民による反体制運動を抑圧」していた。

中国国民党がもつ日本との太いパイプ

アメリカのエリートの一部は、イギリスと一体だった。フーバー大統領は、公式には日本が中国を乗っ取りつつあることを非難したが、個人的には容認していた。一九三五年末には、ヘンリー・ルースの出版帝国は、「国民党が日本と同盟し、極東で進歩的な新秩序を建設する」と報じた。ルースの『タイム』誌は、日本軍を共産主義やロシアとの戦いの砦《とりで》として描いた。

戦時中の情報ファイルを検証するほどに、イギリスが抱いていた疑惑が、確認された。国民党や他のナショナリストは、日本との関係を維持することに決めていた。これはまったく「想定外」ではなかった。ナショナリストの黒人、マオリ人、先住民、インド人などは、公式、非公式に日本との関係を持っていた。中国だけが日本との関係を、切るはずがなかった。

ファースタン・T・サンは、中国国民党政府の総領事を、メルボルン、シドニー、ヨハネスブルク、ウィーンで務めた。中国の財務相のアドバイザーで、アヘン管理局局長でもあった。

戦後になって、枢軸国のために「モザンビークからリスボンに手紙や写真を運んだ」ことが、発覚した。「英国に統治されているフリータウンを、うまくすり抜けていた」。

一九四四年に香港から届いた「諜報報告」は、「秘密」に指定されるに値するものだった。香港の中環《セントラル》行政区長のサン・ト・ホクと前任者のシエン・ピン・シーは、日本占領軍の中核的な協力者だと思われた。前者は、一九二四年に行なわれた最初の全中国代表会議において、広東省の国民党代表として出席した。後者は、第三回会議の代表だった。二人とも活動的な国民党員として、多くの党員に知られていた。

サー・フレデリック・エッグルストンは、オランダ大使との「内密」の会話の中で、「蔣介石が南京政府を介して、国民党が共産軍と戦っても、日本が中立を守って攻め込まないよう、依頼したとの噂」の真偽を質問した。オランダ大使は疑いもない真実だと、答えた。

さらに大使は、日本当局と蔣介石の重慶政権、南京政権との間に、太いパイプがあると続けた。蔣介石は日本が重慶の立場を難しくしない限り、積極的に戦いたいとは思っていなかった。

一方、日本は中国全土を掌握するような重荷を求めておらず、蔣が力ずくで中国全土を奪おうとしないかぎり、戦闘は避けたかった。その間、一般民と商業銀行との取引は自由だった。人々は占領地と自由中国の間を、自由に行き来した。銀行は日本の占領下の上海やその他の地域で、支障なく商いすることができた。

中国のナショナリストと日本との関係が問題視されたのは、この時が最初ではなかった。一九四三年には、もうひとつの「極秘」書簡が、国民党が日本と取引をしていることを、取り上げていた。日本は広州に使者を送ったが、広東の飛行場には蔣介石が手配した「特別機」が待機していた。

アメリカは、このような展開を深刻に受け止めた。反英感情と、日本と結ぼうとする勢力との区別が、容易でなかったからだった。シンガポールと香港が日本に占領された最大の原因は、反英感情によるものだった。

共産主義はイギリスの重大な障害

連合国は、中国共産党と組むしか選択肢がない時でさえ、共産主義に強く反対した。リンゼイ・ライドは反日勢力を組織する役割にあった時に、香港から中国大陸へ飛んだ。彼は中国のあらゆる組織の中で、最も活動的で信頼でき、有能で反日だったのが共産党で、「共産党の支配は、日本の占領地域から、新界《ニュー・テリトリー》、さらに九龍《カオルーン》まで拡大している」と、認識した。「香港への往路も復路も、赤軍《レッド》（中国労農赤軍）の陣地を通らずに通行することはできない。中国人も西洋人も誰一人として、赤軍の許可か助けなしに通過できない」と、強調した。

蔣政権にとって敵のナンバーワンが、共産党軍だった。ずいぶん下がって日本が第二位だった。国民党の敵対感情は圧倒的に赤軍に向けられており、日本ではなかった。

「極秘」公文書によると、イギリスに指導された中国の「抵抗運動《レジスタンス》」は、共産主義者が「民衆の間で勢力を拡大しており、それはロシアの力によるものではない」と、認《したた》めていた。モスクワの影響下にある共産主義者は、マドラス、マンハッタンに至るまでまったく同じものだ、という理論に反していた。また公文書は、「国民党政権と日本の和解の可能性がある」と、述べていた。英国は敵である共産主義者と、その敵と協力をしている疑いのある国民党の双方に挟まれていた。「白人の優越」のツケがまわってきた。「日本がけしかける反西洋《アンチ・ウエスタン》が、潜在的な感情として存在している」と、警告した。

共産主義者はイギリスにとって、重大な障害となっていた。彼らとの協力は避けられないようだったが――それはとりもなおさず、そのパトロンであるソ連との協力となるのだが、長期的には赤《レッド》と大英帝国の利益は回復不能なほど衝突することになると、イギリスは理解していた。階級闘争の化身である中国共産党軍でさえも、大敵である日本と同じような主張をし、イギリスを突き上げていた。中国の共産主義者の、リー・ターー・チャオは、地球規模で俯瞰《ふかん》すると、階級闘争は人種闘争の形をとっていると主張した。

大英帝国は、階級と人種のどちらに重きを置こうと、共産主義者とは一切関わりたくなかった。リンゼイ・ライドはかつて、重慶政権とニューデリーのインド政府の上司に、「短期的には、国民党よりも共産主義を支援したほうが、連合国にとって益がある」と、提案した。しかし、そのような提言は戦後になって、「誰が中国を失ったのか」と問題提起をされた時に、非難を招く危険性があった。

第一の敵は日本、第二の敵はイギリスという謀略宣伝《プロパガンダ》

多くの中国人は大英帝国が支配したシンガポールが瓦解し、日本に香港を奪われた状況を目の当たりにすると、イギリスと協力する必要が失われたと思い、日本と協力する方向へ駆り立てられた。大英帝国の「白人の優越」政策に対する反感、地に墜ちた「白人」を蹴飛ばしたい本能、そうした中国人の感情がイギリスに対する敵意を強めた。

ライドは大英帝国のかつての栄光が、「地に墜ちた」と思った。「イギリスの退廃は、軽蔑を招いた。反イギリス感情が蔓延していた」。さらに、「負けたイギリスが世界の強国なら、中国はどうなのだ」と、国民党政権は思っていた。

この軽侮《けいぶ》の念は、英空軍（RAF）に対する「逃げ足速い《ラン・アウエー・ファスト》（RAF）」「逃亡第一《ラン・アウエー・ファースト》（RAF）」といったあだ名に、表われていた。

ライドは親英の謀略宣伝《プロパガンダ》を展開しようとしていたが、そもそも国民党政権が受け入れるかどうか、疑問だった。そこで、彼は反日を強く打ち出し、見え透いた親中の宣伝《キャンペーン》をした。日本を共通の敵とすることで、目を逸《そ》らす狙いがあった。

しかし、大英帝国の無能ぶりが曝《さら》け出される中で、中国が香港を統治すべきだという、イギリスから見れば驚愕するような提案を、持ち出していた。

一九四二年九月に、香港大学の理事だったライドは、「共産主義者でない中国人は、いまでは堂々と、『海外華僑ボランティア』という『反イギリス』団体を結成した。そのスローガンは、『第一の敵は日本、第二の敵はイギリス』というものだ」と、語った。

この多くの者が香港からやってきた、桂林《けいりん》のクーコンやリンチョウ、クウォン・チョウ・ワンによって代表されていた。「ほとんどがマレーシア系中国人で、大英帝国臣民だった。リーダーの多くが、香港から出てきたばかりで、彼らのほとんどが大学の構内に住んでいた。そこの環境は、親日ではないとしても、親汪兆銘だった」。

ライドは驚かなかった。彼は白人と一緒に香港にいた反日中国人でさえ、日本が占領した香港から逃げ出さないことを知っていた。中国人がそうして留まったことは、西洋人に深刻な結果をもたらした。

中国人のほうが、西洋人より香港についてよく知っていたので、適応でき、取り締まりからも逃れられ、また中国本土からの支援も得やすかった。

一九四三年に、日本の占領軍が上海の租界を中国に返還した。その「二日後」に、イギリスとアメリカは国民党政権と新条約を締結し、租界の撤廃、上海において中国の法律を適用し裁判権を拡大することを決めた。しかし、黒人を奴隷制から自由にしたアメリカの奴隷解放宣言を発した後に、アメリカ連邦政府が実際には実行しなかったのと同様、イギリスとアメリカの譲歩も、似たようなものだった。リー・チャイ・サム将軍は、租界は「大アジア主義や、白人による侵略といった見方《セオリー》」を強化したと指摘した。

日本軍の残虐行為報道の信憑《しんぴょう》性

中国がイギリスに同調しなかったことが、戦争を複雑にしていた。一九四四年に、重慶のイギリス公使館は、アンソニー・イーデンに「中国人は概して、アメリカとイギリスが日本の残虐行為を発表しても、関心を示さない。中国人は、日本が白人への残虐行為に及ぶのは、白人を侮辱し、東アジアから追い出すためであると、内心感謝している」と、報告した。

同様にイギリスは香港の収容所で、インド人が西洋人よりも優遇されていることを把握していたが、その不都合な事実は報道されなかった。大英帝国のインドにおける最高司令官は、困惑した。

日本軍の白人将兵に対する残虐行為は、アジア人を歓喜させる恐れがあったために、抑制されて報じられた。インド、マレー半島をはじめ広範な地域でも、日本の戦時中の犯罪を認《したた》めるのは難しかった。

では、中国人に対する残虐行為はどうか。イギリスが「日本軍は、何千人もの中国人を『六艘の小舟《ジャンク》』に乗せ、沖に連れだし沈めた」と発表したのは、誇張だった。あるイギリス人将校は「何千人もの中国人を六艘の小舟に、どうやって押し込むのだ」と呆れはて、「このような残虐行為の話は、まったく真実味がない」と、述べた。

イギリス国営放送（BBC）の報道番組の編集委員は、次のように述べた。

「中国戦線における日本の戦果発表には、疑問があった。信憑性がなかった。中国による公式発表は報道というより、謀略宣伝《プロパガンダ》だった。激戦が戦われていると発表される戦闘地域は、中国軍が展開していないところばかりだった」

大英帝国は、日本軍の蛮行をどう報道すべきか、困惑していた。大英帝国は「香港での蛮行」は、「宣伝の価値」ありと判断したが、逆効果となる恐れがあった。宣伝が「大英帝国のみじめな戦いぶりを、お涙頂戴《レイム・ストーリー》のお話に仕立てたとの印象を与えかねなかった」からだ。天下の大英帝国が、人種的に劣等とされる敵に完膚なきまで叩きのめされ、さらに辱《はずかし》めを受けたなどと、どうして報じられようか。

一九四二年に、日本と戦っていたイギリスのインド植民地政府は、「あらゆる手段で、日本のアジア人に対する残虐行為を、訴えることが肝要だ。日本が主張するアジアの保護者としての立場を無視し、日本人がいかに野蛮にアジア人を扱っているか報道せよ」と述べた。このように、「白人の優越」政策は、日本の西洋人に対する残虐行為に目をつむった。このことが、日本軍を「白人の優越」との戦いの名の下に、いっそう犯罪行為に走らせた。

日本軍の残虐行為をどう報道するか、大英帝国が悩んだ。イギリスのインド総督は、インドの役人への通達で、日本の謀略宣伝は、アジアでの戦争はアジア人（黄色人《イエロー》と褐色人《ブラウン》）対西洋人の戦いと、大々的に訴えている。

その訴えを周知させるために、日本は定期的に次の事柄を報じている。
(一) インド人部隊に対する白人による侮辱行為。
(二) 白人将校による、インド兵隊の安全や慰安の無視。
(三) 退却にあたっての白人部隊の優先。
(四) 日本軍占領下における日本人のアジア人に対する、落ち度のない振る舞い。

実際、日本はイギリス軍の有色人兵の衰えている士気を損ね、人種や肌の色への偏見が怒りとなって高まった。大英帝国もそのことを、よく理解していた。

採用された方針は、「白人に対する残虐行為を大きく取りあげることなく、アジア人に対する残虐行為を強調する」ことだったが、それは驚くべきことだった。かつて、アジア人の生命は白人の生命よりも価値が低いとされてきた。ところが戦争がもたらしたのは、古い価値に浸っている頭を変えなくてはならない、ということだった。

戦争が終わると、古い「白人の優越」へ回帰することは、もはや不可能だった。

イギリス撤退後のアメリカ植民地支配

ヨーロッパにおける戦争と、アジア太平洋地域における戦争とでは、明確な違いがあった。前者が国家の主権の回復、あるいは主権への脅威を排除するための戦いであるのに対し、後者は植民地帝国の保全が目的であった。

植民地帝国はアメリカの企業が進出するのに必要な、「門戸の開放」を行なっていなかった。アメリカはアジアに関心があったが、永遠に英国の後塵を拝するつもりはなかった。米英がヨーロッパよりも、アジア太平洋戦域において衝突したとしても、驚くには値しなかった。

イギリスとアメリカの海軍は太平洋ではなく、大西洋で密接に協力をした。太平洋戦域では、ダグラス・マッカーサーとチェスター・ニミッツが、まったく独自な、イギリスとまったく関わらない諜報機関を有していた。一九四二年にシンガポール沖で、イギリス艦隊が撃沈されてからは、大英帝国の軍事的存在感は、太平洋戦域においてまったくなくなった。

イギリスは中国について、アメリカと情報を共有しようとしなかった。アジア太平洋地域では、アメリカが「貪欲な《ジャッカル》」帝国主義を実践していた。表向きは、イギリスにとって代わる、より好ましい存在であるように装いながら、実際には中国という大英帝国の「獲物」を、飢えた獣さながらに、食い物にしていた。

イギリスも以前からこれには気づいていたが、アジアでアメリカと他の列強は、有色人に好意があるようなふりをしていた。中国本土でイギリスが運営する社交クラブ「上海倶楽部」が中国人を排除していたが、「フランス・スオーツ・サークル」の人種制限はさほど厳しくなかった。「アメリカン・クラブ」は一九二九年から、ドイツ倶楽部「コンコルディア」は一九一七年から中国人の入会を認めていた。

香港では、イギリスとアメリカの違いがよく表われていた。アメリカに抵抗していたリーダーで、イギリス人のリンゼイ・ライドは、「私はアメリカの中国に対する方針を、暴力に訴えても阻止したい。それは、アメリカや、ウェディマイヤー〔連合国軍東南アジア副司令官、中国戦線米軍総司令官兼蔣介石付き参謀長〕のための中国で、民衆のための中国ではない。アメリカはイギリスを犠牲にして、中国人に取り入っている」といって、アメリカに対する嫌悪を露わにした。

香港は大英帝国と、その後釜を狙うアメリカの狭間にあって、張りつめた状況にあった。チャーチル首相は「イギリスの旗の下にある領土は、一インチたりとも断じて譲ることはない」と、決意していた。

大英帝国は活力は失われていたものの、洗練された大国であったが、成り上がり者で力をつけてきたアメリカから、依然として甘い汁を吸っている、というイメージがまだ広まっていることが、大英帝国にとって不快だった。

イギリスはアメリカが植民地支配に手を出すことを、嫌った。特に大英帝国がその輝きを失った地域については、なおさらだった。

一九四四年初頭の「極秘」文書を読んだ官僚の一人は、「アメリカで大英帝国に反感を持つ者たちが、極東から大英帝国を排除しようとしていたこと」に、仰天した。もともとマウントバッテン卿の政治顧問は〝マル秘〟の文書で、「日本とドイツが同盟して、我々と戦うことを決めたからには、イギリスはアメリカの側に立って、日本と戦うほかない。だが情報交換や、援助はするが、作戦計画や、軍事行動を共にしたり、権益を犠牲にしたりすることはない」と明記していた。

米英の対立を利用する日本

日本はそのようなイギリス人とアメリカの白人の間の溝を拡げ、対立を仕向けるよう画策していた。

ジャン・ヘンリック・マースマンは、戦時中に香港から逃げてきたが、収容所のことを回想し、「日本人は他のどの国の者よりも、イギリス人を憎んでいた。アメリカ人にも酷かったが、イギリス人にはあからさまな憎しみを向けた。イギリス人が最も酷い扱いを受けた」と、語った。

アメリカ人ジャーナリストのエミリー・ハーンは、日本軍のイギリス人に対する感情に、「無慈悲で、復讐心に満ちた憎悪」を感じたと、記した。一方、アメリカに対しては、日本軍はやや柔軟に接していた。アメリカがイギリスに取って代わろうとする野心を抱いていることを、利用できると考えたからだった。

中国国民党政府も目的は違ったが、日本と同じ戦略をとった。蔣介石は、イギリスとアメリカの相克に付け込んで、双方から漁夫の利を得ようとした。イギリスはこうしたことに、まったく注意を払わなかった。

イギリスはアメリカが独自の分割統治《デイバイド・アンド・コンカー》の戦略をもっていると、理解していた。そのかたわらアメリカは、英連邦であるニュージーランドとオーストラリアが日本に騙されて、アメリカが英連邦を牛耳《ぎゆうじ》ろうとしていると、疑っているのではないかと、恐れていた。

イギリス陸軍省は第一次世界大戦が終結した一九一九年の時点で、アメリカを「潜在的脅威」と見倣して、いずれはアメリカと利害が衝突すると認識していた。このために、日本の脅威があるからと言って、アメリカへ接近しようと望んだ政治家は、ごくわずかだった。

チャーチルは一九二〇年に、「我々が生きている間に、日本がイギリスを攻撃する『わずかな可能性』もない」と述べた。この見解は、結果的に間違っていたが、当時は全ての議員が同じ見方をしていた。

一九三七年には、アメリカの過激派は「イギリスがアメリカの野望の息の根を止める動きに出るのは、大英帝国が日本と結ぼうとしているからだ」と、非難していた。『デイリー・ワーカー』紙は、「中国の保全を提案した日英合意は、実は中国をイギリスと日本の植民地として分割するもので、アメリカの権益と門戸開放政策を、重大に損ねるものだ」と、報じた。

激しさを増す太平洋戦争が、イギリスとアメリカの険しい関係に終止符を打つと考えた人々は、香港のスタンレー収容所で起こったことに、驚愕したかもしれない。捕虜収容所では、分割統治の戦略が、アジアやアフリカで分割統治を高度な技にまで高めた植民地支配者に対して、適用された。

スタンレー収容所で「収容者代表」の役割を担ったサー・フランクリン・ギムソンは、当初から日本に協力して、収容所内の秩序を維持する姿勢を示したが、アメリカ人が卿の権威を認めようとしないことに、苛立った。

収容所での収容者の自治を補佐したジョン・ストレイッカーは、アメリカとオランダの代表が、イギリス人が運営する自治会に出席しないことに気づいた。

収容所の「代表的なアメリカ人ビジネスマン」だったビル・ハントも、大英帝国に何の愛着も持っていなかった。

実際、抑留の経験は、民族と階級の差別を浮き彫りにした。ある作家は、「アメリカ人は、一緒に働くことにおいて、賞讃に価する。この点で、最も組織されているように見えた」と述べ、一方でイギリス人は、「階級と職業と偏見によって分裂して」いた。

イギリスとアメリカの対立は、日本に絶好の機会をもたらし、関係を複雑なものにした。デービット・ボサンケットは、インドから故国イギリスまでの船旅で、アメリカ人によって「完全に無視」され、給仕を振り向いてあざ笑うように、「くそったれ《ガッダミット》、また《ユーガツラ》、英国水兵《ライミー》か」と呟《つぶや》くのを聞いた。

実際、戦時中にインドでは、怒ったアメリカ人将校が、「日本とじゃなく、イギリスと戦うべきだ。そっちのほうが、やりがいがある」と、訴えることもあった。

枢軸国がはらむ人種問題の矛盾

日本はアジア人、アフリカ人、ラテン・アメリカ人が大部分を占める世界において、「白人の優越」を崩壊へと向かわせることが、強力な武器になると、考えていた。しかし、それにはリスクもあった。日本とソ連を除けば、世界の列強は、皆「白人」だった。白人の社会経済システムは、まさに日本が解放を決意している「有色人種」を、搾取していた。

そもそも、日本が同盟を結んでいるドイツも、「白人」の強国であり、日本が排除しようとしている「白人の優越」の一翼を担っていた。この矛盾が、アメリカの黒人が日本に感じる魅力を、減じさせる一因となった。

いったい、軍事同盟を結んでいるドイツと日本が、日本の人種解放の夢を、どう論理的に調整しうるのか。日本が夢を実現しようとすると、ドイツが潜在的な敵となるのではないか。誰もが、もし日本が戦争に勝ったら、日本とドイツが、アメリカとソ連による「冷戦」より激しい「熱戦」を始めるのではないかと感じていた。

ジョン・モリスは、戦前、日本の外務省に語学顧問として雇われていた。幅広い人脈を持っていたが、「日本を去る時に、連合国がヨーロッパで敗退したら、人々が日本の次の敵はドイツだと、公言していた」と、証言している。

日本の上層部の間では、香港占領の数週間前に、「我々が心に留めるべきは、ドイツ、イギリス、アメリカという白人国家が、日本が戦端を開いた時に、どのような関係となるかである」と、囁《ささや》かれていた。

「ヒトラーは、日本人は二流の民族と言っている。ドイツはまだアメリカに、宣戦布告をしていない。日本がアメリカと敵対した場合、アメリカ国民の日本人への憎悪は、おそらくヒットラーへの憎しみ以上となるだろう」と、考えられた。これは、先見に富んだ見解だった。

原嘉道《はらよしみち》枢密院議長は、「アメリカと戦端を開いた場合、ドイツ、イギリス、アメリカの三者が連合し、日本が孤立する恐れがある。黄色人種への憎しみが高まり、いまドイツに向いている米英の憎しみが、日本へと向けられる可能性を考慮する必要がある。つまりドイツとイギリスの戦争が、対日戦争へ変わるかもしれない。われわれは人種関係を、真剣に考慮する必要がある」と、訴えた。

この懸念は、日本のリーダー層が共有していた。

東條は日本の戦争の最高責任者として、「仰る通りだ。ひとたび戦争が始まるならば、人種戦争となることを防ぐ政策を実行するつもりだ。ドイツとイタリアが、イギリスやアメリカと講和を結ぶことがないようにしたい」と、付け加えた。

連合国はイギリスとアメリカとの同盟だけでなく、モスクワとも連合を図った。日本とその同盟国の緊張は、高まっていた。

日独の戦争目的はまったく違う

ソ連のある作家は、一九四四年に「ヒトラーのドイツが、極東の同盟国を歓迎していなかったことは、疑いない。日本は独自の目的を追求するばかりで、その戦略をヒトラーの戦略計画と一致させようという意図は、まったくなかった。日本とドイツで戦況に対する見方が大きく異なり、その違いを隠すことは不可能だった」と、書いていた。

BBC放送も、日本とドイツの間の深い溝を認めて、次のように報じた。

「日独協定は、日本が満足できるものではなかった。イタリアもドイツも一九三七年以降、あらゆる種類の武器を、中国に供与していた。ファルケンハウゼン率いるドイツ軍事顧問団は、一九三七年に上海周辺で作戦を指導し、日本側に数千人に及ぶ兵士の損失を与えた」

BBCの謀略宣伝《プロパガンダ》の一つに、ドイツ高官の手紙を盗み読みするものがあった。ある手紙では、日本人について、「黄色い半人間《イエロー・サブ・ヒューマン》」、「軍服を着た黄色い小動物」、「世界のユダヤ人より小《こ》賢《ざか》しい」などという、侮辱する表現が使われていた。

BBCはヒトラーの『わが闘争』の日本語訳が、第十一章の有名な文章全体を省いていることを報道した。その原文でヒトラーは、日本には独自の文化がなに一つないと、書いていた。

他方、学者のルイーズ・ヤングは、「『白人連合』が日本の人種革命を叩き潰すことを、日本は恐れていたが、あながち絵空事ではない」と、指摘していた。

一方で彼女は「ヨーロッパ人、アメリカ人、イギリスの植民地支配者によるカナダ、オーストラリア、ニュージーランドでの人種差別は、日本にチャンスを与えた」と、論じた。

　スティーブン・アンブロースは、ドイツについて日本が憂えていた件について、「アメリカ人のいとこがいるドイツ兵と、ドイツ出身の両親をもつアメリカ兵を戦わせるような戦争に、人種意識が入り込む余地はなかった。アメリカ兵の実に三分の一が、ドイツ人の子孫だった（アメリカ軍のヨーロッパ方面最高司令官アイゼンハワーも、アメリカのドイツ空爆部隊のスパッツ司令官も、ドイツ系だった）」と語った。

　ジャーナリストのジョン・トーランドは、日本のドイツ大使だった大島《おおしま》浩《ひろし》を取材し、日独関係への憂慮を感じた。

「ヒトラーは、日本について知らなかった。一九二二年に『わが闘争』を書いた時には、日本についてあまり良いことは言っていなかった（これは、かなり控えめな表現である）」。このため戦時中、両国の「協力は、あまり行なわれなかった」

ユダヤ人に対し平等に接した日本

　両国は「情報交換を行なった」が、それ以上のことはなかった。大島大使は後に、「ナチスのゲーリング元帥が、満州北部で日本の将官がユダヤ人を助けていると、私に不満をぶつけてきた。私は調査をし、事実だと判明した。しかし、ユダヤ人は、一度も日本に危害を加えたことがない。我々には、ユダヤ人を拒む理由がなかった。ロスチャイルドとシフだけではなく、グリーンバーグのようなドイツにいるユダヤ人も、日本に軍資金を提供してくれた。私はゲーリング元帥に、日本は、（ナチスから）逃れてきたユダヤ人に、ロシアの情報を集めさせている。それゆえにユダヤ人は、日本に有用であると伝えた」と、語った。

日本は反ユダヤ主義への根本的な疑問から、この点では、明確に一線を画していた。カール・キンダーマン博士はユダヤ人で、戦時中は日本に住んでいた。日本滞在中は、「（超愛国主義的）黒竜会の大幹部だった」日本の友人に、匿ってもらっていた。

ナチスの「ホロコースト」には与《くみ》せず、ユダヤ人を助け、その人的資源と技術を日本のために生かすのが、日本の方針だった。

大挙して避難したドイツのユダヤ人が目指したのは、ヨーロッパや北アメリカではなく、アジアの日本占領地だった。日本の外交官で伝説になった杉原《すぎはら》千畝《ちうね》は、リトアニアなどのヨーロッパの日本領事館などからビザを発行し、ユダヤ人大虐殺の前夜に、何千人ものユダヤ人を救った。

ソロモン・バードは香港で収容されたが、そこには反ユダヤ主義者がいなかったと、証言した。

「収容所では、ユダヤ人を区別しなかった。ナチスのユダヤ人差別政策は、私たちのところまで、達していなかった」

実際、『カナダ・ユダヤ人・ニュース』によれば、「ヒトラーが権力を掌握してからは、ナチスによるユダヤ人迫害から、ビザや保証なしに移住できるのは、上海だけだった」。

研究者のジェームス・ロスは、「史料から、日本がゲシュタポを信用していなかったことがわかる。上海を占領した日本は、反ユダヤ主義について承知しており、冷酷にもなれただろう。しかし実際には、日本は同盟国ドイツのユダヤ人排斥に与するどころか、理解を示すことすらなかった」。

日本は一九四三年の五月以降、ヨーロッパのユダヤ難民が上海にあったユダヤ人居住区《ゲットー》へ入るのを制限したが、ゲシュタポと協力することはまったくなかった。日本は難民による闇市など、治安を問題視していただけだった。

現在はハイファで医師をしているヤコブ・ウィルツェックも、同感だった。「日本の上海占領軍は、人種差別主義者でも、反ユダヤ主義者でもなかった」。

彼は日本統治を体験し、「日本人は何度も、人種差別主義者ではないことを強調した。これがユダヤ人を含むロシアの白人移民と日本軍が極東（特にハルビン）で、長年にわたり協力できた背景だろう」と語る。

ある解説者は「一九三二年二月の日本によるハルビン占領」は、「多くのロシア人移民によって、歓喜して迎えられた」と、述べている。

日本とドイツの相容れない違い

日本とドイツの関係は、理想的というにはほど遠かった。ジョン・モリスは、戦前に日本の外務省の契約職員だったが、「反ナチス記事」を書いても、なんら罰されなかった。

このことが、ドイツ大使館によって、報告された。「日本人のドイツ嫌いは、ナチスの極端な驕《おご》りと、日本人への侮蔑をまったく隠さなかったことによっていた」と、述べた。

彼は東京を去る時、日本人が率直に「連合国がヨーロッパの戦争で敗れたら、日本がドイツの次の標的となるだろう」と言った。

彼の直感は、上海で確信となった。一九四二年の上海における警察報告は、「ドイツ人とイタリア人の間では、日本との取引をやめるべきだという考えが、定着してきた。かつてなく高まる日本の軍事力と経済力に、枢軸国が憂慮しはじめ、日本の勢力拡大は際限がないと、考えている」と、記した。

イギリスの諜報報告によれば、日本人は「全ての白人を敵か味方かの区別なく、対等に扱っている」とされた。事実、アメリカに送還された宣教師は、次のように回想する。

「馬に乗って来たドイツ人女性が、グレート・ウェスタン・ロードの検問所で、日本の番兵に止められた。番兵は彼女に馬から降りるように言い、待たせている間に馬が大量の糞をした。戻ってくると、番兵は彼女にその場所をきれいにするように命じ、彼女に手で汚物を取り去るよう命じた」

こうした反感は、上海だから特別だったのではない。一九四四年の秋には、香港にいたドイツ人は監視されており、時局の展開によっては、いつでも収容する準備ができていると、噂されていた。

人種に対する考え方が、日本とドイツでは違っていた。イギリスやアメリカとも異なった。日本の考えの背景には、一八五〇年代（ペリーの黒船来航）以来のアメリカによる干渉や、イギリスが中国を侵略したことがあった。

ある学者は、「実際、十八世紀以前の日本には、人種に拘《こだわ》るこうした考えはなかった。明治になり、近代化を急ぐようになった一八六〇年代からのことだった。ドイツのナチズムは、日本ではほとんど受け入れられなかった」と、語った。

日本とドイツの相容れない違いは、さまざまな形で現われた。日本人は一般に国家社会主義者の傲慢さと、日本人に対する侮蔑を嫌った。日本の当局は駐日ドイツ大使のユージン・オットー将軍と駐在武官を、常時尾行していた。

グエン寺崎《てらさき》は、アメリカの白人で日本の外交官と結婚していたが、真珠湾攻撃後にアメリカでドイツの外交官とともに収容された。彼女は枢軸国の間にも、いくつかの点で違いがあることに気づいた。

さらに、モザンビークでの収容生活の後、「枢軸国のパーティー」に出席した。そこで気づいたのは、枢軸国のいずれの国の人々も、日独伊の三国同盟に賛成していないことだった。彼女はあらゆる場面において、日本人とドイツ人が敵対していることに、驚嘆した。グエンは日本に住んで、「戦時中に敵意が私に向けられたのは、例外なく私をドイツ人と勘違いした時」だと、気がついた。

ジャン・ヘンリック・マースマンも、一九四一年、香港で日本軍が掃討作戦を遂行した時に、似たような経験をした。

「ある朝、体格が良くおせっかいで、腕に大きなナチスのカギ十字の腕章をしているドイツ人らしい男が、ペニンシュラ・ホテルの入口に歩いてきて立ち止まると、踵《かかと》を蹴って直立不動し、『ハイル・ヒトラー』と、ナチス式の敬礼をした。男は、明らかになんらかの反応を期待していたが、日本の天皇陛下の赤子《せきし》たちは、一瞬も躊躇《ためら》うことなく、そのまま働き続けた。その男がホテルに入ろうとしたときに、日本兵が銃剣で彼の行く手を塞《ふさ》いだ。明らかに日本兵は、『ナチス』に去ってもらいたがっていた。男は怒り、『邪魔するな。通せ』と、叫んだ。日本兵士は、一ミリたりとも、譲らなかった。男は罵声を浴びせ続けた。そこへ二人の日本兵が駆けつけ、ひとりが男の首を掴《つか》み、もう一人が胴を抱え込むと、持ち上げて、通りに放り出した」

入江《いりえ》昭《あきら》は、「日本もドイツも、米英に対する敵意を分かち合ったものの、二つの国は民族も、文化も、歴史も違いすぎ、『便宜的な結婚』以上に発展させることができなかった。真珠湾攻撃の後も、日本とドイツは統合軍を編成することも、統合指揮機構をつくることもしなかった」と語った。

ドイツが諸悪の根源と見做す国であるソ連に対して、日本が宣戦布告しなかったことも、ドイツは不満だった。ソ連はその代わりに、一九四五年八月まで日本に対して宣戦布告しなかった。

東京裁判では、「日本の日独伊三国同盟への参加は、太平洋への進攻を援《たす》け、中国からアメリカを排除するための防衛上の理由によるものだった。日本は独立して行動し続け、ナチスの世界規模の陰謀には加担しなかった」と、説明された。

ある学者は、「十把《じっぱ》一絡《ひとから》げに『ファシズム』と表現すると、日本と枢軸国との間にある違いを、表現できなくなる」と、洞察した。さらに続けて、

「日本の信条と体制と、イタリアやドイツのそれとの間には、大きな隔たりがある。イタリアとドイツが日本の体制に影響を与えたのは、経済的な『管理ファシズム』の面だ。日本とイタリア・ドイツとの同盟には、アメリカの民主主義とソ連の共産主義との相似点ほどにも、存在していない」

「日本では一九四〇年に、政党が弾圧された。それでも日本では、議員たちが議会に居座り続けた。イタリアやドイツでは、想像もできなかった」と、述べた。

メキシコと共同歩調をとる日本

日本はドイツと歩調を合わすことはなかったが、他国と共同歩調を取ろうとした。今日「第三世界」と呼ばれる国々とともに、「聖戦」を戦った。

なかでもメキシコは、アメリカに長いこと不満を持ちつづけてきた。十九世紀に広い領土を奪われたというだけではなく、「白人の優越」はメキシコとアメリカとの関係を複雑にしていたが、そこにさらに日本が加わった。もし日本がアメリカの南の国境を前線にして、戦端を開けば、日本の人種新秩序の夢の実現が、早まったはずである。

メディア界の大物のウィリアム・ランドルフ・ハーストも、同じように考えた。彼は一九一七年に、日本とメキシコの部隊がアメリカを侵略し、掠奪、殺人、強姦を行なう映画を製作した。日本の計画は広島での大虐殺で水泡に帰したが、戦前の日本の努力が足りなかったから、実現しなかったというわけではない。

日本は一九一二年に、「カリフォルニアの南の広大な地」、つまりメキシコを購入するだろうと、一般にみられていた。それに対して大反対が巻き起こった。

同じころ、アメリカの大使は「多くのメキシコの新聞が、我々に強い抗議を続け、日本と絆《きずな》を結ぼうとしている。これはアメリカに対する、明らかな当てつけである」と、主張した。

これについて、日本の関係者は様々な見解を述べ、日本とメキシコの二国間での「極秘《シークレット・》合意《アンダースタンディング》」がある可能性を、指摘した。

セオドア・ルーズベルトは、タフト大統領への私的な書簡で、メキシコとアメリカとの戦争が始まったなら、「日本、または他の大国が、メキシコの支援をするかもしれない」と、心配した。

日本はアメリカとメキシコとの対立から、漁夫の利を得ようとしていた。

この紛争の最中に、あるアメリカの知識人が、「これから二五年以内に、日本とアメリカが歴史上で最悪の戦争をするほうに賭ける」と、予見した。たいへんな洞察力だった。

彼は「我が国と白人種の安全は、中国を日本の狡猾《こうかつ》な政策から守れるかどうかにかかっている」と語り、「これは世界の裏庭の問題ではなく、どの人種が全世界の主人になるかの問題だ」と、付け加えた。

オクラホマの下院議員のウィリアム・H・マレーも、同じように考えた。マレー議員はメキシコと日本を結びつけ、「現在の正しい政策が、将来の世界の政治地図を決定する。南北アメリカ大陸の生き残りを決定づける。メキシコが白人の国となるのか、アジア人種の支配下に入るのか決める。究極的には、わが国だけでなく、アーリア人の文明が永遠であるか、決める。歴史のページは国家のみならず、人種の興亡に満ちている。歴史は繰り返し、一〇〇年後の二十一世紀の夜明けを目にする時には、世界は数と大きさにおいて、日本と中国の支配下にあるだろうか。メキシコの問題は、その答かもしれない」と、述べた。マレー議員はドイツの北半球への侵略と、日本の進攻を分けていた。

「ヨーロッパの独裁国がアメリカを植民地にしたら、わが国を滅亡させようが、白人文明は存続することができる。だが、アジア人がアメリカ大陸を支配すれば、わが国はおろか、我々の文明も崩壊する。劣等な人種に支配され、キリスト教文明の崩壊を目にすることは、戦争の何百倍も酷いことだ」

破滅の予感の背景には、「サンディエゴ計画」が暴露されたことがある。西南部にいる全てのアメリカの白人を一掃し、数十年前にメキシコから白人が奪った土地を奪還し、黒人と先住民《ネイティブ・アメリカン》の独立共和国を建設しようという計画だった。この計画は、メキシコ人とメキシコ系アメリカ人だけで立てたものではなく、日本が明らかに関与していた。

メキシコの〝ガイジン《グリンゴズ》（中南米などで、特にアメリカ人、カナダ人を軽蔑して呼ぶ時の「外人」の意味）〟に対する反感は、すさまじかった。「他の国籍の人々に、通常向けられるような排外的な嫌悪の標的」とは、まったく別物だった。一九一五年の秋までには、テキサス南部が人種戦争の危機にあった。日本へ糾弾の矛先《ほこさき》が向けられた。連邦議会の公聴会で侵略されたニューメキシコのコロンブスを奪還した英雄、パンチョ・ビヤ（フランシスコ・ビリャ）将軍を、日本が応援してくれるかもしれないという話が持ち上がると、アメリカでは反日感情が爆発した。

昂奮《こうふん》はメキシコが一九一八年に日本に使節団を送ると、頂点に到達した。アメリカの諜報機関は、日本によってメキシコに提示された、「尋常ならない好条件」について、言及した。

訪日したリーダーといくつもの会議や宴会が行なわれ、使節団は「兵器工廠《こうしょう》、陸軍士官学校、海軍兵学校、民間の軍需工場などを視察し、武器の製造を学ぶあらゆる機会を提供された」。訪問の目的が「軍事物資の確保」なのは明らかだった。特に機関銃と小火器への関心が高かった。

団員のメキシコ人は、全員がアメリカへ敵意を露わにし、日本人にアメリカは「専制支配者」で、メキシコの自由を奪っていると公言して、憚《はばか》らなかった。

一九二〇年代になると、革命熱が勢いを失った。しかし一九三二年にアメリカの諜報機関は、ファン・メリゴ将軍の記事に、目が釘づけになった。将軍は日米が開戦した場合に、「メキシコがアメリカにつくとは限らない。それどころか、メキシコは日本の同盟国となろう。メキシコだけではない。ペルー、チリ、アルゼンチン、ホンジュラス、グアテマラ、エルサルバドル、コスタリカ、ニカラグア、コロンビア、ベネズエラも、アメリカを嫌う理由があり、日本と同盟しよう。もし、メキシコで国民投票が実施されれば、国民は戦争を支持しよう。ただし、日本の同盟国としてである」と、述べていた。

将軍は「民衆に愛され」、また「非常にすぐれた軍人だった」ので、その言葉は真剣に受け止めなければならなかった。

アメリカは、将軍の言葉を無視できなかった。『サンディエゴ計画』だけをとっても、「白人の優越」の教義《ドクトリン》が、この計画をまるで『福音《ゴスペル》』のように受け入れた人々を、どれほど苦しめてきたかがわかる。

終章

「白人の優越」からの覚醒
——終戦、そして新しい人種関係の始まり

香港で見た「白人の優越」の失墜

広島、長崎に原爆が投下され、太平洋戦争が終わると、人種解放という日本の夢が潰《つい》えたかのように見えた。だが、戦争によって抑圧された人々が覚醒したために、もはや以前の状態に戻ることは、不可能だった。

香港では人種差別と、白人の横柄な態度がなりを潜め、中国人の資本家が勃興した。彼らは日本の占領に協力して財を成し、戦前に商売でイギリス人と手を組んだ中国人と、一線を画していた。こうした人々の台頭が、「白人の優越《ホワイト・スプリーマシー》」を、失墜させた。

香港で著名な学者のヘンリー・レスブリッジは、「日本による占領は、中国人社会のリーダーに恩恵をもたらした。イギリスの支配は一九四一年に崩壊し、もう二度ともとへ戻れなかった」と述べて物議を醸《かも》したが、見当外れではなかった。

戦後間もなく、アメリカのユージン・D・ウィリアムスは日本を訪れ、「あの光景を見るまで、わが航空部隊が日本の工業地帯にどれほど大きな損害を与えたか、想像すらできなかった」と、記している。

ウィリアムスは「蟻《あり》のように懸命に働く」人々を見て、感心した。日本人は、「敗北を冷静に受け入れ、私たちに親切だった」と述べた。しかし「ほんとうに、そう思っているとは信じ難い。日本人は装うことが上手い。本心では深く憎んでいるに違いない」と、加えた。

香港の法務官のラルフ・マルコム・マクドナルド・キングは、よほど嫌な経験をしたとみえ、戦後、「私は日本人を長く見てきて、信用できないという結論にいたった。彼らは遅かれ早かれ、再び我々に襲いかかってこよう。私は決して彼らを信用しない。信用できる人種ではない」と、書いた。

ノーマン・クリフは、中国北部の宣教師の息子だった。日本による収容生活から解放され「猛々《たけだけ》しい征服者が、あっさりといさぎよい敗北者となった。日本人は不思議だ」と、語った。

スタンレー収容所に入れられていた、ジョン・ストレイッカーも同感だった。「敗戦で日本人は、へつらうようになった。この姿勢は将来も続こう。表向きは心づくしのもてなしをしても、最も危険な相手だった」と、回想した。

ステーリング・シーグレイブは、日本人がどうして偽るのか、その理由を発見した。「もし一〇〇〇億ドルを盗んだ泥棒が、捕まって牢屋に入れられる前に、うまく金を隠したとする。模範囚として七年の刑期を終え、釈放されたら、どうだろうか」。

つまり日本は、不正な富を覆い隠すことに成功したわけだ。彼の試算によれば、香港だけでも、日本が占領した最初の四四カ月間で、一〇〇億ドル相当の物品が持ち去られた。多くは、イギリスのものだった。また、日本は敗れても、人種平等の世界実現の夢が破れることがなかった。アジアを主要拠点とした大英帝国が崩壊したのは、日本によるものだった。

オーストラリアの記者ラッセル・クラークは、終戦直後の一九四五年夏に香港に到着したが、大量の車と工場が日本へと運ばれて、香港が空っぽになったように感じた。香港の狭い路地には、戦争の残骸が散らばっていた。丘の上に威風堂々と建っていた香港大学も、図書館や実験室が掠奪にあい、かつての面影がなかった。日本は、「香港大学が西洋の悪影響をひろめ、アジアの学生に劣等感を植え付けてきたが、今や、生まれ変わらなければならない」と、宣伝した。

戦前に居住していた白人の多くが香港から逃げ出し、残っている人々は生気のない幽霊のようだった。クラークは新たに収容所から解放された人々の極貧と、憔悴《しょうすい》ぶりを調査するにつけ、白人としての自尊心が揺らぐ思いだった。「白人であること、イギリス人であることを、かつてこれほどまで恥じたことはなかった。自分が彼らと同じ肌の色で、同じ人種に属していたと思えなかった」と、回想した。

彼が見たのはぼろをまとい、痩《や》せ細った骸骨《がいこつ》のような人間が、飢《う》えてタバコを漁《あさ》る姿だった。十分な食事をとれなかったため、視力が衰えた者が多く、盲目になった者もいた。食糧不足は集中力を欠如させ、事実や論理の把握、会話に困難をきたした。話しかけると、パンチドランカー〔脳障害を受けたボクサー〕のように、首を振るものもいた。そうした例をみると、死んだほうが幸運だったと思えるほどだった。

彼は「我々は日本人を憎む。この憎しみを、決して忘れない。日本人は敗戦で叩きのめされ、再び白人の猿真似をしようとする、ちっぽけな野蛮人にもどった」と、言った。白人だけが他の人種を服従させる権利があることを、暗示した言葉だった。

彼はこの戦争が、何を賭けた戦いだったか、はっきりとわかっていた。
「もし、日本が勝てば、我々は日本人の奴隷になっていた。ヨーロッパの戦争とアジアの戦争は、まったく意味が違った。アジアの戦争は人種戦争であり、文明対野蛮との戦争だった」

中国で高まる国家の尊厳と独立主権の気概

クラークは瓦礫《がれき》が散った通りを歩いていて、戦争中も含めて二〇年間、日本に住んでいたという白人医師に出会った。その医師は、「日本人は白人の私を愛し、好いていたと思う。しかし、戦争が始まると、彼らは白人を憎むように教育され、狼のように私に対するようになった。しかし、戦争が終わると、もう白人を憎む必要がないと言われ、本来の親切な友人にもどった」と、悲しげに語った。

クラークは、中国人にも話を聞いた。ある中国人は、イギリス人が初めて自分たちに親切になったといって、さらに続けた。

「かつては、たとえ中国人がヴィクトリア・ピークに家を買えたとしても、そこに住めなかった。ヴィクトリア・ピークは白人だけが住むことを許されていたからだ。もし、白人が中国人やユーラシア人の女と結婚すれば、公的な仕事には就くことはできず、社会的信用も失墜した。戦前、中国人はまっとうな仕事に就けなかったし、就けたとしても、昇進できなかった」

そして、「中国が香港を回収すれば、状況は変わる」と、付け加えた。クラークはあちらこちらで、「中国が香港を取り戻せば」と語るのを耳にして、奇妙な思いがした。

イギリスは、これまでのように統治できないにしても、香港を中国に返還しようとは、まったく思っていなかった。

クラークは、白人が再び香港を占拠することに、反対していた。彼らは一九四六年に起こった新たな現実を、受け入れるべきだったのに、それができなかった。新たな現実とは、中国に国家の尊厳と独立主権の気概が高まったことだった。この変化を理解できないか、理解しようとしない者がいた。

日本の敗戦直後の一九四五年に香港に着任したサー・セシール・ハルコート中将は中国人を香港政府の要職につけ、肌の色の壁《カラー・バー》を取り払おうと考えた。ヴィクトリア・ピークにおける中国人の居住禁止を撤廃し、どこにいても肌の色によってではなく、その人の能力と人格によって判断される制度をつくらなければならないと、思った。

アレキサンダー・グランサムは一九四七年に、香港に総督として戻ってきた。彼は一九二〇年代に香港に、着任していた。

「私が香港に戻って一番感じたことは、イギリス人の傲慢な態度が、大きく改まったということだ。『タイパン』〔中国語『代弁』。外国商社の支配人・経営者〕や高官は、もはや『半神《デミ・ゴッズ》』とは見做されず、彼ら自身も、そうは思わなくなった。ものすごい勢いで人種が混ざり合った」

総督は「植民地支配や租界という物理的な侵略よりも、白人のアジア人に対する精神的な傲慢さが、この現実をもたらしたのだ」と、語った。

この傲慢の根底にあるのは、白人が人種的にアジア人より優れているという意識で、社交クラブからアジア人を排除したり、横柄な態度を取ったり、尊大な素振りの元凶だった。その時代は終焉を告げた。幾人か取り残された者もいたが、「尊大な時代」は過ぎ去った。一部の商売人たちの狭量な井の中の蛙《かわず》のような見方は、世界の商業の中心地である香港に、ふさわしくなかった。

この「世界の巨大な商業の中心地」が、日本軍によって占領されたために、グランサムやサー・セシール・ハルコートのような、変化を渇望する人間を生みだした。白人至上主義の「尊大な連中」は変化を望まなかったが、多くは故郷へ去っていった。

「古き保守主義《オールド・コンサーバティズム》は、容易に死に絶えない《ダイズ・ハード》」

香港の人口は、戦前の二〇〇万人から六〇〇万人ほどまで減っていた。歴史家のG・B・エンダコットによれば、「かつての植民地支配者の多くが帰国し、代わりに多くの新しいタイプの白人が流入してきた」。古い植民地支配者が去るとともに、「古い」スタイルの人種差別が過去のものとなった。

さらに、「イギリスは、政情不安と戦争による困窮から、資本を植民地へ投じる力がなくなる一方で、中国人は積極的に小商いを拡大していた。戦争はイギリスの経済力を弱め、世界での影響力を失墜させる一方で、アジア人はアイデンティティを目覚めさせた」のに加えて、「多くの中国人が公的地位や専門職に就いた」ことで、新しい経済システムがつくられた。

しかし、戦後が突然やってきたために、収容所から骨と皮だけで、這いだしてきた人たちの中には、「白人の優越」の復活を渇望する者もいた。彼らが認識していなかったのは、極東での生活がこれまでとはまったく違うということと、日本の「アジア人のアジア」という訴えが、アジア人の琴線に触れたことと、虚構の「優越」の断片がイギリスから、アメリカへ移ったことだった。

日本による占領が一九四五年に終わると、数日以内に、『サウスチャイナ・モーニング・ポスト』紙が発行を再開し、一面で既存の「タテ」の人種関係を批判し、これからは、人種間の対等な「ヨコ」の関係が求められるとの論評を載せた。

だが、旧来の「尊大派」は「古き良き香港を必ず取り戻そう」と、意気軒昂だった。確かに、「古き保守主義《オールド・コンサーバティズム》は、容易に死に絶えない《ダイズ・ハード》」ものだ。一九一一年に、イギリスでロイド・ジョージの法案に反対して、徹底抗戦した保守党員は「ダイハード」と呼ばれた。

香港から脱出しよう

名声を誇ったサー・C・グレンヴィル・アラバスターも、戦争によって、富、家具、銀などのテーブルウェア、グラス、カーペット、絵画、洋服、ベッド、宝石、自動車、無線機一式、石製《メーソン》の王冠《レガリア》など、「全てを日本軍に戦利品として掠奪」されていた。

イエズス会は「膨大な財物」を失った。九龍《カオルーン》にあったロヨラ・アンド・ワー・ヤン大学の所有物品が散逸し、リッチー・ホールがひどく荒らされた。

香港を脱出《フライト》しようという地元住民もいた。日本の敗戦後、多くのイギリス人が香港から離れたいと強く願っていた。高級官吏《シニア・シビル・サーヴァンツ》ほど、この傾向が強かった。香港に残った有色人の下級官吏は、改まった環境のなかで、上司から殴られることもなくなった。日本の占領下で多くの警察記録が破棄され、失われた財産の賠償請求も、証明することが難しかった。かつて警察官だった白人の多くが、収容されたか脱出したので、中国人により多くの仕事を任され、収入も増えた。

かつての尊大なイギリス人と赤貧の中国人の世界から、着の身着のまま脱出するイギリス人と財を得た中国人の世界への変化が、大きな社会不安をもたらした。

一九四六年八月末には、「九龍暴動《カオルーン・ライオット》」が勃発した。白人と非中国人が標的にされ、白人が運転したり、白人を乗せたりした車が投石された。暴徒はバスを止め、乗客に白人や非中国人がいないかを調べた。襲われて、ターバンを引き裂かれたインド人もいた。カドーリー街にあった英空軍本部も投石された。

「尊大」でない白人までが、香港で快適に過ごせなくなった。ある白人は「中国脱出」を訴え、運動をはじめた。この人物が書いたパンフレットを多くの人が読みたがり、増刷され、ヨーロッパへ何千冊と送られた。

その内容は、「二〇〇〇年前に熟成した中国文明は、それ以後まったく進歩していない」と中国を痛烈に批判し、「戦争中、中国人は全ての都市で降伏し、戦闘を回避した」と非難して「中国人は進化の段階で動物より、ちょっとだけ上位に位置している」と、皮肉った。さらには「移動制限法（「パス法」とも。南アのアパルトヘイト政策のひとつ。黒人に身分証明書の必携を義務づけた）」を含む措置をとるよう提案するとともに、「ヨーロッパ諸国で、全ての中国人に居住証明の取得を義務化すべきであり、白人と比べ、中国人が比較的優位にあるいかなる商売も、できなくなるようにすべきだ」と、訴えた。

なおも「白人の優越」に固執する白人たち

この筆者の嫌中論の背景には、香港の中国人が戦後になって着実に経済成長を遂げていることがあった。香港で中国資本が成長したのは、戦争特需が原因だった。

「中国に保険会社が設立されると、イギリスとその同盟国の同業者は乗っ取られるか、清算されるかした。会社は接収されるか捨て置かれた。一九四二年五月までに、日本企業が続々と創業し、中国の企業もそれに伴い、食糧、布など必需品を扱い始めた」

アラン・ダドリー・コピンは、深水埗《シャムスイポー》に収容されていた。

「多くの中国人店員が、日本人とうまく商売をしていた。特に深水埗収容所近くの通りでは、盛んだった。中国人は日本軍とつきあい、大きな利益を上げていた」

香港のW・K・タンは、「もしイギリス人が、雇った中国人に協力して欲しいなら、人種差別をやめなければならなかった。それでもまだ総督府やイギリス企業では、全て白人が優先された。次が現地生まれの白人、非中国人とインド人がその下、中国人は最下位で、賃金も一番安かった」と、述べた。

ヤン・シンも、同感だった。

「白人がオーナーの会社では、地位の低い外国人労働者でも、幹部職にある中国人の二倍以上の賃金とボーナスを得ていた。外国人の女性タイピストの多くは、中国人の店長《チーフ・クラーク》よりも稼いでいた。応募してくる人間は、能力や資格で選ばれなかった」

白人の多くが、異論を唱えた。

「中国人は対等どころか、人並みに扱うべきではない。そんなことをすれば、中国人は白人を舐《な》めてかかる。ある中国人が『あなたが我々に親切にすればするほど、あなたを嫌いになる』と、言ってきた。中国人は親切に感謝しない。中国人が上の地位に就けない理由は、中国人が責任ある地位を与えられたら、性癖として堂々と賄賂《わいろ》を手に入れる方法を考えるからだ。たとえ、中国人が声高に平等を要求し、『白人の優越』に反対しようとも、『香港を解放したのはイギリスだから、その恩恵に浴するのもイギリス人であるべきだ。それがいやなら、大陸へ行け』と、言われるだけだった」

その大陸中国でも、緊張が高まっていた。一九四六年末に、複数のアメリカ兵が一人の中国人女性を強姦し、北京で一万五〇〇〇人の抗議デモが行なわれた。旗のひとつには「アメリカは日本の侵略者より、ましではない」と、書かれていた。

ヨーロッパとアメリカの白人の多くは、アジア人の厚かましい態度に、呆れかえっていた。ヨーロッパやアメリカの白人が、「多くの中国人に対し残虐行為に及んだ事件など、いったいどこで起こったというのだ」と、糾弾した。白人は日本の台頭を許した「白人の優越」という傲慢な姿勢から、一歩も退こうとしない自分たちの姿を、顧《かえり》みなかった。一九四七年夏になって、白人は依然として、香港のフェリーで中国人が隔離されるべきかどうか、議論していた。

中国人の多くが、憤った。ある中国人は「中国人と非中国人を隔離する理由は、非中国人が中国人の体臭に苦しむからだと言うが、夏の暑い日に、白人の後ろにでも座ろうものなら、何に気づくかも議論すべきだ」と、語った。

アメリカではバスや列車の席の差別が、人種隔離の最前線となったが、香港ではフェリーだった。とりわけ白人の女性が、頑迷な考えから脱け出せなかった。「イギリスの最悪の大使は女性だ」と、中国人の男が言った。彼は、「スター・フェリー」で、二人のイギリス人女性が、洋装の中国人男性の隣に座っているのを見た。女性は、「このフェリーはイギリス船ですの。それとも違って？」と叫ぶと、フェリーを降りた。彼女たちは、男性が「かっての人種差別が、反故《ほご》となったではありませんか。イギリス人も新しく学ぶことを必要としています。肌の白さは、優越を意味しません」と語ったことに、気づかなかった。

イギリスが中国で抱えた問題

日本の占領中に中国人エリートの多くが、日本に協力した。特に国民党と関わりがあった者が、そうだった。また、親日派の汪兆銘政権の武装勢力が、軍隊から平和維持や、警察活動まで、中国の国民党軍に吸収された。その政治背景がいかなるものであっても、「反英」の姿勢がとられ、イギリスの復活した香港統治下で反体制の位置にあった。イギリスのジレンマは国民党を牽制しようにも、それに代わるものが共産党しかないことだった。イギリスが共産主義と連帯することは、ありえなかった。イギリスは、右(国民党)との均衡を取るために、左(共産主義者)と結ぶという伝統的手法を、使えずにいた。

イギリスは、国民党政権にイギリスを敵視するような出版をしないよう、検閲を求めた。国民党政府もそうした小冊子が、香港で配布されることを禁止する旨、「極秘」文書で通達していた。

しかし、イギリスにとって深刻だったのは、国民党政権の中心人物たちが、イギリスの香港統治を速やかに終わらせたいと、考えていたことだった。日本の降伏からわずか数週間後に、イギリス当局が香港の国民党本部を家宅捜査したことは、両者の微妙な関係を示していた。

共産主義者と国民党政府の対立が、激しさを増しており、イギリスの行動は異様に映った。

というのも、反共勢力は各国で強力に支援されていたが、香港では例外だったからだ。だが、イギリスはその政策を変えることはなかった。

イギリスは、他にも問題を抱えていた。終戦後も、多くの日本将兵が中国国内に残留しており、日本軍将校は「重要人物」で、南京周辺では敗残兵どころか、重要な「賓客《ひんきゃく》」として扱われていた。というのも、共産勢力との戦いに日本軍が加勢するのと引き替えに、国民党政府は在留日本人とその財産を保護した。

一九四七年時点に、まだ蔣介石の支配下にあった満州に、八万人の日本軍部隊が駐留していた。アメリカは共産軍と戦うため、蔣介石に日本軍を活用するように促していた。中国に残留していた日本人も、国民党のために戦うことにしていた。国民党の幹部の多くが、かつて日本で学んだこともあった。

逆に、共産側も左翼教育を施した日本の部隊を、自分側につけていた。しかし、国民党についた日本軍の数のほうが圧倒的に優っていた。国民党と日本軍の提携は、イギリスが香港で国民党の活動に疑いを持つ一因となった。

一九四六年に、イギリスはマカオで暗躍していた日本人、オガタ・シュンサクの私信を入手した。「我々は特に広東の中国当局に対し、日本の将兵及び民間人の扱いに関し、感謝すべきだ」と、書かれていた。オガタは軍事委員会の広東支部の顧問に、任命されていた。

イギリス人は国民党との関係だけでなく、日本が他にどのような繋がりを持っているかも注目していた。

香港は「対日協力者の天国」

この複雑な状況に、柔軟な解決を提案するイギリス人もいた。『ポスト』紙の社説は、「白人」と「中国人」という表現の仕方に疑義を呈した。「強調すべきは『英連邦人《ブリティッシュ》』である。帝国で生まれた者が、英連邦を支持する場合、当然、彼らは『英連邦人』なのだと思わせる必要がある。かつてあった、香港生まれの人間に、英連邦人の権利を与えることへの躊躇は、取り除かなければならない」と、訴えた。

しかし、イギリス人は再び共産主義者の罠にはまった。古い時代の「白人の優越」への回帰を願う者は、勢力を増しつつあった共産主義を手助けしていたようなものだった。特に労働者階級がだまされた。一方で、日本人と協力した多くの中国人が、戦時利得者として潤《うるお》っていた。植民地主義者は、いったいどちらのグループと協力すべきか、自問した。

これが「対日協力者の天国」と呼ばれた、経済が成長する香港の側面だった。このことは、イギリスが白人ではない者たちを虐《しいた》げようとしたことにも、由来していた。トーニャ・リーは、「香港で中国人が豊かになったのは、日本に占領された一九四一年十二月からではなく、多くのイギリス人が香港を去った一九三九年だった。ユーラシア人や、他の不可触賤民同然の扱いを受けてきた多くの人々が、それまで白人が独占していた分野で、活躍できる場を得るようになった」と、語った。

だが、戦後、香港の多くの住人は、中国人の利敵協力者や、裏切り者の多さにうろたえていた。裏切り者の中でも飛び切り楽しんでいたのは、上海の賭博場の筆頭株主で、日本の憲兵からもらった免許で、資金を集めた男だった。悪名高いウー・S・パオの仲間で、ナチス・ドイツの秘密警察「ゲシュタポ」の工作員でもあった。初めはタバコ工場で労夫《クーリー》として雇われていたが、日本の憲兵隊の影響力を利用して財を成し、一九四三年には飛行機を一機購入し、日本軍に献納していた。

どうしてこのような人間が贅沢に暮らし、豪勢な家を占拠し、成功を収めることができたのか。住民の一人は「主な利敵協力者は、磯谷《いそがい》、東條、野間《のま》、田中《たなか》と友人で、今も国民党政府で重要人物だ」と、語った。

中国人と日本人の間には、奇妙な関係があった。「広岡《ひろおか》」と呼ばれる日本人は、太平洋戦争が始まる数年前から香港に住んでいて、銅鑼湾《コーズウエイ・ベイ》、九龍《カオルーン》その他の「不動産所有者」だった。一九四六年に、ウィン・ファァット印刷会社の社員が、その一部を買収しようと調査をしたために明らかになったが、この印刷会社も、広岡が所有者の一人だった。広岡は九龍で収容され、この印刷会社は明らかに広岡の共同経営者《パートナーズ》とみられる数人の中国人によって、経営されていた。

これは、例外ではなかった。秘密文書によれば、「香港の湾仔《ワンチャイ》にある『イン王食堂』は、日本と地元の中国の資本が半々で入っていた。日本側は、戦時中に香港に駐留した海軍の人物が関わっていた。支配人は「チャン」で、警察報告によると、一九四八年八月にこの食堂で五時間にわたった会議が催され、「一般労働組合」所属の七四の職能組合を代表する一二〇人が参加していた。

戦利品は誰の物か

利敵協力者が安全に暮らす一方で、収容者、元政治犯をはじめとする忠実な大英帝国臣民は、苦境に置かれていた。彼らは、「利敵協力者は、財産を剝奪されるべきだ」と訴え、占領下で取引された土地には、九〇パーセントの税金を課すことを、要求した。さらに占領下で土地を購入した者の資金源を、徹底調査することを求めた。占領下の不正蓄財で、家や車を買ったり、妾《めかけ》を囲ったりする行為を、糾弾する者もいた。司法長官は理解を示したが、「富の再分配や不平等を是正することが、現実的だとは思わない」と、断じた。それは、新しい敵となった共産党を助けることになると考えたからだった。

H・C・ウーは、香港の教育者だったが、彼も「日本占領下では、おびただしい数の市民が、敵に協力した」と語った。さらに、「占領下では多くの協力者が、進んで敵のために働き、日本に取り入り、事業によって巨額の財産を築いた」と、述べた。彼はこの財産を没収して競売にかけるべきだと、主張した。

だが、ウーは失望を味わうことになる。財産の再分配は、そもそもイギリスがどのようにしてアジアで財を築いたのかという、触れてはならない問題を提起しただけでなく、大英帝国が、中国共産党と戦うために、利敵協力者を必要としていたことを、暴露しかねなかった。自分を糾弾するような真似をするはずが、なかった。

これが、C・L・スーの疑わしい活動に、当局が一体となってストップをかけた背景だったのだろう。日本の占領者は英連邦の財産を掠奪し、それを中国の商人と分配した。香港当局は一九四五年十一月に、スーが日本軍と協力していた情報を入手した。スーは自分の製鉄会社のために、原料を何でも入手できた。調査によると、C・L・スーは軍に納入する缶で、四八八万円相当の契約を日本軍と結んで、日本の降伏時には九七万六〇〇〇円の未収金があったとしている。現金での支払いの代わりに、スーは現物決済に切り替え、物資を手中にした〔闇市でのレートを考えると、未払金の額をはるかに上回る物資を手に入れた〕。

イギリスは新興成金の中国人エリートを満足させることが必要だと認識し、日本の占領軍が所有していた財産の所有権を、彼らに移そうとした。

一九四五年九月に、日本が戦艦ミズーリ艦上で降伏文書に調印した数日後に、D・M・マクドゥーガル准将が、九龍《カオルーン》のペニンシュラ・ホテルで新総督に就任した。

総督は、国民党政府のナン・ブン・イェー将軍の嘆願書への対応を迫られた。イェー将軍は、九龍波止場《カオルーン・ドックス》で日本の書類や物品を検査していた。本来それらの物品は、中国国民党政府に渡されるべきものだった。イギリス人の典型的な寡黙さで、准将は「これはとても複雑なことだ。日本が占領した時は、我々も大量の物資を貯蔵していた。しかしそのほとんどは、日本軍によって使われてしまった。つまり貴使節団と我々はお互いに、それらの物品に対し所有権を持っている。係争物品ということだ」と、説明した。

この中国人の将軍は、香港を支配するだけでなく、戦利品も欲していた。このことが、戦後のアジアにおけるイギリスの役割を、いっそう複雑なものにした。

一九四五年十月に、日本海軍は大量の武器と軍用品、サンチョウ島、ワンサン島、ラ・ツィー・ウェイ島に備蓄していた食糧を、国民党に引き渡した。さらに国民党は海南島で、台湾から石炭を運ぶのに使われていた日本の船一〇隻を、接収した。

イギリスは日本が戦後の香港で中心的な役割を果たすことに、反対できなかった。蔣介石も中国住民も、イギリスから来た解放者を歓迎しなかったからだ。かつて嘲笑された中国人が経済的に豊かになるのを、イギリスはただ受け入れるしかなかった。

日本降伏の後は、かつて日本軍が保有していた物資から欲しいものを、多くの商人がリストにして提出していた。この行為は闇商売の温床となったが、かなりの物資が一部の商売人に渡った。日本軍によって掠奪された精製用電気モーターが、返還されて、広東に輸送された。また、数多くのタンクが、青島《チンタオ》のアルコール工場へ送られた。

日本軍が残した戦利品を、イギリス人と中国人が争奪していた。

白人が集団で香港から脱出し、中国の商人が活用できる位置にいた。イギリスは十九世紀に香港を侵略して以来、これほど不利な立場に陥ったことはなかった。行商人が激増し、かつて白人に属していた品物を、売っていた。

阿部芳光《あべよしみつ》は香港進攻時に第三十八師団の師団長だったが、「占領後、中国人難民が九龍や香港島に市場を開いたが、商品のほとんどが盗品だった」と、述べている。香港の裁判所は一九四六年九月の判決で、この行為を法的に認めざるを得なかった。

ハリー・タルボット博士は「ラム夫人」に対して五点の家具を返してほしいと、要求した。しかし、彼の主張は退けられた。ラム夫人がその品々を購入していたからだった。戦時中に日本が掠奪し、彼女が一九四五年九月に「善意」で買ったものだった。

あるイギリス人女性も、困難に直面した。彼女は戦時中に日本軍が接収した物件の、「登記上の所有者」だった。一九四八年までに、物件は現在の啓徳《カイタツク》空港の一部として、政府に活用されていた。彼女が補償される見込みは、ほとんどなかった。

イギリスが共産主義に気をとられている間に、日本人が香港で復活してきた。降伏して二年もたたないうちに、『ポスト』紙が「日本の復活」を社説で取り上げた。その背景には、助成金、特許盗用、意図的模倣、非情な安売りといった日本「古来のからくり《トリック》」があったと、報じた。

イギリスが日本の復活に抗議したのは、正当なことだった。日本は「原則を守らない、危険な競争相手」だった。戦後間もない頃から、日本は香港の輸入の主要な担い手だった。日本は戦争に負けたが、「白人の優越」やそれに伴うイギリス製品への需要に対して、打撃を与えた。

裁かれなかった利敵協力者もいた

第二次世界大戦では、主としてドイツは他の独立国を侵略、あるいは侵略しようとし、日本は植民地帝国を追い出したか、追い出そうとした。香港の高名な歴史家のG・B・エンダコットは、「この差異が、フランスの愛国者はドイツと戦ったのに、なぜ日本占領下では日本と戦おうとする個人も、組織もまったくなかったのか、説明している」と語る。

香港では一九四六年四月三十日までに、三一人が軍事法廷に引き出された。一人に死刑判決が下され、絞首刑に処された。一九四六年五月一日に、女性一人を含む二九人の利敵協力容疑者が、司法官の前に引き出された。五月一日以降、六人のインド人、七人の白人またはユーラシア人、そして一五人の中国人の計二八人が有罪となった。

学者のヘンリー・レスブリッジによると、フランスでは、三万人から四万人の利敵協力者が、暴徒によって殺された。ところが香港で報告されたのは、数人の日本人と、日本の従者、情報提供者、拷問執行者となった少数の中国人が、リンチされたり、暴行を受けただけだった。しかも、数週間で平静を取り戻した。

実際には、香港の戦争犯罪を裁く裁判は、一九四八年三月三十日に終わっていた。『サウス・チャイナ・モーニング・ポスト』紙によると、二〇人が死刑を宣告され、九〇人が懲役刑を受けた。一九四八年二月に、香港の刑務局長は「現時点で九九人の日本人が、スタンレー収容所に収監されている。五人には判決が下り、死刑が確定している。六六人に禁固刑の判決が下っている」と、発表した。

これと『報道週間』紙の「日本の占領を受けた香港と中国の地域の、少なくとも人口の七五パーセントが、戦争犯罪者とされるべきだ」との見方と比較すると、興味深い。実際に有罪と決まった利敵協力者の一人は、「日本占領下では、香港人の九五パーセントが生活のために、日本に協力して働かなければならなかった。なぜ、我々だけが裁きを受けなければならないのか」と、訴えた。

利敵協力には様々なありようがあった。祖国に忠誠を誓う者を拷問したり殺した者、金儲けのために敵とつながった者、大勢の貧しい人々を、日本のために強制的に働かせた者などだ。裁判にかけられたのは、最初のカテゴリーの者のみだった。このために、心から「親日」だった多くの人が、裁判を免れた。

フィリピンの場合も、日本に協力した罪で裁かれた戦時指導者は、わずか〇・六パーセントにすぎなかった。終戦時に対日協力者に暴行を加える流血の惨事もなかった。追放騒ぎ《パージ》もなかった。

歴史家のデービット・スタインバーグによると、死の行進《デス・マーチ》などに見られる日本軍の残虐行為や、収容所での行為は、フィリピン人の前でアメリカ人を貶めるためのものだった。利敵協力の容疑者の収監や裁判も、疑わしいものだった。容疑はマカオや香港で起こったことと同様に、個人的な復讐のために、利用されたのだった。

香港では司法長官代理ジョージ・ストリックランドが、一九四六年春に「中国当局が狙っている、利敵協力者に帰属する財産を没収するようにとの要求には、同意すべきではない。我々の管轄権の中にある香港の利敵協力者の財産が、没収されるなど、あり得ない」と、述べた。この政策は利敵協力者を守ることに、いっそうの影響力を発揮した。

香港の利敵協力者の裁判

もちろん、利敵協力者や、その容疑者全員が、裁判や復讐を逃れたわけではない。一九四六年二月には、植民地で最初の反逆罪の裁判があった。法廷は傍聴者で溢《あふ》れかえった。スパイ行為と拷問の罪が、ジョージ・ワンの多くの罪状の一部だった。ワンは中国人だが、英語を流暢に話した。彼の弁護士のヒン・シン・ローは、ワンが大英帝国臣民ではなく、中国籍であることを挙げ、一八四一年の「エリオット大尉の判例」を引き合いにして弁護した。

香港では全ての大英帝国臣民が、イギリスの法律の下にあった。しかし、香港島の先住民は、中国の法律、慣習などに従って裁かれた。日本の統治はいずれにしても、イギリス王の主権と王への忠誠に終焉をもたらした。加えて、「忠誠の義務は、保護の義務と一対になっていた。それ故に、国がその領土の一部を、より強い敵から防衛できないならば、国は守ることができなくなった人々に、忠誠心を求めることはできない」と、反論した。

ワンは広東のホイ・ピン生まれで、裁判時は四〇歳だった。一時期北米で暮らし、英語を身につけた。香港には一九三九年に来て、ネーザン通りに自動車の修理屋を開いた。戦端が開かれた数日後の一九四一年十二月十二日に、ワンは日本人と働いていたところを目撃されたという。ワンは、「私は日本の将校を、日本の香港占領の半年前から知っていた」と言ったとされる。

裁判は卓球の試合のような、やりとりの連続だった。ワンは反対尋問で「あなたは、トニー・ヤヌコヴィッチに『これは黄色人種と白人との戦いだ』と、言いませんでしたか」と、質問を受けた。ワンは「記憶にありません。もし言ったとすれば、それは新聞を引用したまでです」と、応酬した。「なぜあなたは、アメリカの新聞に、アメリカ人を憎んでいると、嘘を言ったのですか」との質問には、「新聞の取材には、アメリカから戻ってきたのは、アメリカが嫌いだからでも、アメリカには戻りたくないわけでもない、と言った」と、答えた。

「あなたは『私はカナダで、黄色腹から生まれた細目のガキ《イエロー・ベリード・スリット・アイド・バスタード》、と言われたから、白人が嫌いだ』と、言いましたね」との尋問には、「いいえ、決して言っていません」と、興奮気味に反論した。

ワンは、「私の弁護士は、『占領下では、中国人はイギリスに忠誠心などまったくなかった』

という陳述書を提出したが、それは私の見解とは異なる。占領期間の私の見解は、中国人は中国の政府に忠誠を誓うべきだというものだ。私は中国人として、中国政府に忠誠を誓っていた。私は中国に所属し、中国と中国の同盟国のために行動した」と、語った。

しかし他の証言者は、ワンの発言に同意しなかった。証言者の一人は、「違います、彼はいつも『日本は無敵だ』と自慢していました」と、述べた。他の証言者は、ワンが「日本はオーストラリア生まれの中国人か、オーストラリアをよく知る者の一団と、オーストラリアに進攻する」と語っていたと、述べた。

グリース・ラウは、「ワンは、『ユーラシア人』を連れて、彼女の家に尋問に来た」と証言した。ラウはさらに「ワンの計画は日本を誘導する一団をつくることだと説明し、それにはオーストラリア生まれの者が最善だと言った」と、述べた。

ワンに死刑判決が下され、処刑された。涙にくれた妻のヨーク・シムは、夫の亡骸《なきがら》を自分の手で埋葬できないかと尋ねた。

『ポスト』紙は「植民地で初めて、反逆罪で絞首刑となった事例」と報じた。

その日系人利敵協力者は「ビンタ狂《スラップ・ハッピー》」と呼ばれた

ツィ・クォク・チンも、似た運命をたどった。戦前は、タイクー砂糖精製所の事務員をしていて、予備警察隊の巡査長だった。彼は大英帝国臣民ではなかったが、二二年間、植民地に住んでいた。彼は拷問の罪に問われた。

最も軽蔑《ディスパイズド》され罵倒《リヴァイルド》された利敵協力者は、ジョージ・ワンのような北米で一時を過ごしたアジア人だった。「ビンタ狂《スラップ・ハッピー》」と異名を取った井上《いのうえ》カナオや、一九一六年に西カナダで生まれた「カムループス・キッズ」と呼ばれた男が、この典型だった〔カムループスは、カナダのブリティッシュ・コロンビア州南部の都市〕。

「カムループス・キッズ」は日系人だったが、一九二六年に父祖の地の日本を訪れた。またカナダに渡り、さらに日本へ戻った。太平洋を往復した渡り鳥だった。一九三六年に、満州で「徴兵」された。日本の旅券を取得した。

ブリティッシュ・コロンビアのカムループスは、日本人にとって決して快適な場所ではなかった。それが、彼が太平洋を行き来した理由だった。当地には強硬な「反モンゴル協会《アンチ・モンゴリアン・アソシエーション》」があり、アジア人と日本人の移民を阻《はば》んでいた。「通常は、政府がアジア人の雇用を拒否していた」が、例外が発生すると、地元協会員が速やかに抗議し、アジア人は職を失った。日本の移民は、一八九五年にブリティッシュ・コロンビアで特権を失ったが、一九〇五年の日露戦争の大勝利の後に、残虐な反日暴動が起こり、パニックが広がった。

井上は「大日本帝国臣民であるから、あるいはその国籍を捨てなかったからという理由によって、忠誠を誓っていない国の政府によって、反逆の重罪で裁かれる理由はまったくない。『白人の末裔のみ』という政策は、政府が非白人に忠誠を求めていないことを意味する」と、訴えた。

香港の最高裁は「彼は法律的には日本国民ではない。彼は香港市民として、香港に来た。そして進んで日本の憲兵隊支部のために働き、残虐行為を行なった」と判断し、彼に二八の反逆罪を科した。ほとんどが「尋問」の際に犯した罪で、多くの収容者が「彼は英語の通訳をしばしば中断し、殴った」と証言したことが、それを裏付けた。

「ノー」と、井上は言った。井上の英語の文法と筆記の能力は、彼を告発している検察官よりもはるかに優れていた。「私は民間人通訳でした」と、井上は日本軍の防諜部門に関わっていたことを認めたが、非道なことをしたことを否定した。

「私はカナダ人として扱われて、尊重されたことはなかった。ブリティッシュ・コロンビアでは選挙権もなかった。また、公職に就くことも許されなかった。これは人種差別だ。私はカナダ人に対して、憤っている」と、付け加えた。

彼はカナダでの扱いと、日本での体験を対比して語った。「もしも、二世がアメリカやカナダの国籍をもっていると、日本に帰った時に変な顔をされる。しかし、日本で国籍登録をした後は、違う」と、彼は言った。「私が日本に戻ったときには、まるでずっと日本に住んでいたかのように扱ってもらった」と、回想した。

一方、「ビンタ狂」が、収容者たちの記憶に反論するのは、難しかった。

ケベック出身のルシアン・ブルネットは、「ウィニペグ〔カナダのマニトバ州の州都〕のノリス大尉が、〝ピンタ狂〟と言い争ったことがあった。〝ピンタ狂〟は、ノリスに平手打ちを食らわせたうえで、顎《あご》を殴った。アトキンソンがなかに入って止めようとすると、アトキンソンの脚を蹴った。井上はひどい奴だった」と、回想した。

このような証言は、「無実の罪」と言い張る井上にとって、致命傷となった。当初井上についた弁護士は、井上がカナダ市民だといって逃れようとした。井上は弁解しようともがいたことによって、国家反逆罪に問われる危機を招いた。

井上は、逆に大英帝国臣民を戦争犯罪法廷で裁くことが正当か質《ただ》した。しかし、井上がときどき「天皇陛下万歳《ロングリブ・ジ・エンペラー》」と叫んだことが、香港での振る舞いを見逃すことにならなかった。

井上を起訴するのに当たって、いくつかの問題があった。香港最高裁判所の判事は、「判事の幾人かが中国人で、英語を話せても、母国語ではない言語で法律論議についていくのは、容易ではなかったろう」と、記している。裁判では取上げられなかったが、当局は井上の「大英帝国臣民でない者は、国家反逆罪には問われない」という主張を、重く受け止めた。

一九四五年十月に、ロンドンへ送られた極秘文書は、「大英帝国臣民でない住民を提訴できるのか。一九四一年十二月の日本による香港占領まで、香港で王室の保護のもとで、暴虐行為を働いたのは、誰であったか」検証した。

この本質的な問いかけが考慮されることなく、井上に一九四七年八月二十六日に絞首刑判決が下された。

判事の一人はこうした「戦争犯罪者」は、「黒人か、邪悪な人種に属している」と、うそぶいた。

日系人元死刑囚、川北《かわきた》は蛮行をはたらいたのか

人種差別の地獄へ堕《お》とされたのは、井上だけではなかった。北米で生まれたアジア人で、利敵協力者として告発された者は、井上だけではない。

ロサンゼルス出身の退役軍人のウィリアム・L・ブライスは、バターン『死の行進《デス・マーチ》』〈欧米で日本軍が、捕虜を過酷な環境で行軍させた『残虐行為』と批判があるが、捕虜に荷物すら持たせず、日本将兵は重装備をつけて共に行軍をした〉と、コレヒドール島〈一九四二年五月に日本軍が米軍から奪った〉の激戦の生存者だった。

ブライスは一九四六年の秋のある日、地元にあるデパート「シアーズ」で、ウィンドウショッピングをしていた。その時、一人の男の姿を見かけて、震え上がった。川北友弥《かわきたともや》だった。

川北は一九四七年に、カリフォルニア州南部地方裁判所において、反逆罪で起訴された。川北は一九二一年に、カリフォルニア州カレクシコに、日本人を両親として生まれた。一九三九年に米国の旅券で来日して、明治大学に入学した。一九四三年まで日本の会社に通訳として雇用されていたが、戦後、アメリカに戻った。

川北は起訴され、有罪となった。一九五二年に最高裁判所で死刑と、一万ドルの罰金が確定した。しかし、ソ連の脅威によって日本とアメリカの関係が改善されると、アイゼンハワー大統領が、川北を無期懲役に減刑した。そして一九六三年に、ジョン・F・ケネディー大統領が彼を釈放し、日本へ強制送還した。

川北のカレクシコでの人生は、波乱万丈だった。「私はサッカーとバスケットボールをやっていた。大学四年の時は、体育会のアシスタントマネージャーだった。スポーツに打ち込んでいた」と、回想した。

川北は、「反国家活動に携わったとされた期間は、日本国籍だった。だから、アメリカに対する反逆罪として告発されるなど、ありえない」と、強調した。確かに、日本にいた時は、「重要人物」で、後に首相を務めた三木武夫《みきたけお》のもとに身を寄せていた。

それに、川北は反逆者として訓練を受けたこともなかった。戦争中に反逆行為を一切していないとの確信から、アメリカに戻ったのであって、もし告発されるようなことをしていたなら、カリフォルニアに戻って、南カリフォルニア大学に入学することなど、どうしてできただろうか。

確かに、川北は何人かの「イギリス人とカナダ人」に、平手打ちを食らわしたかもしれないが、国家反逆罪に値するだろうか。

川北の弁護士のモーリス・ラビンは、〝法廷の虎〟よろしく、「裁判長、私が問い質したいのは、陪審員に日系アメリカ人がいたかどうかであります」と、噛みついた。答えがノーなら、事件は偏向に基づき、冤罪《えんざい》で起訴されたかもしれない。裁判長はラビンの申立てが、「本質的に重要ではない」といって、棄却した。だが、ラビンは譲らなかった。「私はそうは思いません。私の見解は異なります」と、反論した。裁判長は「この七年間、日系人が陪審員席についたことはない」と述べて、斥《しりぞ》けた。

日系アメリカ人に対する排斥政策という「白人の優越」は、親日とされる人々に闘争の場を提供した。

川北もこの裁判の間、戦時中に「ビンタ狂」だったとして、起訴された。

内容は、「トーマス・J・オコーナーに対して、棒や拳による制裁を与え、水たまりに倒したり、汚水槽に何度も突き落としたりした。また、アレキサンダー・ホリックには、さっさと仕事をするように、木刀やクラブで殴った。また、病気で熱を出しているマーカス・A・ラエルを、仕事をしないといって、殴った。ウッドロー・T・シャッファーには、膝の内側に竹刀を挟んで、甲板に数時間もひざまずかせたり、さらに頭上に水の入ったバケツを掲げさせたりするといった、非人間的な懲罰を加えた」と、いうものだった。

マスエト・ナサトは、イタリア生まれのアメリカ人軍曹だった。一九二六年にアメリカに来た。バターン『死の行進』を経験し、大江山収容所に移送された。彼は「カワキタは、紳士ではなかった」と、述べた。「カワキタは他の誰よりも、私を弄《もてあそ》んだ。『日本がどうやって戦争に勝つか、言ってみろ』と言って、私を激怒させた。カワキタは言葉も汚かった」。それでも、川北が彼や、他の者を不当に扱ったことはなかったと、述べた。

マーカス・A・ラエルは、同意しなかった。川北がスペイン語を話せることを知らなかったので、川北と会ったときに、「四つ目の魔女の息子がやって来た」と、スペイン語で言ったところ、ビンタを食らわされ、さらに頭を棒で叩かれたと、回想した。

モーリー・リッチも捕虜だった。川北は収容者に対して「サンフランシスコが空爆された。おまえらが戦争に勝とうが負けようが、全て殺す」と、言ったというのだ。また川北は、収容者同士が互いに思いっきり殴り合うことを、強要したりした。誰かが手心を加えると、手心を加えられた者と、手心を加えた者数人を順番に、雪の積もった地面に殴り倒し、暴行を続けるように強要した。いつも一時間ほど続いた。

ジェームス・T・フィリップスともう一人の収容者は、川北が「日本は、たとえ一〇〇年かかっても戦争に勝つ」と言っていたのを、覚えていた。川北が「日本人はアメリカ人より、はるかに優秀だ。もし、日本の将校がアメリカ軍を指揮したら、世界を制覇できる」というのも、聞いた。

ウッドロー・T・シャッファーに言わせると、川北は収容者を殴って汚水槽のなかに倒し、顔だけ出した状態になると、棒で顔が汚水につくように殴った。

川北は身長約一六五センチ、体重約六五キロで、眼鏡をかけスーツにネクタイ姿で、被告席に静かに座っていた。残酷な容疑が次々と、彼にかけられた。川北は高いほお骨と、広い肩、少し背中を曲げて、運命が決まるのを待った。

興味深いことに、川北が戦時中の同僚に語りかけた内容は、全て高校時代の想い出だった。フジサワ・メイジは、川北をカリフォルニアで知っていた。フジサワも川北のように、日本にやって来て、通訳の仕事を紹介された。フジサワは川北の裁判では、まったく助けにならなかった。通訳が「川北は収容者の扱いを間違っていたと、日本人の仲間から聞いた」と、フジサワの発言を訳し、さらに「川北が二・五フィート（七五センチ）ほどの木刀を、持ち歩くのを見た」と言った時には、川北は落胆したことだろう。刀は大日本帝国の象徴だった。マール・チャンドラーは頷《うなず》いて、「日本軍の将校の軍刀を模していた」と、語った。

判決の時を迎えた。裁判官は不快そうに、次のように宣告した。

「被告が様々な方法で暴行したことは、この者のあだ名が最もよく物語っている。『効率の専門家』、『帝国の建設人』といったあだ名は、アメリカ人捕虜がつけたものだ。被告は日本が戦争に勝つことを、切望していた。日本が勝つと、信じていた。同時に、敗戦を恐れていた。もし日本が勝ったなら、被告はアメリカに戻るつもりだった。被告は戦時中に、アメリカ人捕虜たちにそう自慢していた。アメリカで語学と人脈を活かし、大物《ビッグ・ショット》になるつもりだった」

裁判を受けた多くの日系アメリカ人たち

一線を越えたとして非難された日系アメリカ人は、川北一人ではなかった。

アイバ戸栗《とぐり》は一九一六年に、アメリカの「独立記念日」にあたる七月四日に、ロサンゼルスの黒人街ワッツに生まれ、UCLA〔カリフォルニア大学ロサンゼルス校〕を卒業した。半年の予定で来日したが、その間に戦争が始まり、東京で働くことになった。彼女の日本語が流暢ではなかったことが、事を複雑にした。証拠不十分のまま、彼女は悪名高い『東京ローズ』〔戦時中に、NHK海外向け英語放送を担当し、米軍兵士に望郷の念を起こさせるなどした女性アナウンサー〕として、告発された。〝東京ローズ〟は魅惑的なラジオ放送によって、兵士を含め、アメリカ国民の士気をくじいたとされた。東京放送には、二七人もの日系アメリカ人の「ラジオガールズ」がいたとされる。

裁判は一二名全員が白人陪審員のもとで行なわれ、彼女の運命が決まった〔国家反逆罪で禁錮一〇年、アメリカ市民権剝奪。六年二カ月の服役後、模範囚として釈放〕。

イシハラ・イサムは、三六歳の日本側通訳だった。一二〇〇人が収容されている中国の捕虜収容所で、任務を遂行した。ハワイで教育を受け、水と電気を使った拷問を得意とした。また、食事を充分に与えず、タバコや食糧を没収するなどした。イシハラも有罪判決を逃れることができなかった。

戦後、香港で逮捕されたインド人

スバス・チャンドラ・ボースとＩＮＡ（インド国民軍）の存在もあって、戦後、香港在住のインド人は監視され、反逆罪裁判の主要な被告候補者だった。多くが被告席についたわけではないが、ワドマル・チャトゥラニは、容疑者とされた一人だった。

彼は一九二五年から神戸で貿易商をしていたが、一九四一年の十一月二十七日に、商用で神戸から香港を訪れて、戦争で日本に帰れなくなった。インド人なので、香港でシーク教徒の寺院に寝泊まりして、商売を始めた。本人が言うには戦時中は、「脅迫の下で」占領軍に通訳・翻訳者として働かされた。彼はイギリス旅券の所持者で、敵に協力したとして告訴された。

チャトゥラニは六一歳だったが、インドのハイデラバードとシンドの出身で、流暢な日本語を話した。証言によると、「チャトゥラニは、いつも日本の新聞を持っていた。彼の妻は日本人で、娘の着物姿の写真を見せてくれた」。

チャトゥラニは同郷の仲間で、ジャーナリストだったファキア・モハメド・アークリと同様に、敵に協力した罪に問われた。アークリも日本語、英語、中国語、インドの方言に加えて、多くの言語を話した。四一歳だったが、懲役三年の刑を言い渡された。

モハメド・ヤスフ・サーは一九三五年から香港警察と行動していたが、一九四五年に反逆罪で七年の労役を課せられた。

植民地支配の原則では、先住民を警察官のような微妙な地位に就けてはならないことになっていた。そこで、香港警察はインド人と協力した。この原則が誤っていたのを認識したのは、多くのインド人がインド国民軍に参加した時だった。戦後、この教訓から、インド人が追放され、多くの中国人が雇われた。

しかし、香港のインド人警察官だけが、インド国民軍に参加したわけではなかった。香港では少なくとも五人が利敵協力のかどによって、連合国軍に逮捕された。そのうちの一人は、「日本の憲兵の手先」だった。

しかし、逮捕されて収監された者は比較的少なかった。インドが独立への困難な道程にあったことだけが、理由ではなかった。イギリスはこの巨大な人口をもつ人々を、これ以上疎外することに躊躇していた。イギリスで反逆者として見られたインド国民軍を、カルカッタでは英雄としていた。

日本の降伏から一年がたつ頃、インド人の地域共同体は当局から登録を求められたが、法務官が確認したところでは、この規則が適用された地域はどこにも存在しなかった。インドでなくとも人種、宗教、社会階層《カースト》などを明確にすることは軋轢《あつれき》を伴うが、そのことが法務官に「大きな憂慮」を感じさせたのではなく、「日本に協力したインド人も、契約か雇用を与えられた。あるいは、自由に出入りすることができた。インド人の大部分とマレーシア人は日本に忠実だったが、雇用を確保されていた」。

利敵協力者の裁判でも「白人の優越」は有効だった

「白人の優越」という単純な構図の中で、ひとつの例外は反共主義の白ロシア人が、親日だったことだった。日本が占領したアジア全域で、日本人に忠実だという評判を得ていた。香港でも例外ではなかった。一方、戦後の香港での彼らの扱いは、「白人の優越」教義の有効性が継続することを、示していた。彼らは車に乗り、裕福に暮らしていたが、イギリス人による監視対象とはならなかった。

アイルランド人の利敵協力者もいた。彼らが故郷でのイギリスによる統治を嫌うのは、もっともなことだった。アイルランド人の中で「白人の優越」の恩恵を受けていなかったと、感じる者もいた。そのうちの一人が、フランク・ヘンリー・ジョンソンだった。

彼は中国で、日本軍のラジオ放送を担当していた。彼のそれまでの人生は、不幸の連続だった。フロリダに住んでいる時には、窃盗で有罪になった。後に女優になるデローリス・デル・リオから、宝石を盗んだとされたのだ。彼はアイルランドに送還されたが、どういうわけかまたアメリカに戻された。また、強盗で有罪となり、今度はアジアに船乗りとして送られた。そして一九四七年には、利敵協力で懲役一〇年を科せられた。

彼の苦難は、戦後も続いた。「白人の優越」は、いまだ絶滅してはいなかった。彼が上海からイギリスへ帰還を願い出ると、中国当局は、「中国の牢獄は、白人に適さない。食事は完全に中華料理だ。白ロシア人も、同様に扱った」と、主張した。もちろん、中国人の囚人は、そのように厚遇されていなかった。

W・J・キャロルは、アイルランド人を両親に持つ大英帝国の臣民だったが、裁判にかけられた。極秘情報によると、その理由はひとつには世論を考慮してのことだった。反逆罪で起訴されたのが、中国人やインド人ばかりで、アジア人ではない大英帝国臣民は、お咎《とが》めなしの状況だったからだ。

キャロルが「白人の子孫」であるかどうかは疑わしかったが、日本のブローカーとして化学製品や、金属製品を買いつけていたことは事実だった。後に海軍のために買いつけをする日本企業の、九龍《カオルーン》支店長ともなった。一九二七年から一九三〇年まで、香港の聖ヨセフ大学に学んだ。キャロルにとって屈辱的だったのは、日本人との混血と見做されたことだった。彼は「たいへん悔しい。私は出生証明を、証拠として持っている。母はキューバのサンチャゴで生まれた」と、語った。

キャロルは比較的軽い、六カ月の懲役ですんだ。

セシル・ブーン少佐も利敵協力者だった。この香港の元捕虜は、日本側と即座に折り合った。日本式に髪を短く刈り、ズボンの外にシャツを出して着ていた。日本の命令者には、自分に日本語で話すよう要求した。利敵協力者の裁判に人種差別があると疑われたのは、ブーン少佐が全ての訴因について、有罪を免れた時だった。

戦時中に親日の『香港ニュース』の編集者だったC・M・フォーレは、違った運命をたどった。一九三〇年に広東で、大英海軍の砲艦の艦長をしていた。中国人暴徒が「白人居住区」を襲った時、群衆に向けて艦砲射撃を加えたので、解任された。このことで過激な反体制派《アンチ・エスタブリッシュメント》となり、最終的には反英主義者《アンチ・ブリティッシュ》となった。保守派からは村八分にされ、友人もなくした。香港に帰り、そこの「先住民」となって、社会の底辺の中国人スラム街で暮らした。政治的には、周りから左派に転じたと思われるほど、日本の人種平等の訴えに賛同した。

元収容者の男は、「フォーの共産主義への傾倒と、戦前、中国の貿易組合にアドバイスをしていた時の闘争性は、受け入れ難かった。彼は反国家と言わないまでも、白人に対する裏切り者と見做された」と、述べた。

ジョン・デビッド・プロヴーも、「日本魂」を持つ「アメリカ人」だと言われた。日本語を流暢に話し、戦前は日本で英語教師をしていたが、裏切り者として裁判にかけられた。

酷い扱いを受けたのは、混血であるユーラシア人だった。彼らは日本の戦争に協力し、罰せられた。D・W・ルークはユーラシア人として初めて、日本の公務員になった。ウィリアム・チャンも、そうした混血の一人だった。カーン・モハメッドの別名でも知られ、中国人の血が半分入っている黒人で、自分ではインド人と称していた。

ジョセフ・ジェームス・リチャーズは、典型的なユーラシア人で、重大な反逆罪に問われていた。戦前、日本領事館のために「タレこみ屋《インフォーマー》」として働き、日本が香港を占領した時は、

『香港ニュース』で親日の記事を担当していた。母親が日本人で、父親がイギリス人であることが明らかだったにもかかわらず、イギリスから配慮されることはなかった。反面、日本側は彼の仕事を評価していた。

東京戦犯法廷は人種差別的だった

もっとも主要な戦犯裁判は香港ではなく、東京で開かれた極東国際軍事裁判〔＝東京裁判〕だった。しかし、東京裁判はヨーロッパで行なわれた裁判と、まったく違うものだった。コシロ・ユキコは、述べている。

「東京戦犯法廷は、法概念、人員、歴史認識において、白人至上主義であり、また一部の研究者が言うように、人種差別的なものであった」

オランダのB・V・A・レーリングは、この重要な裁判における一一人の判事の一人だった。彼は、「人種差別が、太平洋戦争が勃発した一因だった」と、断定している。

東京裁判ではニュールンベルグよりも四人多い、一一人の判事によって裁判が行なわれ、また被告も二八人と、ニュールンベルグよりも五人も多かった。だが、これだけが二つの裁判における違いではない。

コシロは「ヒトラーを弁護する者は、誰もいなかった。不可能だったからだ。ユダヤ人とジプシーを大虐殺《ジェノサイド》した男の弁護など、できない。

日本はまったく違った。日本人はアジアにおける日本の行為を弁護した。日本はアジアを解放して、世界を変えたのだ。この点において、日本は正しかった。東京裁判はきわめて複雑だ。ニュールンベルグ裁判は、ヨーロッパ大陸を支配するための明確な侵略だったと決めつけることができたが、東京裁判はそうはいかなかった」と、述べた。

レーリング判事は、首相や閣僚経験者を含む多くの日本人指導者を観察した。レーリングは驚くほど同情的に、「四半世紀もたたぬうちに、国連はまったく逆のことをした」と、述べた。国連が植民地支配を糾弾したという、意味だ。

アメリカはニュールンベルグより、東京裁判を真剣に扱った。ヘンリー・スチムソン陸軍長官は東京裁判の審判《ヴァーディクト》が、アメリカにおける不当な黒人の扱いに適用されることを、恐れていた。

私はレーリング判事の見解に全て賛成するわけではないが、その見解が「心から植民地支配を憎んだ」インドの判事によって支持されたことは、特筆に値する。

インドのパル判事は、数百年前にアジアを侵略し、植民地とした白人が、アジア人に対して行なってきたことを、強く憤っていた。日本が欧米による植民地支配からアジアを解放し、アジア人のためのアジアを建設するというスローガンは、彼の琴線に触れた。彼は日本軍とともにイギリスと戦ったインド国民軍を、支持していたこともあった。

ラダビノード・パル判事は、法廷に入ると、被告席に向かって恭《うやうや》しく頭を下げて敬礼した。彼にとって被告たちは、アジア解放を実現した者たちだった。他方、この戦争では、最大で二〇〇〇万人のアジア人が、命を失ったとされている。

人種差別の軟化は容易ではない

戦後、昭和天皇は、「太平洋戦争の原因として、人種問題があった。列強は、第一次大戦後のパリ講和会議で、日本代表が訴えた『人種平等提案』を、却下した。その結果、カリフォルニアへの移民拒否や、オーストラリアの『白豪』主義にみられるように、世界中で有色人種に対する差別が続いた。日本人が憤慨した充分な根拠がある」と、述べた。

戦争が終わる前に、香港の植民地当局は、はやくも「白人の優越」の悪質な部分を除く動きをはじめていた。

「植民地当局は、戦争中に秘密計画を準備していた。香港では戦後、人種差別は法的かどうかにかかわらず、一切排除しようという内容だった。全公務員について、広東語ができることを条件とした」

一九四五年十一月までに、中国人が戦前では考えられなかったような責任を付与され、行政や民間の管理職に就いた。日本による占領の後には、新たな平等という感覚が広がった。ロンドンでは植民地長官が、人種差別の時代は終わったと、宣言した。香港では総督が不平等の終焉を宣言し、中国人がヴィクトリア・ピークに住むことを禁止する法律が廃止された。

この人種の立場の逆転が容易にもたらされたと考えるのは、単純すぎる。シンガポールでは、戦後も行政や民生部門の雇用に関して、人種差別が当然のごとく続いた。唯一の違いは、肌の色が規則に明記されず、面接で分けられたことだった。戦後は人種差別に立つ植民地主義が受け入れられないものと、認識された。だが、植民地は経済的にも、宗主国に依存していた。政策を変えたにもかかわらず、多くの問題が残った。

この震動は、太平洋地域、いや地球規模で起こった激変のほんの一端だった。カナダでも第二次世界大戦後に、状況が変わった。中国人に対する人種差別が、目に見えて弱まった。アメリカも同様だった。

第二次世界大戦は、アジア人排斥に風穴を開けた。日本は戦時中の宣伝で、アジア人排斥を非難して大成功を収めた。アメリカ議会は同盟諸国の国民も差別していたが、改革が必要だと感じた。議会は初めて中国人の帰化を承認した。議会は一九四六年夏に、フィリピン人とインド人に対しても帰化の権利を拡大した。二十世紀初頭には、「ジャップ」と同様に嘲《あざけ》られていた中国人は、帰化に殺到した。

ある海軍退役将校が議会委員会で、「戦時中、中国人排除法は日本軍の『二十個師団』に相当した」と、証言した。議会は「中国人排除法は、白人を傷つける法に相当する。それができなければ、全アジアが日本につくだろう。そうなれば、戦争は一年や五年ではなく、何世代にもわたって続こう」と、警告した。

列強が軟化したのは、それだけではなかった。大英帝国は一九四三年十一月十日に、有害なアヘン貿易から手を引いた。

もちろん、大英帝国が一八〇度、政策を転換したわけではなかった。一九四八年七月に『ウィンドラッシュ』号が、四九二人のジャマイカ人を乗せて、英国に到着した。これは戦後最初の大規模な流入だったものの、大英帝国の植民地からやってきたのにもかかわらず、歓迎されなかった。

『労働党』紙の記者でさえ、彼らの背後にスターリンの影を見た。「この四〇〇人の流入は、今後二〇年間、われわれのなかに『有色人種問題』を発生させようとして、ロシアが糸を操っているのが、見えないか」と、書いた。

これでは、戦前からの姿勢と、なんら変わらなかった。「トッテナム〈ロンドン北方の旧自治都市〉のために、保守党議員を！」というスローガンは、ドイツのユダヤ人がイギリスにいる時よりも、収容所にいた時のほうが幸せだったというのと、変わらなかった。移民局は一九三〇年代に、ユダヤ人をナチス・ドイツへ送還した。

オーストラリアの場合は、少しマシだった。ジーン・ギティンズは、香港生まれのユーラシア人だった。戦後にオーストラリアに移民してきてすぐに、中国人に対する「恐怖《フォビア》」があることを感じた。それは、「有色人から白人は生まれない」という悪名高い格言に、象徴されていた。彼女は移民局員から、中国人か尋ねられた。「半分中国人だ」と答えたところ、役人が

「少し中国人の割合を減らせるか」と、言った。彼女は「外見が全てのようね」と、ため息をついた。

こうしたことは、よろめきつつも存続していた大英帝国の未来を示すものだった。戦争が終わる前の一九四五年七月に、香港で抵抗運動をしていたリンゼイ・ライドは、植民地局とやりあった。彼は戦後、空席となる地位の雇用申請書を、携えていた。そして、「この申請書に白人の血統条項がある」と指して、「これは、中国人を閉めだすという意味か。この職に適した優秀な中国人がいる。フランシス・リーは、香港大学で私の秘書をしているが」と、探りを入れた。

その他の改革は、「純血の白人」の優越に挑戦しなかったので、容易に受け入れられた。一九四六年に、植民地官僚がラジオ放送で、香港の中国人に語りかけるようになった。ライドは「香港と九龍に、少なくともひとつは原住民のための図書館を設けて、新界《ニュー・テリトリー》の全地域に、移動図書館を整備すべきだ」と、求めた。「この仕組みは、北ナイジェリア、トリニダード、ジャマイカなどで、大きな成功を収めている」と、語った。

平等への段階的改革を多くの白人は歓迎しない

はじめてブリティッシュ・カウンシル〔英国政府により設立された公的な国際文化交流機関〕が、情報を中国語の新聞と雑誌で流すことになった。

この措置は、植民地主義そのものが攻撃の対象になっていた時に、重要な位置づけがなされた。職員の給料が見直され、増額された。特に翻訳者は、高給だった。その存在なくして、植民地支配者は耳も口もなく、任務を遂行できなかった。

イギリスに対する懐疑的な姿勢が、戦後、香港で自衛軍を再編しようとする者の間で、はっきりと現われた。一九四六年十二月に行なわれた会議では、自衛軍の構成が主要な議題となった。主要な五つの共同体が、対象となった。イギリス人（スコットランド人を除く）、スコットランド人、ポルトガル人、ユーラシア人、中国人だった。議論の一方では人種によって分けることなく、混成の部隊にすべきだといい、他方で、以前のように人種ごとに部隊を結成するのが望ましいとした。

これは、かつてのように白人を上に置く人種差別政策が勝利するか、新しい道が取られるかの選択だった。

結論は、両方の要素を取り入れることになった。委員会は技術、本部、戦闘車輛大隊は、人種の区別なく編成する解決策に達した。歩兵はイギリス人、スコットランド人、ポルトガル人、ユーラシアン、中国人によって編成された。人種差別への批判をかわし、軍隊の人種差別体質を改善するための合意だったが、会議に人口の九五パーセントを占めていた中国人は、参加していなかった。

多くの白人が平等への段階的改革を、歓迎しなかった。一九四八年初頭に、白人公務員の諮問会は、低賃金についての不満を取り上げた。とりわけ中国人の賃金が、白人より大きな比率で低く配分されていることが、問題となった。白人幹部は便所を区別していないことなども、問題にした。「以前は一階の北の端にあった白人幹部用便所が、中国人によって使われている。入口に『幹部専用』と表示はあるが、乳母なども使っている」と、憤った。局長は非白人職員にその便所を使わないように、指示した。つまり、戦前の人種による差別は、戦後は地位や職種による差別によって、正当化された。

大英帝国は人種差別によって、成り立っていた。理由の大小を問わず、抜本的な改革は、容易ではなかった。クリーチ・ジョーンズは一九四七年に、イギリスのダウニング街から「アメリカは人種問題と取り組んでいるが、私には植民地から即座に全ての差別的な法律を排除せよと、とても言えない。変化を急ぐと、それが全体にどう影響するか、判断できない」と問題を提起した。

その議論は九年たっても、続いた。香港の刑務所では、人種によって待遇に違いがあった。マチルダ病院は、白人専用だった。クリフォード・マシューズ医師は、日本の侵略から香港を守るために戦ったユーラシア人で、収容経験もあった。だがマチルダ病院から利用を拒まれ、「ユーラシア人だったため、白人専用の病院には入れず、屈辱だった」と、語った。戦後しばらくは、香港のクリケットクラブにも入れなかった。

一九五六年の時点でも、ダン・ウォータースは香港では「混血結婚《ミックスド・マリッジ》」が不快視されていると思った。彼の中国人の妻は一九五六年に大学を卒業し、香港銀行に就職しようとしたが、採用されなかった。理由は、中国人は清掃員のみと、決められていたからだった。

それでも香港は大英帝国の他の地域より、よかった。アフリカでは人種差別は「宿命」のようなもので、ケニアでは反乱戦争を引き起こした。

アフリカ以外の植民地では、少しは状況がよかった。北ボルネオの先住民統治機構は、先住民の村人が、犯罪者を匿《かくま》った場合に、集団制裁を加える権限を与えていた。ギルバート島とエリック島では非白人の従業員が、夜間に自分の区域の外へ出ることや、白人や先住民の地区に立ち入ることを、犯罪としていた。

太平洋戦争は大英帝国内で、「白人の優越」を弱めて、英連邦は自由連邦となっているが、それでも人種差別が今日でも根強く残っている。

訳者によるあとがき

本書には、終章に続いてエピローグがあるが、紙数の都合から割愛した。その中で日本に関する部分があるので、訳出したい。

「日本は敗戦にともない、アジアの占領地から撤退した。西側では、アジアの人々が日本軍の占領から解放されて、喜んだと信じられている。

ところが、二十一世紀が明けると、アジアにおいて日本ブームが起こった。特に若者が、日本の音楽、映画、テレビ番組、アニメ、ファッション、日本食をはじめとして、あらゆるもののファンになった。

なかでも、韓国は反日感情が激しいといわれるにもかかわらず、大学生たちのたまり場として、日本風の店が、アメリカのファスト・フード店や、西洋式のコーヒーショップにとって代わっている。

日本のロックやジャズバンドは、韓国のグループより高い人気があり、テレビ番組は昼メロから、娯楽番組、ドラマまで、日本の番組をそっくり模倣している。

香港の新聞売場は、日本のファッションや、コミック雑誌はいつも品薄だ。日本のテレビドラマが、軒並み高視聴率を獲得している。過去五年で、アジアの日本語学習者が、二九パーセントも増えた。

国民党の李登輝元台湾総統は、日本の大学で学び、日本語が流暢だ。青年期は中国人より日本人として自覚していたと述べた。

二〇〇〇年から米中間で緊張が高まり、中国系アメリカ人がかつての日系アメリカ人のように警戒されるようになった。香港の評論家のフランク・チンは、台湾系アメリカ人の科学者ウエン・ホー・リーが、核関連の極秘情報を中国に流したと、濡れ衣を着せられた事例を挙げている。

米中関係の悪化は、中国系アメリカ人に、暗い影を落とした。アメリカ人は中国人と中国系アメリカ人を区別できないからだ。戦時中に日系アメリカ人を嘲笑った『分厚い眼鏡、出っ歯で、アジア訛りの英語』を話す風刺画《カリカチユア》は、中国系アメリカ人ネタにすり替わった」

『ロンドン・タイムズ』『フィナンシャル・タイムズ』『ニューヨーク・タイムズ』各紙の東京支局長を歴任した、イギリスの大記者であるヘンリー・スコット・ストークス氏が、『連合国戦勝史観の虚妄』（拙訳、祥伝社新書、二〇一三年）のなかで、日本が先の大戦によって、西洋の支配からアジアを解放し、また、日本軍の勝利が大英帝国に与えた衝撃が、いかに大きなものだったか、つぎのように述べている。

「日本は欧米のアジアの植民地を占領し、日本の将兵が宣教師のような使命感に駆《か》られて、アジア諸民族を独立へ導いた。

日本はアジア諸民族に、民族平等というまったく新しい概念を示して、あっという間に、その目標を実現させた。植民地支配という動機とは、まったく異なっていた。日本はアジア諸民族が独立することを、切望していた。

これは、まぎれもない事実だ。アジアの諸民族にも、独立への期待が強くあった。西洋人はこうしたまったく新しい観点から、世界史を見直す必要がある。

西洋人はこうした史観を持っていないし、受け入れていない。

「日本軍は、大英帝国を崩壊させた。イギリス国民の誰一人として、そのようなことが現実に起ころうなどとは、夢にも思っていなかった。それが現実であると知った時の衝撃と、屈辱は察して余りある。

ヒトラーがヨーロッパ諸国を席巻して、大ゲルマン民族の国家を打ち立てようとしたことも、衝撃的だったが、それでも、ヒトラーは白人のキリスト教徒だった。われわれは自分たちと、比較できた。

しかし、唯一の文明世界であるはずの白人世界で、最大の栄華を極めていた大英帝国が、有色人種に滅ぼされるなど、思考の範囲を超えている。理性によって理解することのできない出来事だった。『猿の惑星』という映画があったが、まさにそれが現実となったような衝撃だった。誰一人として、『猿の惑星』が現実になるとは、思っていまい。映画の世界のことで、想像上の出来事だと思っている。

人間――西洋人――の真似をしていた猿が、人間の上に立つ。それが現実となったら、どのくらいの衝撃か、想像できよう。日本軍はそれほどの衝撃を、イギリス国民に与えた。いや、イギリスだけではない。西洋文明そのものが衝撃を受けた」

この『連合国戦勝史観の虚妄』は刊行とともに、たちまち十万部を超えるベストセラーとなったが、日本が大東亜戦争によっていかに世界を大きく創り変えたかという事実を、白日のもとに曝《さら》している。ぜひ、本書と並んでお読みいただきたい。

四月に本書の翻訳の仕上げにかかっていた時に、インドネシアのジャカルタにおいて、アジア・アフリカ（ＡＡ）会議六十周年記念会議が開幕して、安倍首相をはじめ一〇九の諸国と地域の首脳が参集した。

私は昭和十八（一九四三）年十一月に、戦時下の東京において、フィリピン、ビルマ、インド、タイ、中国（南京政権）、満州国と、日本の首脳が一堂に会して、人類史上最初の有色民族の歴史的なサミットとなった大東亜会議が、開催されたことを思った。

ＡＡ会議は大東亜会議なしには、もたらされなかった。

連合国は大東亜会議を、日本が占領地の傀儡《かいらい》を集めて行なった会議だったと、呼んでいる。しかし、東京に会した、日本によって解放されたアジア諸国の指導者は愛国者であり、今日でもこれらの諸国において崇められている。

大東亜会議においてアジアの首脳たちが行なった演説を読むと、烈々とした訴えに胸を揺さぶられる。

インドの英雄のボースは本書にしばしば登場するが、「日本はアジアの光である」と述べた。

フィリピンのラウレル大統領は、「人類の歴史を振り返る時、このような大東亜諸民族の会議が開催されるべきであっただけに、有史以来、われわれが今回はじめて一堂に会したことに、深い感動に満たされる。世界へ向かって、われわれが圧迫、搾取、圧政の悲運に再び見舞われることなく、十億のアジア人民が強国の支配と搾取の犠牲にならないことを、高らかに宣言しよう」と、訴えた。

ビルマのバー・モウ首相は、こう説いた。

「私はこの会議に参加して、どのように深い感動を現わしたとしても、いいすぎることはない。私は多年、ビルマにおいてアジアの夢を、夢に見続けてきた。私のアジア人としての血が、つねに昼となく夜となく、他のアジア人に呼び掛けてきた。自分のなかで呼び掛ける声を聞いてきたが、この会議においてはじめて夢でない、アジアの声を聞いた。

大東亜戦争前においては、とうてい今日のごとき会合を、考えることができなかった。アジア人が一堂に集まることが、できなかった。いま、私はアジア人のためのアジアの機構が形成されつつあるのを、現実として見ている。

この会議によって、不可能な夢が実現した。これまで、われわれのなかの、もっとも大胆な夢想家でさえも、夢想することができなかった形で、現実となっている。

一六〇〇万人のビルマ人が、独立を求めて闘ってきたが、つねに失敗に終わった。それでも、われわれの愛国者は、何代にもわたって奮起し、民衆とともに打倒イギリスに邁進《まいしん》した。だが、われわれの敵に対する反抗は、仮借《かしやく》なく蹂躙《じゆうりん》された。今より二〇年前に起きた全国的反乱では、村々が焼き払われ、婦女子が凌辱され、志士は投獄、あるいは殺され、または追放された。それにもかかわらず、独立への焔《ほのお》はビルマ人全員の心のなかに、燃え続けた」

世界的に有名な歴史家のアーノルド・トインビーは、一九五六（昭和三十一）年に次のように論じた。

「日本は第二次大戦において、自国ではなく、大東亜共栄圏の諸民族に思いがけない恵みをもたらした。

それまで、アジア・アフリカを、二百年以上の長きにわたって支配してきた西洋人は、無敵で、あたかも神のような存在だと信じられてきたが、日本人は人類の面前でそうではなかったことを、証明してしまった。これは、まさに歴史的な偉業であった。

日本は白人のアジア侵略を止めるどころか、帝国主義と植民地主義と人種差別に終止符を打つことをなしとげた」

平成二十七年七月

藤田《ふじた》　裕行《ひろゆき》

切りとり線

★読者のみなさまにお願い

この本をお読みになって、どんな感想をお持ちでしょうか。祥伝社のホームページから書評をお送りいただけたら、ありがたく存じます。今後の企画の参考にさせていただきます。また、次ページの原稿用紙を切り取り、左記編集部まで郵送していただいても結構です。

お寄せいただいた「100字書評」は、ご了解のうえ新聞・雑誌などを通じて紹介させていただくこともあります。採用の場合は、特製図書カードを差しあげます。

なお、ご記入いただいたお名前、ご住所、ご連絡先等は、書評紹介の事前了解、謝礼のお届け以外の目的で利用することはありません。また、それらの情報を6カ月を超えて保管することもありません。

〒101―8701（お手紙は郵便番号だけで届きます）
祥伝社　書籍出版部　編集長　萩原貞臣
電話03（3265）1084
祥伝社ブックレビュー　http://www.shodensha.co.jp/bookreview/

◎本書の購買動機

＿＿＿＿新聞の広告を見て	＿＿＿＿誌の広告を見て	＿＿＿＿新聞の書評を見て	＿＿＿＿誌の書評を見て	書店で見かけて	知人のすすめで

◎今後、新刊情報等のパソコンメール配信を　　希望する　・　しない
（配信を希望される方は下欄にアドレスをご記入ください）

@

※携帯電話のアドレスには対応しておりません

100字書評

人種戦争——レイス・ウォー

住所

名前

年齢

職業

人種戦争《じんしゅせんそう》――レイス・ウォー

平成27年7月10日　初版第1刷発行
平成29年12月20日　　第3刷発行

著　者　ジェラルド・ホーン
訳　者　藤《ふじ》田《た》裕《ひろ》行《ゆき》
監修者　加《か》瀬《せ》英《ひで》明《あき》
発行者　辻　浩明
発行所　祥《しよう》伝《でん》社《しや》
〒101-8701
東京都千代田区神田神保町3-3
☎03(3265)2081(販売部)
☎03(3265)1084(編集部)
☎03(3265)3622(業務部)

印　刷　堀内印刷
製　本　ナショナル製本

ISBN978-4-396-65054-5 C0020　Printed in Japan
祥伝社のホームページ・http://www.shodensha.co.jp/

目からウロコ、
井沢史観のエッセンスを凝縮！

点と点が線になる

日本史集中講義

井沢元彦

この一冊で、「日本史の謎」がすべて解ける！

- 十七条憲法が、その後一四〇〇年の日本人に与えた影響とは
- なぜ、武士が発生したのか。そしてなぜ朝廷と幕府が並存できたのか
- 寺社の商業活動と、「楽市・楽座」でみせた信長の本当の狙いとは
- 秀吉の朝鮮出兵と、キリスト教禁止令の本当の意味とは／他

祥伝社

祥伝社のベストセラー

常若《とこわか》の思想
伊勢神宮と日本人

日本人の精神の根底にある「常若の思想」を、日本人の心のふるさと伊勢神宮で二〇年に一度行なわれる「式年遷宮」から読み解く

河合真如

仕事に効く教養としての「世界史」

先人に学べ、そして歴史を自分の武器とせよ。日本を知りたければ、世界の歴史を知ることだ。人類5000年史から現代を読み抜く10の視点とは

出口治明

おかしいことを「おかしい」と言えない日本という社会へ

なぜ日本では「あたりまえのこと」が言えないのか。あの「ファラオの申し子」フィフィが放つ天下の正論。発言せよ、議論せよ、日本人

フィフィ